450만 올블랑TV
여주엽의

유튜브
수업

450만 올블랑TV
여주엽의
유튜브 수업

결국 **유튜브를 시작하게 될**
당신이 알아야 할 모든 것!

여주엽 지음

■■■ 머리말

콘텐츠 비즈니스로 성공하라

영상 콘텐츠 시장은 변화의 물결 위에 있다

인공지능 등의 기술 개발로 영상 콘텐츠의 제작과 사람들에게 보여주는 방식이 최근 몇 년간 확 바뀌었다. 이젠 거대한 스튜디오와 고가의 장비도 필요 없다. 엔터테인먼트가 됐든 언론의 영역이 됐든 이미 레거시 미디어의 제작과 전달 방식에 의존하지 않아도 되는 것이 기정사실이 됐다.

유튜브 등장 이후로 영상 콘텐츠 시장도 계속 변화해왔다. 단순히 영상을 올리고 시청만 하는 플랫폼이 아니라 커머스 형태로 진화했고 시장의 소비 양상도 바뀌었다. 지금 영상 콘텐츠 시장은 변화의 물결에 올라탔다. 과거에 유튜브에서 인기와 영향력의 척도가 구독자 수 중심인 적이 있었다. 10만이나 100만 명의 구독자를 달성하면 실버와 골드 버튼으로 그 가치를 뽐냈던 시절 말이다. 그런데 지금은 어떤가. 구독자 수보다 조회수가 오히려 더 중요해진 듯하다. 숏폼의 등장과 함께 우리의 시청 패턴이 변했다. 스마트폰을 쥔 채 한 손가락으로 스크롤하는 동안 순식간에 콘텐츠가 지나가기에 채널을 구독할 틈이 없다. 그저 주어지는 자극적인 영상을 볼 뿐이다. 이런 변화를 유튜브와 광고주들은 한 발 앞서 눈치챘다. 즉 이젠 조회수가 실질적인 광고 효과로 이야기되고 구독자는 채널의 권위를 의미하게 됐다.

지금은 플랫폼 전성시대에서 플랫폼 권력 전성기다
　지금이 플랫폼의 전성시대라고 흔히 이야기하지만 좀 더 노골적으로 말해 '플랫폼 권력의 전성기'란 표현이 적절할지 모른다. 가령 사람들은 과거에 영상 콘텐츠 플랫폼이 개인맞춤이라고 알고 있었다. 물론 지금도 그러하다. 그러나 사실은 내게 보여지는 콘텐츠가 플랫폼이 선별한 것이라면? 상상해보면 꽤 무서운 일이다. 나도 모르게 플랫폼에 조종당하는 꼴이 되고 마는 것이다. 예컨대 재테크에 관심이 없는 B에게 어느 날부터 알고리즘에 의해 부동산 콘텐츠가 쏟아진다. 나이, 성별, 지역 등을 고려한 알고리즘이 작동한 것이다. B는 원하지도 않았는데!
　개인맞춤 콘텐츠라는 말을 이제는 다시 생각해봐야 한다. 플랫폼은 알고리즘이 나에게 맞춤형으로 콘텐츠를 제공한다고 하는데 반은 맞고 반은 틀린 말이 됐다. 내가 선호하는 콘텐츠를 보여주는 것은 맞는데 '순수하게' 알고리즘으로 자연스럽게 발생한다고 볼 수만은 없는 것이다.

실제로 페이스북이 위와 관련된 내용으로 비난을 받은 적이 있다. 알고리즘이 교묘하게 정치에 개입했다는 이유로 말이다. 또 코로나19 시기에도 유튜브에서는 경제 콘텐츠와 채널들이 갑자기 큰 관심을 받았다. 경기가 좋지 않고 위기가 오면 경제 카테고리가 뜨게 마련이다. 그런데 사람들이 원해서 경제 콘텐츠가 잘됐는지, 알고리즘이 경제 콘텐츠가 잘될 것 같아 강제로 밀어준 것인지 애매한 부분이 있다. 그런데 지금은 상황이 확 바뀌었다. 당시 영향력을 행사하고 덩치를 키운 경제 채널들 대부분의 순위가 떨어졌고 밖으로 나가지 못하고 헬스장도 가지 못하던 시절 가장 인기 있었던 홈트레이닝 카테고리도 예전만큼 큰 인기를 얻지 못하고 예능 채널로 노선을 변경했다.

영상 콘텐츠 분야는 앞으로 어떤 방향으로 나아갈까? 최근 유튜브를 보면 흥미로운 움직임을 확인할 수 있다. 이 책을 쓰기 시작할 때만 해도 유튜브는 비즈니스를 확대하기 위해 쇼핑 기능을 자체적으로 구축하는 듯 보였다. 그런데 최근에 방향을 틀기 시작했다. 쇼핑 플랫폼과 전략적 제휴를 통해 제품 판매율을 기준으로 수수료 수익을 얻기로 한 것이다. 최근 유튜브 영상을 보면 쿠팡에서 팔리는 제품들을 태그할 수 있게 돼 있다. 일정 숫자 이상의 구독자를 가진 채널은 쿠팡에 있는 제품을 자기 영상에 태그할 수 있다. 시청자가 그 경로를 통해 들어가서 쿠팡에서 물건을 구매하면 크리에이터에게 수수료를 지급하는 시스템이다. 크리에이터, 플랫폼, 쇼핑몰이 협업을 통해 수익을 창출하는 방식이다.

유튜브는 지금도 이러한 협업 모델을 다른 커머스 플랫폼으로 꾸준히 확대하고 있다. 크리에이터 입장에서는 수익 창구가 늘어나는 셈이니 양질의 콘텐츠를 만들 이유가 더 생기는 것이다.

데이터 패턴 분석으로 소비자의 마음을 공략한다

영상 콘텐츠 시장의 성장 추세는 꺾일 기미가 보이지 않는다. 유튜브는 이미 모바일 시장을 석권했다. 2024년 7월에 데이터 플랫폼 기업 아이에이웍스의 모바일인덱스 집계를 보면 유튜브가 국내 모바일 앱 시장에서 7개월 연속 1위를 차지한 것으로 나타났다. 2024년 6월 기준 월간 활성 사용자가 총 4,625만 명이었다고 한다. 국민 메신저인 카카오톡과 대표적인 IT 기업인 네이버 사용자보다 많았다. 심지어 음원 시장도 국내 1위를 차지하고 있다.

그러나 누구나 쉽게 크리에이터가 될 수 있는 세상에서 성공한 크리에이터가 되기란 쉽지 않다. 크리에이터의 기본 자질인 콘텐츠 크리에이티브, 즉 창의적인 콘텐츠를 만들어내는 능력을 갖추기가 어렵기 때문이다. 그런데 사람들이 착각하는 부분이 있다. 크리에이터와 크리에이티브라는 단어에 담긴 창의성의 의미를 제대로 이해하지 못하는 듯하다. 흔히 창의성이라면 문학과 예술의 천재성을 떠올린다. 영감을 갖추거나 기발한 창의성을 갖추는 것은 일부의 재능으로만 여긴다. 그런 인식들이 크리에이터로서의 성공 가능성을 어렵게 느끼게 만든다.

물론 타고난 창의성과 재능이 있다면 성공할 가능성이 크겠지만 아직 낙담하긴 이르다. 디지털 시대에 크리에이터는 단지 그런 재능을 가진 천재들을 뜻하지 않기 때문이다. 오히려 지금 시대는 창의적인 도구를 활용하는 능력이 크리에이터로서 두각을 나타내는 데 더 중요하다.

지금은 데이터의 시대다. 데이터의 패턴을 분석하는 것은 마치 마법의 수정 구슬로 소비자의 마음을 꿰뚫어보는 것과 같다. 흔히 고도로 발달한 과학은 마법과 구분하기 어렵다고 하지 않는가. 현 시대의 우리는 데이터를 통해 개인의 스타일을 파악하고 무엇이 필요한지 알아낸다. 특히 유튜브와 밀접한 구글은 데이터를 수집하고 알고리즘으로 분석한 후 그 결과에 따라 개인에게 맞춤 서비스를 제공한다. 어떤 키워드를 검색하면 신기하게도 항상 내가 원하는 정보가 맨 위에 노출된다.

최근 구글은 인공지능 기술을 사용해서 초창기 사용했던 페이지랭크PageRank* 알고리즘을 보강해 검색어의 의미를 더 정확하게 이해하려고 한다. 가령 누군가 '애플'을 검색했을 때 이 사람이 사과를 찾는지 아니면 애플 회사에 대해 알고 싶은지 인공지능 기술인 랭크브레인RankBrain과 버트BERT를 통해 추측한다. 검색어가 가진 여러 의미를 분석하고 사용자가 원하는 결과를 찾아주는 것이다. 이는 비단 유튜브뿐만 아니라 넷플릭스와 같은 OTT에서도 마찬가지다. 머신러닝과 딥러닝 알고리즘을 사용해 사용자 행동 데이터를

---

* 페이지랭크는 구글 검색 엔진에서 사용하는 알고리즘이다. 링크 분석을 기반으로 하는 웹 페이지의 상대적인 중요도를 측정한다. 링크 분석은 웹 페이지 간 하이퍼링크 구조를 분석하여 각 웹 페이지의 중요도를 결정한다.

분석하여 개인맞춤형 콘텐츠를 추천한다.

여기서 안심해도 될 부분은 우리가 알고리즘의 기술적 특성까지는 이해할 필요가 없다는 것이다. 우리는 단지 그 툴들을 통해 기술 발전의 이기를 누리면 된다. 데이터를 볼 줄 알고 알고리즘 작동의 메커니즘을 이해해야 대중에게 선택받을 수 있는 콘텐츠를 제작할 가능성이 커지기 때문이다. 이제 더 이상 나 혼자 기발하고 창의적이라고 생각하는 정성적 판단의 덫에 빠지지 않을 수 있다. 단, 알고리즘은 바로 데이터라는 원료를 써서 작동하기에 데이터를 기반으로 한 알고리즘을 활용할 줄 알아야 하는 것은 분명하다. 데이터가 콘텐츠 크리에이티브의 원천이라는 것을 이해하면 크리에이터로서의 첫발을 성공적으로 내디딜 수 있을 것이다.

사실 영상 콘텐츠를 만드는 콘텐츠업뿐만 아니라 그 기반인 플랫폼 비즈니스에서 데이터가 핵심인 것은 너무나도 당연한 이야기다. 서비스와 콘텐츠뿐만 아니라 마케팅과 운영에도 데이터가 있어야 하고 원래 플랫폼의 속성이 데이터를 기반으로 하기 때문이다. 그리고 자영업을 포함한 모든 비즈니스에서 우리는 데이터와 그 분석을 통해 고객을 유치하는 것이 중요하다는 것을 잘 알고 있다. 종종 이 사실을 잊을 뿐이다. 앞으로도 우리가 살아갈 세상은 어떤 플랫폼이 생기든 데이터가 주도하는 비즈니스가 될 것이다. 그것이 그동안 정성적 성격의 비즈니스라고 여겨졌던 콘텐츠업에서까지 말이다.

지금 당장 감각적으로 잘될 것 같은 콘텐츠나 재미있어 보이는 주제로 브이로그를 제작해보자고 한다면 꽤 통찰력 있는 정성적 영역에서의 판단으로 보일 수 있다. 주관적 판단과 감성으로 재미를 내세우며 브이로그를 만드는 것처럼 보이기도 한다. 그러나 이 또한 데이터를 떠나서 사고할 수 없다. 직장인 브이로그나 수험생 브이로그 등 최근 트렌드와 관련한 데이터를 인지한 상태에서 그에 입각해 더 인기 있는 요소를 은연중에 고려하고 있는 것이다. 즉 요즘 유행하는 트렌드가 무엇인지를 조사하는 것 자체가 데이터에 기반해 생각하는 것이다.

직관 아닌 데이터에 입각한 알고리즘에 맞춰야 한다

조금 딱딱하게 느껴지지만 유튜브에서 활동하려면 데이터를 기반으로 사고하는 습관을 꼭 길러야 한다. 데이터가 제작자에게 필요한 핵심적인 요소들을 친절하게 보여주기 때문이다. 유튜브의 이런 메커니즘은 웬만하면 학습하고 따르는 것이 좋다. 데이터에 입각한 알고리즘에 맞춰 사고하지 않고 직관에만 의존하게 되면 계속 안갯속을 헤매게 된다. 누가 시도해서 잘됐다는 것에만 매달리는 정성적 사고방식에서 벗어나야 하는 것이다. 어쩌다 운 좋은 콘텐츠가 얻어걸릴 수는 있겠지만 자신만의 성공 방정식을 만들 체계는 갖추지 못한다. 다양한 수단을 동원해 시청자와 창작자의 교집합을 찾아가는 현시대의 크리에이터라는 명칭에는 어울리지 않아 보인다.

운으로 좋은 기회를 잡을 확률은 낮다. 그러나 데이터적 사고는 그 확률을 꽤 높게 끌어올릴 수 있다. 예를 들면 유튜브의 피드백을 적용해서 콘텐츠 앞부분 15초 동안 흡입력 있는 영상을 배치하는 것이다. 이전에 급상승했던 콘텐츠들의 데이터를 참고해보니 그렇게 했을 때 효과가 있다고 판단했기 때문이다. 그런데 이미 플랫폼은 빅데이터로 어느 정도 콘텐츠 제작에 필요한 가이드라인을 도출하고 있는 것이다.

따라서 데이터를 볼 때는 상승의 정점 구간에 있는 것을 찾아서 넣는다거나 어떤 키워드로 채널을 찾아왔는지, 어떻게 검색해서 들어왔는지를 분석해야 한다. 이를 참고하여 관련 주제로 영상을 만든다거나 혹은 유사한 제목으로 짓는다거나 섬네일이라도 관련 있는 것으로 제작하는 것이 우선이다. 그러지 않고 데이터에 입각하지 않은 감성적 코멘트나 악플과 같은 정성적 데이터에 휘둘려 랜덤의 확률로 콘텐츠를 제작한다면 배가 산으로 갈 수밖에 없고 채널의 본래 정체성도 흔들려 들쭉날쭉한 콘텐츠를 만들게 된다. 아쉽지만 이런 채널에서는 발전성을 찾을 수가 없다.

데이터는 필연적으로 유기적 사고를 할 수 있게 도와준다. 예를 들어 어떤 콘텐츠를 만들었는데 잘됐다고 하자. 그러나 비슷한 콘텐츠가 언제까지나 계속 잘될 수는 없다. 인기 있는 콘텐츠 방식으로 만들었는데 잘 안 된다는 것은 트렌드가 변하고 있다는 것을 의미한다. 데이터를 유심히 들여다보고 있으면 금방 알 수 있는 사실이다. 또는 시청 시간이 급상승하는 구간에서 어떤 중요한 요소를 발견해 이를 적용한 콘텐츠를 5개 정도 꾸준히 올렸는데 조회수에 변화가 없다면 빨리 판단해야 한다. 이제 이러한 요소가 트렌드에 맞지 않다고 판단한 뒤 다른 상승 구간을 찾아 재빨리 반영해야 하는 것이다. 이러한 사고방식이 데이터를 기반으로 유기적으로 사고하는 것이라고 볼 수 있다. 이럴 때 대중에게 선택받을 수 있는 스토리텔링을 만들어낼 수 있고 데이터와 스토리텔링이 결합해야 성공적인 콘텐츠 크리에이티브를 구현할 수 있다.

그렇다면 데이터에 기반한 콘텐츠 비즈니스에서 크리에이티브 creative란 무엇을 의미할까? 먼저 인사이트를 기반으로 데이터를 분석해서 찾아낸 숨은 의미를 실마리로 해 스토리텔링으로 만들어 창작하는 것이라 할 수 있다. 콘텐츠 제작 과정에서 인사이트는 필수적이다. 여기서 말하는 인사이트란 자신의 배경지식과 추론 능력 등이 결합된 형태를 의미한다. 철학자 칸트가 말한 것처럼 인간에게는 감성, 상상, 지성, 이성이 있다. 나는 이 중에서 지성과 이성과 관련된 것들이 인사이트에 포함된다고 본다. 감성은 직관 능력이고 지성은 판단 능력이고 이성은 추론 능력을 말한다. 판단과 추론에 의한 인사이트가 있을 때 숫자투성이인 데이터의 숨은 의미를 찾아낼 수 있다. 이 숨은 의미를 창작의 실마리로 해 작업하는 게 현시대의 크리에이티브 기획이다. 데이터에 기반한 콘텐츠 비즈니스에서 크리에이티브를 정성적 기획 능력으로만 이해하면 커다란 오류를 범할 수 있다. 즉 데이터를 읽고 숨은 의미를 찾아내 자신만의 콘텐츠로 만들 수 있는 인사이트가 크리에이티브다.

자본이 콘텐츠 크리에이티브 시장으로 이동한다

자본주의 사회에서는 돈의 움직임을 자세히 보면 어떤 산업이 흥하고 망할지 가늠할 수 있다. 그런 관점에서 최근 광고 분야에서 자본의 흐름이 흥미롭다. 과학기술정보통신부가 한국방송광고진흥공사와 함께 조사한 「2023 방송통신광고비 조사」에 따르면 2022년 국내에서 집행된 온라인 광고비가 8조 7,062억 원이었고 방송 광고비는 4조 212억 원이었다고 한다. 방송 광고비를 비롯한 오프라인 광고비는 갈수록 줄어 이미 광고 시장은 온라인 쪽으로 주도권이 넘어간 상태다. 레거시 미디어인 TV와 라디오 광고 예산은 줄어들고 디지털 광고 시장의 예산은 갈수록 늘어나고 있다. 광고 시장에서 자본이 어디로 흐르는지 관찰해보면 특히 디지털 분야와 콘텐츠 크리에이티브 플랫폼 시장이 빠르게 성장하는 것을 알 수 있다.

즉 콘텐츠 크리에이티브 기획 능력을 기반으로 활동할 곳이 앞으로도 계속 생겨나거나 아니면 기존 플랫폼이 꾸준히 성장할 것으로 전망하고 있다. 기존 플랫폼이 사라지고 새로운 플랫폼이 등장해도 콘텐츠를 기획하고 만든다는 것은 그대로다. 따라서 그 상황에서 콘텐츠 크리에이티브 기획 능력이 있다면 콘텐츠를 기반으로 여러 플랫폼을 오갈 핵심 역량을 가질 수 있다. 게다가 이제는 유튜브뿐만 아니라 인스타그램도 조회수를 기반으로 수익을 창출한다. 플랫폼이 개인과 수익을 공유하는 시장은 사용자의 효용 가치가 커져 사람들이 계속 몰릴 수밖에 없다. 이 시장은 쉽게 사라지지 않을 것이다.

이제 크리에이터는 완성도 높은 콘텐츠를 만드는 데 만족해서는 안 된다. 사람들에게 선택받을 수 있는 좋은 콘텐츠를 발판 삼아 비즈니스로 성공시켜야 한다. 이미 영상 콘텐츠는 수익을 가져다주고 새로운 파생 비즈니스로 연결되어 있다. 이렇게 비즈니스로 한 단계 성장시킬 수 있을 때 크리에이터로서의 전망도 지속가능성을 갖출 수 있다.

2025년 여름
여주엽

■ 차례

머리말 콘텐츠 비즈니스로 성공하라 • 5

유튜브 수업 1 크리에이터 레볼루션

1장 누구나 크리에이터가 되어야 한다 • 25

1. 크리에이티브 비즈니스의 시대가 왔다 • 27
크리에이터 비즈니스에서 기회를 잡아라 • 28 | 콘텐츠 생태계가 새로운 흐름을 타고 있다 • 30

2. 지구인이 아니라 유튜버로 부르게 됐다 • 32
전 세계가 영상 콘텐츠를 만들고 올리는 시대다 • 33 | 유튜브를 통해 수익을 창출할 기회가 늘어나고 있다 • 34

3. 유튜브는 더 이상 방송이 아니다 • 37
유튜브는 종합 편성 방송 플랫폼이다 • 38 | 소통과 공감의 새로운 시대가 열리고 있다 • 40

2장 유튜브는 비즈니스 플랫폼으로 간다 • 43

1. 유튜브가 콘텐츠 시장을 바꾸다 • 45
구글의 새로운 도전이 대박을 낳다 • 47 | 국가마다 고유한 유튜브 특성이 있다 • 49

2. 영상 콘텐츠 시장은 무한한 가능성을 가졌다 • 52
콘텐츠 시장에는 경계가 없다 • 53 | 글로벌 무한 경쟁 시대가 열렸다 • 56

3. 시장 분석과 트렌드 이해로 미래를 대비한다 • 60
채널 운영을 스타트업 방식으로 해보자 • 62 | '쉬운 전달'과 '대중과의 연결'이 중요하다 • 64

4. 시장은 생존과 도태의 조정기다 • 67
대중문화 시대는 지나고 플랫폼만 남는다 • 69 | 초개인맞춤 콘텐츠를 제작해야 한다 • 71

3장 모든 비즈니스는 스토리텔링이다 • 73

1. 데이터 사이언티스트가 돼야 한다 • 75
대체 불가 콘텐츠 기획을 해야 한다 • 77 | 데이터를 분석하고 예측한다면 독보적이 될 수 있다 • 79

2. 흥미로운 스토리텔링을 해야 한다 • 82
콘텐츠 기획 때 시장 분석부터 해야 한다 • 83 | 제작 전 스토리보드를 만들고 촬영하며 수정한다 • 86

3. 변수를 예측하고 극복해야 한다 • 88
시장 파악과 콘텐츠 완성도를 둘 다 해야 한다 • 89 | 거시적 접근과 미시적 접근을 조화시킨다 • 91

4장 오리지널과 인공지능으로 승부한다 • 93

1. 오리지널리티가 차별화의 시작이다 • 95
자신만의 스토리와 감성을 갖춘다 • 96 | 브이로그는 최적의 스토리텔링 도구다 • 100

2. 콘텐츠 기획에 인공지능을 활용하자 • 104
챗GPT로 콘텐츠 기획의 혁신을 꾀한다 • 105 | 인공지능을 활용할 때는 융합적 사고가 필요하다 • 108

3. 창의적인 콘텐츠는 크리에이터의 몫이다 • 112
인공지능이 창의적인 기획을 하지는 못한다 • 113 | 이제 콘텐츠가 빠진 비즈니스는 없다 • 115

유튜브 수업 2 **콘텐츠 트래픽 설계와 실행**

5장 스토리텔링의 문법이 달라졌다 • 119

1. 도파민이 콘텐츠의 만족 기준이 됐다 • 121
스토리텔링은 뇌과학적으로 접근해야 한다 • 123 | 3초 혹은 7초 이내에 매혹적이어야 한다 • 125

2. 인간의 이해가 콘텐츠의 시작과 끝이다 • 127
조직 행동이나 인간의 심리를 파악해야 한다 • 129 | 인문학적 지식과 경험을 결합해야 한다 • 130

3. 초개인맞춤 콘텐츠 전략을 세워야 한다 • 133
초개인맞춤 콘텐츠로 교감에 성공해야 한다 • 134 | 커뮤니티 속성을 잘 알고 접점을 만들어야 한다 • 137

6장 융합적 사고로 데이터를 이해한다 • 143

1. 1인이어도 기업 마인드가 필요하다 • 145
콘텐츠 제작자의 눈높이가 시청자와 같아야 한다 • 146 | 콘텐츠를 만들 때 데이터 기반 메타인지가 필요하다 • 149

2. 트래픽 관련 데이터를 읽어내야 한다 • 156
나만의 데이터베이스관리 시스템을 구축한다 • 157 | 주도적인 데이터 해석이 창의적 사고를 끌어낸다 • 159

3. 영상 콘텐츠 문법에 따라야 한다 • 162
영상 문법은 직관적이고 연결적이어야 한다 • 164 | 소비자의 집중력을 계속 붙잡아야 한다 • 166

7장 '운' 아닌 '데이터'로 킬러 콘텐츠를 기획한다 • 171

1. 시장의 수요를 확인해야 한다 • 173
키워드 검색을 통한 트렌드 분석을 주기적으로 한다 • 175 | 파레토 법칙을 활용해 키워드를 분석한다 • 177

2. 데이터로 생각하고 영상으로 소통한다 • 180

데이터 분석력이 콘텐츠 경쟁력이다 • 182 | 데이터로 시작하고 감각으로 완성한다 • 183

3. 트래픽의 흐름을 파악해야 한다 • 186
트래픽이 없는 콘텐츠는 죽은 콘텐츠다 • 188 | 메인 타깃을 중심에 두고 확장성을 갖춘다 • 191

유튜브 수업 3 콘텐츠 플랫폼과 생태계 전략

8장 플랫폼별 맞춤 전략이 필요하다 • 197

1. 플랫폼에 따라 공략법을 만든다 • 199
플랫폼의 트렌드 전략 1: 인스타그램 • 200 | 플랫폼의 트렌드 전략 2: 유튜브 • 202 | 플랫폼의 트렌드 전략 3: 틱톡 • 205 | 플랫폼의 트렌드 전략 4: 넷플릭스 • 207

2. 협업과 분리를 통해 확장한다 • 211
경계를 넘어 새로운 수요자를 찾아라 • 212 | 채널 분리로 정체를 극복하라 • 214

3. 데이터 세분화로 시장에 접근한다 • 219
소비자의 행동 패턴과 욕망을 읽어야 한다 • 219 | 타깃 관련 데이터를 정확하게 이해해야 한다 • 221

4. 콘텐츠 제작의 기준점을 활용한다 • 224
창작과 유통을 함께 공략하는 기획을 한다 • 226 | 구글 트렌드로 콘텐츠 기획과 평가를 한다 • 229

9장 콘텐츠 생태계와 포지셔닝을 이해한다 • 233

1. 구글 툴을 적극적으로 활용하라 • 235
협업 툴을 활용해 새로운 시장을 개척한다 • 236 | 구글 애즈가 콘텐츠 기획의 도구가 된다 • 238

2. 숏폼을 활용해 구독자를 늘려라 • 241
누구라도 갑자기 유명해질 수 있다 • 243 | 체류 시간을 늘릴 콘텐츠 전략이

필요하다 • 245

3. 지식 정보 콘텐츠는 롱폼이 유리하다 • 247
깊이 있는 콘텐츠는 여전히 필요하다 • 248 | 경쟁이 치열할수록 콘텐츠의 질은 높아진다 • 249

4. 이키가이로 포지셔닝 전략을 구축한다 • 251
이키가이로 콘텐츠 방향성을 찾아라 • 252 | 최신 유튜브 트렌드에서도 나만의 길을 찾아라 • 254 | 콘텐츠 비즈니스는 장거리 마라톤이다 • 255

10장 차별화와 지속가능성을 동시에 달성한다 • 259

1. 각 플랫폼의 특성을 이해하고 공략하자 • 261
플랫폼의 문법을 이해하고 대응해야 한다 • 262 | 콘텐츠의 형식과 내용을 동시에 신경 써라 • 264

2. 콘텐츠 원 소스 멀티유즈 전략을 세우자 • 266
원 소스 멀티유즈를 다양한 플랫폼에서 활용하자 • 267 | 원 소스 멀티유즈를 전략적으로 배포하고 활용하자 • 268

3. 숏폼은 채널 활성화의 트리거가 돼야 한다 • 270
숏폼의 등장은 비즈니스 가치 때문이다 • 271 | 진입장벽이 낮은 숏폼을 공략하라 • 272

4. 크리에이티브한 콘텐츠가 브랜딩을 만든다 • 275
스토리텔링이 강한 브랜드가 성공한다 • 276 | 대중성과 개성의 균형을 맞춰야 한다 • 278

5. 라이브 방송도 전략적으로 활용해야 한다 • 281
라이브 방송은 새로운 수익 창출의 기회다 • 282 | 플랫폼별 라이브 방송 전략의 차이를 알아라 • 283

유튜브 수업 4 콘텐츠 수익과 비즈니스 모델

11장 크리에이터도 기업가정신이 필요하다 • 287

1. 수익을 내는 단계를 밟아야 한다 • 289

조회수뿐 아니라 브랜드 이미지도 구축해야 한다 • 290 | 콘텐츠 비즈니스 생태계를 이해하고 활용하라 • 293

2. 커머스 플랫폼으로의 진화에 대비한다 • 297
커머스와 연결된 콘텐츠 전략을 구축하라 • 298 | 차별화된 비즈니스 모델로 승부하라 • 301

3. 트래픽 중심의 비즈니스 모델을 만든다 • 305
명분 없는 콘텐츠 비즈니스는 실패한다 • 307 | 글로벌 관점에서 명분과 비즈니스를 조화시킨다 • 308

4. 콘텐츠 비즈니스는 트래픽이 중심이다 • 310
자신만의 확실한 콘텐츠로 트래픽을 창출하라 • 311 | 광고와 저작권 시스템을 이해하라 • 313

5. 크리에이터는 사업가가 돼야 한다 • 315
시장의 흐름을 읽고 기회를 포착하라 • 317 | 주관적인 감각으로 시장을 판단하지 마라 • 319

12장 브랜디드 콘텐츠로 수익을 극대화한다 • 323

1. 브랜디드 콘텐츠는 스토리로 승부한다 • 325
브랜디드 콘텐츠는 기존 광고와 다르다 • 326 | 스토리 중심의 맞춤식 마케팅 전략이어야 한다 • 327

2. MCN을 활용해 새로운 기회를 창출한다 • 330
MCN을 통한 비즈니스 확장 전략을 가져라 • 331 | 브랜디드 콘텐츠는 창의적 스토리텔링이 핵심이다 • 333

3. 광고주와 전략적으로 소통해야 한다 • 335
기획 의도를 명확히 하고 시각 자료를 활용하라 • 336 | 광고주와의 소통 방식은 명확하게 설정해야 한다 • 338

나가는 말 지금이 크리에이터로 성공할 최적의 순간이다 • **340**

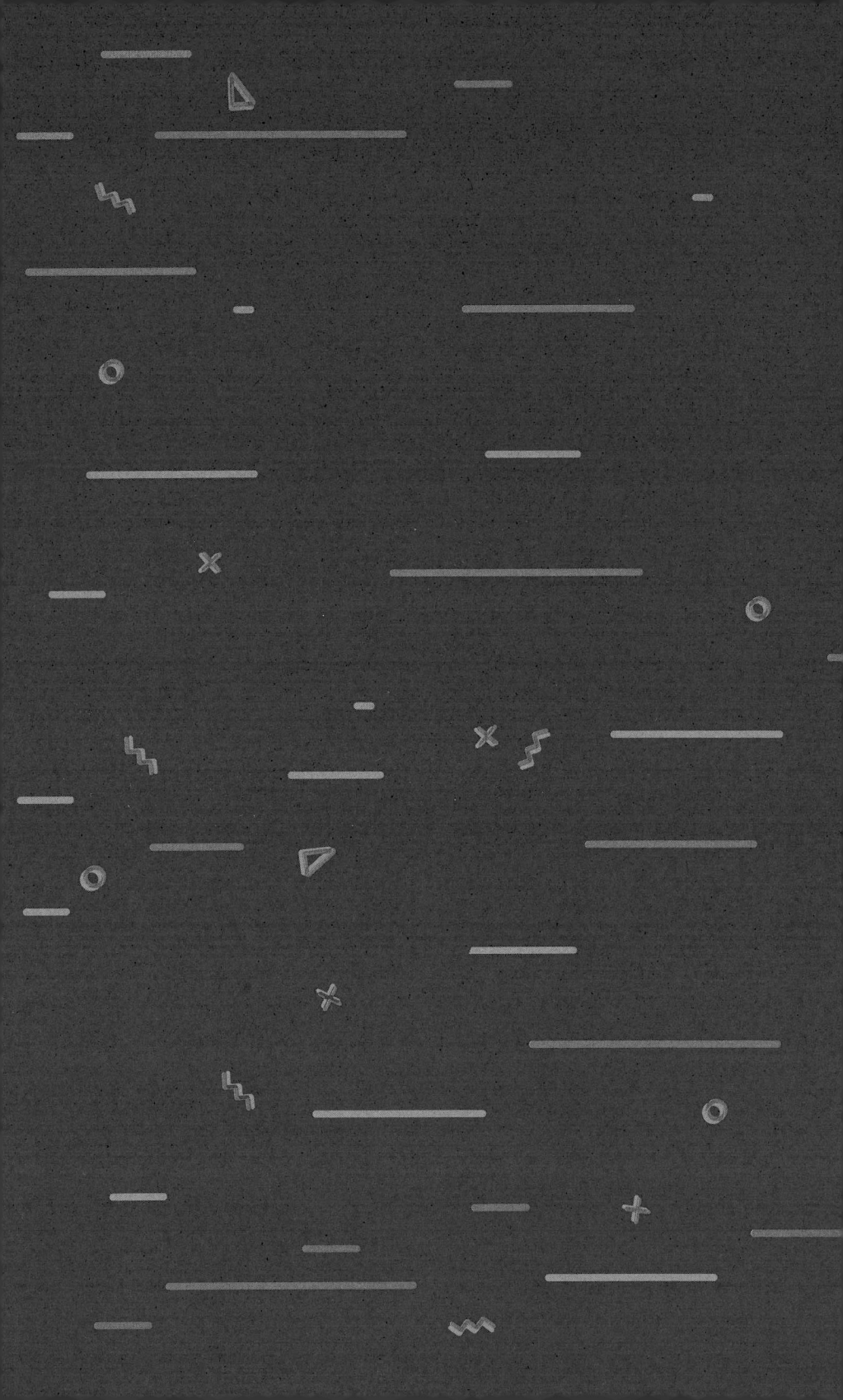

유튜브 수업 1

크리에이터 레볼루션

1장

누구나 크리에이터가
되어야 한다

1.
크리에이티브 비즈니스의 시대가 왔다

　크리에이터 전성시대다. 예전에는 크리에이터의 영역이라고 보지 않던 분야에서까지 크리에이터의 콘텐츠를 찾는다. 예를 들어 선거 기간이나 정치 이슈가 있을 때 레거시 미디어의 뉴스도 자료 화면으로 크리에이터가 만든 콘텐츠를 보여준다. 그만큼 온라인 콘텐츠의 영향력이 커진 셈이다. 이런 현상은 비단 정치에서만이 아니다. 연예, 교육, 뉴스 등 크리에이터가 관여하지 않는 콘텐츠를 찾기가 힘들다.
　아마도 미래의 인류가 과거를 돌아봤을 때 21세기 디지털 시대를 상징하는 직업과 매체를 고른다면 크리에이터와 유튜브일지 모른다. 유튜브는 누구라도 쉽게 접근할 수 있는 직업이자 매체지만 아쉽게도 성공을 보장받지는 못한다. 크리에이터와 유튜브는 이제 영상 콘텐츠 시장을 주도하고 있다. 심지어 TV나 OTT 플랫폼에 유튜버가 출연하면 시청률이나 조회수에 도움이 되는 경우가 많아졌다. 유튜브는 레거시 미디어와 경쟁 관계를 넘어 상호보완적인 플랫폼으로 자리 잡았다.

영상 콘텐츠 비즈니스 환경도 과거와 사뭇 달라졌다. 콘텐츠 제작 스튜디오가 주식시장에 상장되거나 방송사의 제작팀이 자회사로 나와 성장해 상장되기도 한다. 레거시 미디어나 자본의 규모가 큰 회사가 아니고서는 쉽게 넘보지 못하던 비즈니스 영역까지 진입했다. 그만큼 시장에서 뉴미디어 영상 콘텐츠 수요가 많아졌다는 것을 시사한다.

•••
크리에이터 비즈니스에서 기회를 잡아라

최근 몇 년 동안 콘텐츠 시장을 둘러싼 환경은 사회적 악재마저 기회로 작용할 정도로 우호적이었다. 예를 들어 코로나19를 지나며 점차 커지던 현실에 대한 불안도 뜻하지 않게 콘텐츠 시장의 활성화에 한몫했다. 금융 콘텐츠가 대표적인데 실물경제 성장은 둔화하고 금융시장이 활성화되자 재테크가 크게 인기를 끌었다. 실제 돈을 벌기 위해 경제와 금융 분야를 공부하려는 수요가 늘어난 것이다.

물론 레거시 미디어도 이러한 트렌드와 대중의 수요를 반영해 관련 콘텐츠를 만든다. 그러나 시의성과 콘텐츠 제작 환경 등에서 1인 크리에이터가 즉각적으로 콘텐츠를 제작할 수 있다는 장점이 더욱 부각됐다. 발 빠른 제작, 적절한 타이밍, 레거시 문법보다 대중의 문법에 친숙한 것 등 크리에이터가 만든 영상의 차별화는 갈수록 두드러졌다.

크리에이터는 보통 레거시 미디어와는 다른 환경에서 영상을 제작한다. 제작 규모와 부피가 다르다. 출연자, 연출가, 작가, 촬영기사, 편집자, 엔지니어 등 제작 현장은 많은 사람으로 북적인다. 조명이나 세트 등의 제작 환경 규모도 다르다. 반면에 소셜미디어는 처음에는 모든 것을 혼자 전담하거나 소수가 분담하며 시작한다. 이런 상황에서 크리에이터는 레거시 미디어의 제작 환경과 경쟁해서 이겨야 한다. 그리고 경쟁에서 살아남아 영향력 있는 인플루언서가 되는 순간 1인 크리에이터는 좀 더 나은 제작 환경과 비즈니스를 위해 법인화와 다양한 제작 인력을 확충하면서 규모의 경제를 추구할 수 있다.

또한 크리에이터는 콘텐츠 시장의 변화에 능동적으로 대응할 수 있다. 레거시 미디어와는 달리 콘텐츠 수익 외에 관련 커머스 등의 파생 비즈니스와 제휴를 맺거나 엔터테인먼트 분야로 진출하는 등 다양한 방식으로 수익을 창출할 수 있다.

콘텐츠 생태계가 새로운 흐름을 타고 있다

레거시 미디어의 제작 환경은 여러 변수가 발생한다. 수많은 인력이 움직이고 제작 과정도 복잡하다. 피디가 요구하는 대로 출연자들이 움직여야 하고 촬영도 애초 기획한 그림처럼 나와야 한다. 이것이 전부가 아니다. 편집할 때도 피디와 편집 엔지니어의 손발이 잘 맞아야 원하는 콘텐츠가 나온다. 이 과정에 투입되는 인력이 보통 적게는 20명에서 많게는 50여 명이 된다. 이 많은 사람을 일일이 피디의 뜻대로 이끌어가는 게 쉽지 않기에 각각의 제작 인력을 통제하며 원하는 결과물을 얻어내는 것 또한 예술의 영역이라고 볼 수 있다. 이러한 커뮤니케이션의 복잡성과 작업 시간의 장기화는 콘텐츠의 완성도와 스케일에 따라 필수적일 수도 있지만 반대로 상당한 리스크로 작용할 수 있다. 무엇보다 이러한 규모와 리스크를 감당할 거대 자본이 있어야 한다.

반면에 1인 크리에이터는 위에 이야기한 모든 것을 최소화할 수 있다. 물론 모든 것을 혼자 해야 한다는 부담이 큰 것도 사실이다. 개인이 캐릭터 역할뿐만 아니라 연출, 촬영, 편집 등 제작의 모든 것을 짊어져야 하기에 그만큼 제작 시간이 오래 걸리고 품도 많이 든다. 하지만 이런 어려움은 동전의 양면과도 같기에 혼자서 혹은 소규모로 콘텐츠를 제작할 때의 장점을 최대한 이용할 줄 알아야 한다. 기획자, 촬영기사, 편집자라는 각각의 역할을 다 알고 제작한 콘텐츠의 완성도는 상대적으로 높을 수밖에 없다.

크리에이터의 역량을 갖추고 활동할 영역이 있는 한 넷플릭스를 비롯한 OTT 플랫폼과 같은 거대 자본이 온다고 해도 여전히 붙어 볼 만하다. 시장이나 콘텐츠 소비자의 트렌드를 정확하게 파악하고 발 빠르게 제작해 서비스할 수 있기 때문이다. 콘텐츠 시장에서 크리에이터의 역할과 장점은 앞으로도 효과를 발휘할 것이다. 그만큼 크리에이터는 시장을 개척할 수 있는 경쟁력을 충분히 갖췄다.

2.
지구인이 아니라 유튜버로 부르게 됐다

요즘 사람들의 개인 시간 중에서 가장 큰 비중을 차지하는 것은 무엇일까? 아마도 유튜브를 비롯한 콘텐츠 플랫폼 사용일 것이다. 전통적인 취미였던 독서나 극장에 가서 영화를 보는 것 등의 비중은 갈수록 작아지고 온라인 영상 콘텐츠를 시청하는 시간이 비약적으로 늘고 있다. 그중에서도 단연 유튜브가 독보적이다. 모바일인덱스 기준으로 2025년 2월에 사용자 수가 4,703만 명이라고 한다.*

물론 아직 레거시 미디어의 영향력은 분명 존재하고 제작과 유통 시스템을 체계적으로 관리하고 있다. 유튜브에서 이른바 '사이버

---

* 윤정훈, 「'유튜브·넷플'에 빠진 韓, 동영상 트래픽 1년새 17.2% 늘었다」, 이데일리, 2025. 2. 17., https://v.daum.net/v/20250217160256534

렉카'라고 불리는 선정적이고 선동적인 뉴스를 양산하는 것과 비교하면서 레거시 미디어의 권위와 신뢰를 앞세우기도 한다. 그러나 이마저도 과거처럼 밤 9시만 되면 TV를 켜서 뉴스를 보고 날씨까지 확인하던 때와는 사뭇 분위기가 다를 듯하다. 확실한 것은 레거시 미디어의 시청 시간은 줄고 온라인 콘텐츠의 시청 시간은 눈에 띄게 늘어났다는 점이다.

정확히 이야기하자면 레거시 미디어의 사용이 줄어든 만큼 유튜브를 비롯한 영상 콘텐츠 플랫폼 사용 시간은 늘었다. 그런데 단순히 새로운 미디어라서 사용 시간이 늘어난 것은 아니다. 유튜브가 레거시 미디어의 역할과 위상을 대신할 만큼 성장하고 진화했기 때문이다. 그리고 그 성장과 진화는 지금도 계속되고 있다.

전 세계가 영상 콘텐츠를 만들고 올리는 시대다

젊은 세대일수록 지식과 정보를 얻는 창구로 유튜브를 꼽는다. 가장 쉽고 효율적으로 개인 미디어를 만들 수 있는 창구이기 때문에 크리에이터의 꿈도 꾼다. 다들 마음만은 이미 유튜버인 셈이다. 체감상 5년 전까지만 해도 1020세대가 유튜버로서의 꿈을 주로 키웠는데 최근에는 3040세대를 넘어 5060세대까지 유튜브를 즐기고 유튜버로 데뷔하는 것을 꿈꾼다. 세대를 불문하고 영상 콘텐츠를 만들고 올린다. 과학기술정보통신부의 「2022 인터넷 이용 실태조사」에 따르면 한국인의 유튜브 이용률은 88.9%나 된다.

유튜브의 영향력은 갈수록 커지고 있다. 최근 우리나라 사람들의 유튜브 사용 시간을 봤더니 한 달에 1,000억 분을 넘겼다는 조사 결과도 나왔다. 앱과 리테일을 분석하는 서비스 「와이즈앱·리테일·굿즈」가 한국인 스마트폰 사용자를 표본 조사를 했는데 10월 한 달 동안 유튜브 사용 시간은 1,044억 분이었다고 한다. 이어 카카오톡이 319억 분, 네이버가 222억 분, 인스타그램이 172억 분, 틱톡이 79억 분이었다. 유튜브가 압도적이다. 2020년 10월 671억 분에서 해마다 차츰 증가해 1,000억 분을 넘긴 것이다. 전문가들은 이러한 시청 시간의 증가는 숏폼 형태인 쇼츠의 도입 효과라고 분석한다. 쇼츠로 크리에이터가 수익을 창출할 수 있도록 한 것이 계기였던 셈이다. 참고로 유튜브 외에도 숏폼 서비스를 활성화한 앱의 사용 시간이 늘고 있다. 인스타그램과 틱톡도 각각 2020년에 비해 262%, 191%나 증가했다.

●●●
유튜브를 통해 수익을 창출할 기회가 늘어나고 있다

상상을 초월하는 유튜브 시청 시간은 확실히 올드미디어와 뉴미디어의 자리바꿈이 일어났다는 것을 보여준다. 유튜브 공식 웹사이트를 보면 매달 전 세계에서 20억 명이 넘는 사용자가 로그인을 한다. 또 하루 동안 10억 시간이 넘는 시청 시간과 수십억의 조회수를 보여준다. 전 세계 인구가 80억 명이라고 하는데 4명 중 1명꼴로 유튜브를 보고 있다. 그중에서도 한국은 IT 강국다운 면모를 보인다. 5G를 선도할 만큼 초고속 인터넷망이 발달해 영상 콘텐츠 플랫폼이 활성화하기에 딱 좋은 환경이다.

새로운 영상 콘텐츠 플랫폼의 등장과 활성화는 크리에이터 전성시대를 가져왔다. 유튜브는 구글에 인수된 이후로 10년간 서비스 이용률이 약 30% 늘어났다고 한다. 보통 스타트업이 매년 성장세가 30%면 투자자가 줄을 서게 마련이다. 그런데 이미 공룡처럼 거대한 사이즈의 기업이 30%씩 매년 성장한다는 것은 좀처럼 찾기 어려운 사례다. 최근에 등장한 새로운 서비스도 아니고 2005년에 등장한 서비스인데 말이다. 신생도 아닌 공룡 기업이 현 시점에서도 급부상한다는 것은 어떤 시사점을 줄까? 단순히 편리하게 이용할 수 있는 콘텐츠 플랫폼이라는 관점에서 볼 수만은 없다. 그보다 더 많은 비즈니스 기회를 제공하는 장이 열렸다고 보는 게 맞을 것이다.

아직은 유튜브를 영상 콘텐츠 플랫폼으로만 생각하는 사람들이 많다. 그러나 최근 유튜브의 행보를 보면 비즈니스 영역을 계속 파괴해 나간다는 점에서 눈여겨볼 점들이 있다. 그렇다면 유튜브를 소셜미디어라고 말할 수 있을까? 플랫폼 자체는 사람들이 교류하는 소셜미디어라기보다 영상 시청의 성격이 강하다. 하지만 이미 영상 콘텐츠 플랫폼들은 충분히 소셜미디어의 역할도 하고 있다. 최근에는 소셜미디어에서 한 단계 더 나아가 홈쇼핑이나 쇼핑몰을 대체하는 커머스 플랫폼으로까지 바뀌고 있다. 유튜브 프리미엄 서비스는 멜론과 같은 음악 스트리밍 서비스도 대체한다. 이렇듯 유튜브는 비즈니스 영역을 넘나들며 기회의 장을 열고 있다. 소셜미디어도 되고 음악이나 영상 콘텐츠 플랫폼도 되고 쇼핑몰도 된다. 멜론의 경쟁자이자 넷플릭스의 경쟁자이고 아마존의 경쟁자가 될 것이다. 크리에이터는 이제 영상 콘텐츠만 생각할 게 아니다. 다양한 기회를 어떻게 자신의 콘텐츠와 엮어낼지 고민해야 한다.

3.
유튜브는 더 이상 방송이 아니다

크리에이터는 채널 수익뿐만 아니라 콘텐츠에서 파생된 비즈니스로도 이익을 얻는다. 그러자 지난 몇 년간 지상파 방송사의 연예인들도 꾸준히 유튜브 채널을 개설하고 있다. 방송사를 통하지 않고도 자체적으로 콘텐츠를 만들어 올릴 수 있기 때문이다. 그렇다면 이제 더 이상 방송사와의 관계에서도 구조적으로 을이 아니게 된다. 자신만의 색깔로 원하는 콘텐츠를 업로드하여 채널을 주도적으로 운영한다. 연예인만 유튜브로 몰려간 것이 아니다. 지상파 방송사도 본격적으로 유튜브 채널을 운영한다. 애니메이션 제작사는 아예 유튜브에서만 콘텐츠를 유통하기도 한다. 애니메이션뿐만 아니다. 웹드라마와 웹예능 장르도 생겼다. 유튜브 채널을 마치 방송사처럼 편성하고 운영한다.

유튜브의 등장으로 연예인의 기준도 달라지고 있다. 우리나라는 유튜버의 인기가 상당해도 연예인과는 구별지어 인식하지만 유튜브의 본국인 미국은 다른 듯하다. 미국인을 상대로 좋아하는 연예인을 조사했는데 1위부터 6위까지가 유튜버였던 적도 있다. 유럽에서도 유튜버의 인기는 상당하다. 최근에는 우리나라도 유튜브를 자주 보지 않는 사람들조차 유명 유튜버를 알아보는 추세다. 연예인만큼이나 명성을 얻는 유튜버도 물론 늘어나고 있다. 크리에이터가 자연스럽게 지상파에도 섭외되면서 인지도가 높아지고 대중적 인기를 얻고 있다. 크리에이터가 엔터테인먼트 업계에 미치는 영향력은 갈수록 커지고 있다. 그뿐만 아니라 교육, 미디어, 커뮤니케이션 등 다양한 영역에서 전달 매체로 자리 잡았다.

••• 유튜브는 종합 편성 방송 플랫폼이다

유튜브는 이제 예능적 요소 말고도 종합 편성 방송의 면모도 서서히 갖추고 있다. 이미 드라마와 예능뿐만 아니라 다큐멘터리와 뉴스 기능을 갖춘 채널들도 등장했다. 실제로 해외에서는 다큐멘터리 채널이 다양하게 활성화돼 있다. 이제 유튜버는 지구인의 공통된 꿈이 됐다는 말이 나올 정도로 유튜브 생태계는 새로운 콘텐츠 플랫폼을 주도하고 있다.

또한 유튜브는 온갖 기술 진보의 세례를 듬뿍 받으면서 플랫폼의 진화를 계속 모색하고 있다. 360도 카메라를 이용해 영상을 올리고 애플의 비전프로와 같은 공간 컴퓨터를 통해 입체감 있게 시청할 수도 있다. 이제는 머리에 쓰는 게 아니라 메타의 스마트 안경처럼 가볍게 착용하는 경량 기기인 FMD Face Mounted Display도 등장했다. 증강현실VR과 가상현실AR 기술이 발달하면서 영상 콘텐츠의 형식도 바뀌고 있다. 다만 아직은 그 기술과 디바이스가 대중화가 덜 됐을 뿐이다.

IT 환경이 급속하게 발달하면서 영상 콘텐츠 플랫폼은 날개를 달았다. 5G 속도와 4K 해상도의 결합으로 언제 어디서나 영상을 찍고 곧바로 고해상도로 송출하는 것이 가능해졌다. 라이브 콘텐츠는 편집이 안 된 생생한 콘텐츠다. 특히 야외에서도 찍을 수 있게 되면서 기발하고 창의적인 콘텐츠들이 제작되고 있다.

이제 유튜브는 이미 방송국과 어깨를 나란히 하거나 곧 그 위상을 넘어서려는 것처럼 보인다. 과거에 방송을 통해 얻던 정보, 교육, 엔터테인먼트 등이 다양한 기술적 진화와 결합돼 온라인 콘텐츠 시장에서 빛을 발하고 있다. 결론적으로 디지털 시대의 뉴미디어는 이제 방송국의 지위를 갖춘 것과 다름 없어 보인다. 크리에이터는 종합 방송 플랫폼에서 자신의 콘텐츠를 가지고 얼마든지 대중과 소통할 수 있게 된 것이다.

●●●
소통과 공감의 새로운 시대가 열리고 있다

넷플릭스에서 2021년에 방영한 다큐멘터리 「미니멀리즘」은 맷 다벨라Matt D'Avella라는 유튜버가 제작했다. 2024년 말 기준 390만 명의 구독자를 보유한 크리에이터다. 그의 유튜브 영상은 상당한 영상미를 갖췄다. 부드러운 톤으로 색감 조절을 잘하고 가끔 위트 넘치는 편집도 보여준다. 이런 크리에이터들은 지상파 방송 못지않은 제작 완성도와 메시지를 보장한다.

이처럼 유튜브에 올라온 영상 콘텐츠 중에서 어떤 것은 기존 레거시 미디어 못지않은 퀄리티를 보여준다. 자기가 표현하려는 콘텐츠를 시각적으로 완성도 있게 보여줌은 물론 유용한 정보를 제공하면서 끝까지 콘텐츠를 보게 한다. 댓글과 같은 양방향 소통 기능을 갖춘 플랫폼이기 때문에 단순하게 시청에 그치지 않고 공감과 소통으로 이끈다.

크리에이터가 유튜브와 같은 플랫폼을 통해 영상 콘텐츠로 소통할 때 소통의 방식 또한 요즘 트렌드인 개인화에 맞춰져 있다. 많은 유튜브 채널이 라이브 방송을 통해 캐주얼하게 자신의 메시지를 전달하고 채팅창으로 시청자와 대화한다. 소통의 방식이 바뀜에 따라 세대 구분도 달라지고 있다. 앞으로 매스미디어 세대라는 말은 사라지고 초개인화된 콘텐츠 소비 세대의 시대가 올지 모른다. 즉 과거에는 대중문화의 신드롬을 상징으로 H.O.T 세대, 동방신기 세대, 뉴진스 세대처럼 세대를 분류했다면 이제는 플랫폼으로 세대를 구분한다. 싸이월드 세대, 페이스북 세대, 유튜브 세대, 틱톡 세대처럼 말이다.

혹자는 유튜브 세대의 소통과 공감 부족을 걱정하기도 한다. 그러나 플랫폼 세대는 트렌드라는 공통 이슈로 묶이며 오히려 소통 측면에서 활발한 모습을 보인다. 유튜브가 엔터테인먼트를 넘어 문화와 정보와 지식 등을 아우르는 종합 플랫폼으로 확실히 자리 잡고 소통과 공감의 통로로까지 인식된다면 우리가 지금은 예측할 수 없는 그 무엇 이상이 될지도 모른다.

2장

유튜브는 비즈니스
플랫폼으로 간다

1.
유튜브가 콘텐츠 시장을 바꾸다

2005년 2월 인터넷의 등장이 인류의 소통 방식을 혁신한 것만큼이나 역사적인 사건이 있었다. 바로 유튜브의 탄생이다. 스티브 첸, 채드 헐리, 자베드 카림이 공동 창립한 유튜브는 동영상 공유 사이트에서 이후 디지털 미디어의 판도를 바꾼 혁신적인 플랫폼이 되었다.

최초의 유튜브 영상은 2005년 4월 23일에 업로드되었다. 단 18초짜리 영상으로 동물원에서 촬영한 코끼리 영상이었다. 이 짧은 영상이 지금은 유튜브의 성지가 되어 누적 조회수 3억 회를 돌파했고 댓글 수도 1,000만 개가 넘는다. 시간이 지나도 여전히 사람들이 찾아보는 이 영상은 디지털 미디어 혁명의 시작을 알린 기념비적 콘텐츠가 됐다.

　유튜브가 등장한 지 1년 8개월이 지난 2006년 10월 구글은 과감한 결정을 내린다. 유튜브를 16억 5,000만 달러(약 2조 원)에 인수한 것이다. 유튜브 공동 창업자들은 단기간에 엄청난 성공을 거두며 역사상 가장 빠른 엑시트 사례 중 하나를 기록했다. 하지만 더욱 인상적인 것은 구글의 통찰력이었다. 당시 많은 전문가가 2조 원이라는 금액에 의문을 제기하며 회의적인 반응을 보였다. 그러나 구글은 달랐다. '세상의 모든 정보를 정리한다.'라는 비전을 가지고 동영상이야말로 가장 강력한 정보 전달 방식이 될 것이라고 확신했다.

　이러한 전략적 결정이 얼마나 정확했는지는 현재 유튜브의 가치를 보면 알 수 있다. 2006년 당시 2조 원이었던 유튜브의 가치는 현재 약 200조 원으로 추정된다. 이는 초기 투자금의 100배에 달하는 엄청난 성장이다. 구글은 인수한 유튜브에 자사의 강력한 인프라와 기술력을 결합해 유튜브를 세계 최대의 영상 플랫폼으로 성장시켰다.

　구글이 유튜브를 인수하겠다고 발표했을 때 많은 전문가가 의문을 제기했다. "과연 이 거대한 투자가 수익을 낼 수 있을까?"라는 회의적인 질문을 쏟아냈다. 하지만 구글은 단기적인 수익 회수보다 더 큰 그림을 그렸다. 모든 정보가 시각적 콘텐츠로 정리될 것이라는 예측을 기반으로 유튜브를 통해 사람들에게 새로운 경험을 제공하는 것을 목표로 삼았다.

　영상 콘텐츠의 부상은 단순한 우연이 아니었다. 이미 수십 년 전부터 영상이 활자와 이미지를 뛰어넘는 주요 콘텐츠가 될 것이라는 예측이 있었다. 하지만 당시에는 개인이 쉽게 영상을 제작하고 공유하는 것이 어려웠다. 싸이월드, 페이스북, 인스타그램 같은 플랫폼이 존재했지만 텍스트와 이미지 중심이었다. 그러던 중 기술이 발전하고 장비와 소프트웨어의 접근성이 높아지면서 개인도 쉽게 영상을 제작할 수 있는 환경이 마련되었다. 그 결과 유튜브와 같은 동영상 중심의 플랫폼이 폭발적으로 성장할 수 있었다.

이는 기술 혁신 이상으로 콘텐츠 소비 방식의 근본적인 변화였다. 유튜브는 동영상 공유 사이트에서 누구나 크리에이터가 될 수 있는 민주적인 미디어 플랫폼으로 자리 잡았다. 현대의 콘텐츠 소비자들은 읽기에서 보기로, 정적인 이미지에서 역동적인 영상으로 이동하고 있다.

구글의 새로운 도전이 대박을 낳다

구글이 유튜브를 인수할 때도 그랬지만 단기적인 수익성을 따지기보다 혁신을 위한 새로운 도전에 집중해왔다. 대표적인 사례가 바로 구글 북스 라이브러리 프로젝트다. 이 프로젝트는 전 세계 도서관의 모든 활자를 디지털화하는 것을 목표로 했다. "책을 디지털화한다고 돈이 될까?"라는 의구심이 많았지만 구글의 목적은 명확했다. '세상의 모든 정보를 정리한다.' 이 철학이야말로 구글이 유튜브 인수를 강행한 근본적인 이유였다.

구글은 정보의 가치와 영향력을 깊이 이해하는 기업이다. 정보는 단순한 데이터가 아니라 사회의 중심을 형성하는 강력한 도구이며 기술과 결합하면 무한한 가능성이 열린다. 유튜브의 성공도 같은 맥락에서 이해할 수 있다. 글로벌 정보의 중심이 될 수 있다고 본 것이다. 이러한 전략적 사고는 오늘날에도 이어진다. 구글은 인공지능에도 적극적으로 투자하고 있으며 당장의 수익화보다 장기적인 가능성을 보고 있다. '영상 콘텐츠가 디지털 미디어 시장을 지배했던 것처럼 인공지능이 미래를 바꿀 것이다.' 구글의 철학은 흔들림이 없다.

"우리가 배운 기존의 경영 이론은 더 이상 유효하지 않다."

구글의 공동 창업자였던 에릭 슈미트가 한 말이다. 그의 발언에서 구글이 유튜브 인수와 같은 대담한 결정을 내리는 이유를 알 수 있다. 그는 선마이크로시스템즈에서 자바 개발을 주도한 인물로 IT 생태계와 비즈니스와 개발 분야를 직접 경험하며 미래 비전을 구체화했다. 그의 논리에 따르면 인공지능의 미래는 무한하다. 기존 경영학 이론은 데이터를 기반으로 의사결정을 하라고 가르치지만 인간이 데이터 분석에서 인공지능보다 뛰어날 가능성은 희박하다. 인간의 의사결정은 심리적 요인과 우연성에 영향을 받으며 이는 불확실성을 내포한다. 따라서 기업 경영자는 기존의 방식에 얽매이지 않고 스스로의 원칙과 비전에 따라 미래를 설계해야 한다는 것이다.

그러나 혁신이 항상 순탄한 것은 아니다. 구글이 유튜브를 인수한 후 첫 4년 동안은 적자였다. 4억 7,000만 달러에 달하는 천문학적 손실을 감수해야 했다. 2009년까지 지속된 적자 속에서도 구글은 흔들리지 않았다. 그리고 2010년 유튜브는 마침내 흑자 전환에 성공했다. 이후 눈덩이처럼 성장하며 오늘날 세계 최대의 영상 플랫폼으로 자리 잡았다.

이러한 전략적 인내는 우리나라에서도 찾아볼 수 있다. 예를 들어 쿠팡은 매년 수천억 원의 적자를 기록하면서도 시장 점유율 확대에 집중했다. 초기 적자는 장기적으로 시장 지배력을 확보하기 위한 필수적인 리스크였다. 결국 쿠팡은 성장세를 이어가며 투자자들의 신뢰를 얻었고 기업 가치를 높이는 데 성공했다.

이처럼 혁신 기업들은 단기적인 손익을 넘어 미래를 바라본다. 유튜브 인수 당시의 비판과 의문에도 불구하고 구글은 정보 혁명을 향한 비전을 유지하며 글로벌 플랫폼을 만들어냈다. 그리고 이제 우리는 그들의 선택이 얼마나 탁월했는지 분명히 확인할 수 있다.

••• 국가마다 고유한 유튜브 특성이 있다

유튜브는 국가마다 독특한 특성을 가지고 있으며 이에 따라 콘텐츠 소비 방식과 수익 모델도 차이를 보인다. 2008년 구글은 유튜브의 현지화 전략을 본격적으로 추진하며 네덜란드, 브라질, 프랑스, 폴란드, 아일랜드, 이탈리아, 일본, 스페인, 영국 등 9개국에서 국가별 맞춤 서비스를 시작했다. 우리나라 역시 한국어 서비스가 도입되면서 자연스럽게 한국어 콘텐츠가 중심이 되는 환경이 조성

됐다.

그러나 이러한 국가별 서비스에는 보이지 않는 장벽이 존재한다. 특정 언어로만 검색할 경우 해당 언어권의 콘텐츠만 주로 노출되는 경향이 있다. 우리나라에서도 한국어로 검색하면 한국 관련 콘텐츠가 우선적으로 제공되며 이로 인해 글로벌 콘텐츠 접근성이 제한될 수 있다. 따라서 다양한 정보를 얻고자 한다면 영어 등 외국어 검색을 적극적으로 활용하는 것이 중요하다. 실제로 영어로 검색할 경우 새로운 세계가 펼쳐지듯 이전에는 접하지 못했던 콘텐츠를 손쉽게 발견할 수 있다.

국가별 유튜브 환경은 문화적 특성에 따라 서로 다른 방식으로 발전하고 있다. 우리나라는 예능적인 요소가 강조된 콘텐츠가 많고 자막을 적극적으로 활용하는 경향이 있다. 중국과 일본 역시 자막을 많이 사용하지만 서구권 국가들은 자막보다는 화면 전환이나 그래픽 효과를 더 선호하는 편이다. 이러한 차이는 각국의 콘텐츠 스타일과 시청자들의 선호도를 반영한 결과라고 볼 수 있다.

플랫폼의 특성도 유튜브의 국가별 차이를 만들어내는 요소 중 하나다. 유튜브에서는 라이브 방송을 지나치게 자주 하면 구독자들에게 피로감을 줄 수 있다. 반면 인스타그램이나 트위치 같은 플랫폼에서는 실시간 소통이 중요한 요소로 작용해 라이브 방송이 더 활성화돼 있다. 특히 2024년 10월 15일 아프리카TV가 SOOP으로 명칭을 변경하면서 플랫폼 정체성을 재정립한 사례는 이를 잘 보여준다. SOOP에서는 라이브 방송이 핵심 기능으로 자리 잡아 크리에이터들이 매일 몇 시간씩 라이브 방송을 진행하며 시청자와의 유대감을 형성하고 있다.

국가별 유튜브 수익 모델 또한 큰 차이를 보인다. 유튜브 광고 수익은 각국의 국내총생산GDP에 기반해 결정된다. 국내총생산이 낮은 국가는 동일한 광고를 시청하더라도 수익이 낮게 책정되는 반면 경제 규모가 큰 국가에서는 더 높은 광고 수익을 창출할 수 있다. 예를 들어 인도의 크리에이터가 우리나라를 타깃으로 한 콘텐츠를 제작하면 자국을 대상으로 한 것보다 훨씬 높은 광고 수익을 기대할 수 있다. 유튜브 시장에서 가장 큰 비중을 차지하는 국가는 미국으로 국내총생산과 유효 시청자 수가 압도적으로 많아 광고 수익성이 가장 높다. 우리나라 역시 인구 대비 유효 시청자가 많고 콘텐츠 소비율이 높아 유튜브에서 수익성이 높은 국가 중 하나다.

이처럼 유튜브는 각국의 문화 경제적 특성에 따라 다른 방식으로 발전하고 있다. 글로벌 플랫폼을 효과적으로 활용하려면 이러한 차이를 이해하고 적절한 전략을 수립하는 것이 중요하다. 앞으로 인공지능 번역 기술과 자막 자동 생성 기능이 더욱 발전하면서 국가 간 콘텐츠 소비 장벽이 낮아질 것으로 전망된다. 이러한 변화 속에서 크리에이터와 플랫폼 운영자들은 더 넓은 시장을 바라볼 필요가 있다.

2.
영상 콘텐츠 시장은 무한한 가능성을 가졌다

영상 콘텐츠 시장은 갈수록 확대되고 있다. 플랫폼만 봐도 종류가 매우 다양하다. 소셜미디어, 라이브 스트리밍, 미디어 커머스, OTT 등 다양한데 플랫폼마다 서비스 종류도 많다. 한 개인이 보는 콘텐츠 플랫폼도 여러 가지다. 그만큼 볼거리가 많다.

메타버스도 콘텐츠 플랫폼 시장에 진입했다. 가상 인플루언서가 대표적이다. 컴퓨터그래픽, 인공지능, 모션캡처 등 첨단 기술을 사용해 만든 3D 가상 캐릭터가 메타버스에서 활동한다. 어떤 연예기획사는 실제 아이돌 그룹의 가상 버전을 만들어서 현실 세계와 분리하고 메타버스에서 활동하게 한다. 메타버스에서 마치 초능력이 부여된 존재로 활동하는 인플루언서의 등장으로 엔터테인먼트 영역이 확장되고 있다. 그만큼 영상 콘텐츠 시장은 기존의 플랫폼에 더해 3D 공간까지 확대되어 성장하는 추세다.

유튜브도 성장세가 꺾이지 않고 있다. 수많은 채널이 생겨나고 주제도 다양해졌다. 시청 연령대도 넓어졌는데 코로나19의 영향이 컸다. 집 밖으로 나가지 못하는 상황이 장기간 이어지자 유튜브 콘텐츠의 소비가 증가했다. 게다가 카카오톡 등 메신저를 통해 영상 콘텐츠의 링크를 주고받으면서 더 많이 소비됐다. 이때 급격하게 소비된 콘텐츠가 트로트와 정치 콘텐츠다.

코로나19는 기존에 잘 쓰지 않았던 새로운 기술과 플랫폼을 좀 더 빨리 쓰게 되는 분기점이 됐다. 예를 들어 줌 같은 온라인 화상 회의 서비스는 상용화되더라도 서비스가 정착되는 데 10년은 걸릴 것이라는 말도 있었다. 하지만 코로나19로 어쩔 수 없이 강제적으로 사용하게 되자 상황이 달라졌다. 사람들의 학습과 적응은 빨랐다. 그뿐만 아니다. 이런 서비스가 우리 일상에서 활용될 때 콘텐츠로 만들 수 있는 게 무엇이 있는지 고민하는 단계까지 나아갔다. 코로나19를 분기점으로 영상 콘텐츠 시장은 폭발적으로 성장했다.

콘텐츠 시장에는 경계가 없다

글로벌 콘텐츠 시장의 변화는 국가 간 경계를 허물고 있다. 과거에는 지상파 방송과 같은 레거시 미디어를 해외에서 시청하려면 판권을 확보하고 각국의 방송사에 판매해야 했다. 이러한 방식은 모든 국가에 동일하게 콘텐츠를 제공하기 어렵다는 구조적 한계가 있다. 각국의 미디어 산업 구조, 시장 특성, 그리고 언어적 장벽이 맞물리면서 우리나라 콘텐츠의 해외 진출은 제한적일 수밖에 없었다. 그런데 넷플릭스와 디즈니플러스 같은 글로벌 OTT 플랫폼이 등장하면서 이러한 제약이 빠르게 해소되었다. 이제는 특정 국가에서 제작한 콘텐츠라도 전 세계 시청자에게 동시에 제공할 수 있게 되면서 우리나라 콘텐츠의 경쟁력을 입증하는 계기가 되었다. 대표적으로「오징어게임」은 넷플릭스를 통해 글로벌 히트를 기록했으며 반대로 스페인의「종이의 집」역시 우리나라에서 인기를 끌며 콘텐츠 유통의 국제화가 가속화되고 있음을 보여주었다.

콘텐츠의 소비 방식도 변화하고 있다. OTT 플랫폼이 발달하며 특정 지역에서만 시청할 수 있던 콘텐츠가 글로벌화됨에 따라 시청자의 선택 기준도 더욱 까다로워지고 있다. 한류 열풍이 보여주듯이 언어와 문화적 차이를 초월한 콘텐츠는 전 세계적으로 사랑받을 수 있다. 이제 시청자들은 특정 국가의 콘텐츠라는 개념보다 재미와 몰입도를 더 중요하게 고려하며 콘텐츠를 선택하는 방식 역시 점점 더 능동적으로 변하고 있다. 유튜브, 넷플릭스, 디즈니플러스 등에서 콘텐츠를 소비하는 패턴을 살펴보면 이제는 특정 지역의 문화보다는 전 세계적으로 통용될 수 있는 서사와 연출이 더 중요한 기준이 된다는 것을 확인할 수 있다.

콘텐츠 소비 속도 또한 빠르게 변화하고 있다. 숏폼 콘텐츠의 인기가 높아지면서 긴 영상도 더욱 빠르게 소비되는 경향이 두드러진다. 디즈니플러스나 넷플릭스 같은 플랫폼들은 이러한 변화를 반영해 컷 편집 속도를 높이고 몰입도를 극대화하는 전략을 구사하고 있다. 기존의 전통적인 드라마 연출 방식에서 벗어나 빠른 전개와 강한 몰입 요소를 갖춘 콘텐츠가 더욱 경쟁력을 갖게 되는 것이다.

이와 함께 콘텐츠 시장에서의 자본 흐름도 크게 변화하고 있다. 넷플릭스와 디즈니플러스는 매년 조 단위 예산을 투입해 오리지널 콘텐츠 제작에 투자하고 있다. 유튜브와 틱톡 역시 크리에이터 지원을 위한 대규모 펀드를 조성하며 시장 경쟁력을 확보하려 하고 있다. 이러한 자본 투입으로 콘텐츠 시장의 성장이 촉진되는 동시에 플랫폼 간 경쟁은 더 치열해지고 있다.

콘텐츠 판권을 둘러싼 경쟁도 격화되고 있다. 디즈니플러스는 마블, 스타워즈, 픽사 등 강력한 판권을 보유하고 있으며 이를 배타적으로 운영함으로써 차별화를 꾀한다. 넷플릭스는 이에 대응해 자체 오리지널 콘텐츠 제작에 집중하며 경쟁력을 확보하고 있으며 최근에는 넷플릭스 오리지널 시리즈가 다시 급부상하며 플랫폼의 입지를 굳히고 있다.

이처럼 콘텐츠 시장은 플랫폼 간 경계가 희미해지고 있으며 글로벌 시장에서 경쟁이 더욱 심화되고 있다. 변화하는 미디어 환경 속에서 성장과 경쟁력을 유지하기 위해서는 플랫폼과 제작자들이 끊임없이 혁신해야 할 필요가 있다.

글로벌 무한 경쟁 시대가 열렸다

유튜브의 콘텐츠 평가 방식이 급변하고 있다. 과거에는 구독자 수가 채널의 영향력을 판단하는 주요 지표였으나 이제는 조회수가 더욱 중요한 기준으로 자리 잡았다. 구독자가 많더라도 조회수가 저조하면 플랫폼에서 가시성이 떨어지고 반대로 신생 크리에이터라도 조회수가 높다면 빠르게 성장하는 구조가 만들어졌다. 이는 유튜브의 알고리즘이 구독자보다는 개별 콘텐츠의 조회수와 시청 지속 시간을 우선하는 방향으로 변화했기 때문이다.

광고주들도 이러한 변화를 반영하여 채널을 평가하는 방식이 달라졌다. 과거에는 구독자 수를 기준으로 광고를 집행했지만 현재는 조회수와 시청 유지율이 더 중요한 척도로 작용하고 있다. 이는 곧 크리에이터가 장기적으로 성공하기 위해서는 브랜드 인지도보다 개별 콘텐츠의 경쟁력을 확보하는 것이 필수적이라는 점을 의미한다.

틱톡을 비롯한 숏폼 플랫폼도 빠르게 변화하고 있다. 초기 틱톡은 직접적인 수익 창출이 어려웠고 인플루언서들은 광고를 받거나 MCN과 협업하여 개별적인 수익을 창출해야 했다. 그러나 최근 틱톡은 좋아요와 조회수를 기반으로 크리에이터에게 리워드를 제공하는 시스템을 도입했다. 이를 통해 크리에이터들은 광고 없이도 일정 수준 이상의 성과를 기록하면 수익을 창출할 수 있게 되었다.

특히 틱톡 라이브 기능은 빠르게 성장하며 새로운 수익 모델을 창출하고 있다. 틱톡 라이브에서는 실시간 스트리밍을 통해 시청자와 즉각적으로 소통할 수 있으며 팬들은 라이브 중 가상 선물을 구매하여 크리에이터를 직접 후원할 수 있다. 이는 유튜브의 슈퍼챗과 유사한 기능이지만 숏폼 플랫폼이라는 특성을 반영하여 더욱 즉각적인 인터랙션을 제공하는 것이 특징이다. 틱톡 라이브는 크리에이터들이 지속적으로 수익을 창출하는 또 다른 중요한 도구로 자리 잡고 있다.

라이브 커머스 시장도 급속도로 성장하고 있다. 쿠팡과 네이버를 중심으로 본격적으로 시장이 형성되고 있으며 플랫폼들은 라이브 방송을 활용한 상품 판매에 집중하고 있다. 그러나 크리에이터 중심의 커머스는 기대만큼의 성과를 내지 못하는 경우가 많다. 초기에는 유명 크리에이터가 제품을 홍보하면 자연스럽게 판매로 이어질 것이라 예상했지만 소비자들은 인플루언서의 홍보보다 제품의 품질과 브랜드 신뢰도를 더욱 중요하게 평가하고 있다.

이에 따라 대기업들은 크리에이터 제작 환경 개선에 투자하며 CJ와 카카오 같은 기업은 콘텐츠 펀드를 조성해 크리에이터들을 지원하는 전략을 펼치고 있다. 또한 정부 차원에서도 크리에이터 산업을 육성하고 있으며 자본과 인프라를 결합한 새로운 시장을 구축하고 있다. 이러한 움직임은 개인 크리에이터의 성장뿐만 아니라 콘텐츠 산업 전반의 구조적 변화를 예고하고 있다.

크리에이터들은 교육 시장으로도 확장하고 있다. 대표적인 예가 클래스101과 탈잉 같은 플랫폼으로 크리에이터들이 자신의 전문성을 활용해 온라인 강의를 제공하고 있다. 이러한 교육 콘텐츠는 새로운 수익 모델로 자리 잡았으며 크리에이터들의 영향력을 넓히는 역할을 하고 있다.

연예인들도 유튜브와 SNS를 적극적으로 활용하며 개인 브랜드를 강화하는 전략을 채택하고 있다. 과거에는 공백기가 길어질수록 대중과의 거리감이 커졌지만 이제는 콘텐츠를 지속적으로 제작하며 팬들과의 접점을 유지하고 있다. 이는 크리에이터뿐만 아니라 기존 엔터테인먼트 산업에도 중요한 변화를 가져오고 있다.

영상 콘텐츠의 제작 방식도 빠르게 변화하고 있다. 유튜브는 기존의 롱폼 콘텐츠 중심에서 숏폼 콘텐츠가 공존하는 구조로 변화했다. 틱톡 역시 영상 길이를 늘리며 다양한 형식의 콘텐츠를 수용하고 있다. 이에 따라 크리에이터들은 특정 플랫폼의 형식에만 의존하지 않고 다양한 콘텐츠 유형을 제작하여 여러 플랫폼에서 활용하는 전략을 취하고 있다.

플랫폼 간 경쟁이 심화되면서 크리에이터들은 더욱 차별화된 콘텐츠를 제작해야 하며 플랫폼의 변화에 따라 유연하게 대응해야 한다. 이제는 단순히 롱폼 콘텐츠만 제작하거나 숏폼만 고집해선 안 된다. 하나의 아이디어를 여러 형태로 변환하여 다양한 플랫폼에 맞게 최적화하는 전략이 필수적이다.

디지털 콘텐츠 시장의 경쟁이 치열해질수록 변화의 속도도 더욱 빨라지고 있다. 유튜브는 구독자 중심에서 조회수 중심의 평가 방식으로 변화했으며 틱톡과 같은 숏폼 플랫폼들은 크리에이터 수익 모델을 적극적으로 확대하고 있다. 라이브 커머스는 대기업 중심으로 시장을 형성하고 있지만 크리에이터 개인이 운영하는 커머스는 여전히 한계를 보이고 있다. 이에 따라 크리에이터들은 교육 콘텐츠와 개인 브랜드 강화 등 다양한 방식으로 수익 모델을 확장하고 있으며 변화하는 트렌드에 맞춰 지속적인 혁신을 시도하고 있다.

 콘텐츠 시장에서 성공하기 위해서는 빠르게 변화하는 트렌드를 읽고 이에 적응할 수 있는 유연성이 필수적이다. 플랫폼, 기업, 크리에이터 모두가 시장의 변화를 면밀히 분석하고 전략을 수립해야만 지속해서 성장할 수 있다. 이제는 콘텐츠 제작만으로는 충분하지 않으며 콘텐츠를 어떻게 유통하고 최적의 플랫폼에서 효과적으로 활용할 것인지에 대한 전략적 접근이 필수적인 시대가 되었다.

3.
시장 분석과 트렌드 이해로 미래를 대비한다

영상 콘텐츠를 제작하는 것과 시장을 분석하는 것은 어떤 연관이 있을까? 많은 사람이 유튜브를 시작할 때 시장에 대한 개념 없이 단순히 자신만의 콘텐츠를 만들어나가면 된다고 생각한다. 그러나 곧 현실과 마주하게 된다. 기대했던 만큼의 조회수나 반응이 나오지 않는 것이다. 이때 비로소 중요한 깨달음을 얻는다. 단순히 창의적인 콘텐츠를 만드는 것만으로는 충분하지 않으며 시장과 데이터를 읽을 줄 알아야 한다는 것이다.

시장을 읽는다는 것은 두 가지 의미가 있다. 첫째, 기존 시장을 분석하고 그 안에서 추세와 변화를 파악하는 능력이다. 둘째, 아직 존재하지 않지만 잠재력이 있는 시장을 발견하고 창출하는 능력이다.

유행을 따라가는 것은 한계가 있고 자신만의 독창적인 콘텐츠를 기존 시장과 연결할 줄 알아야 한다.

트렌드를 읽는 것은 시장 분석의 첫걸음이다. 숨은 시장을 발견하고 창출하는 것은 새로운 기술이나 소재를 찾는 것만이 아니다. 결코 쉬운 일이 아니며 깊은 인사이트를 요구한다. 인사이트는 데이터를 해석하는 능력이 있어야 나온다. 따라서 먼저 현재 트렌드를 분석하고 자신이 제작할 수 있는 콘텐츠와의 접점을 찾아야 한다. 이러한 과정에서 자신만의 고유한 시장을 창출할 가능성이 열리게 된다.

예를 들어 공예 과정을 보여주는 콘텐츠인 '크래프트 시장'을 살펴보자. 사람들은 제작 과정을 지켜보는 것을 좋아한다. 원래 공예 작업은 시간이 오래 걸리고 반복적인 과정이 많아 지루할 수도 있지만 영상을 통해 빠르게 압축된 제작 과정을 감상할 때는 전혀 다른 감각을 경험한다. 이러한 요소가 시청자들에게 만족감을 주는 핵심 요인이다.

대표적인 예로 3D 펜을 활용한 콘텐츠가 있다. 처음에는 대중이 3D 펜의 개념조차 익숙하지 않았지만 이 기술이 크래프트 영상과 결합하면서 하나의 새로운 시장이 형성되었다. 3D 펜은 단순한 도구일 뿐이지만 '무언가를 만들어낸다.'는 주제와 결합되면서 사람들의 관심을 끌었다. 결국 새로운 시장은 기존의 관심 요소와 결합하여 탄생하는 것이다.

이처럼 숨은 시장을 찾는 과정에서 중요한 것은 시청자들에게 어떤 감정적, 시각적 만족감을 줄 수 있는지를 고민하는 것이다. 콘텐츠 제작자는 시장과 트렌드를 분석하면서 자신의 창작물과 대중의 관심사가 만날 수 있는 교집합을 찾아야 한다.

결국 영상 콘텐츠 제작은 창작 행위이기보다 시장을 읽고 기회를 포착하는 과정이다. 창의성만큼 중요한 것은 전략적 사고이며 이를 통해 누구도 주목하지 않았던 영역을 새로운 시장으로 만들어낼 수 있다.

••• 채널 운영을 스타트업 방식으로 해보자

내가 잘하는 것을 대중에게 보여주는 것은 성공적인 콘텐츠 전략이 아닐 수도 있다. 중요한 것은 내가 가진 능력과 대중의 관심 사이에서 교집합을 찾아내는 것이다. 예를 들어 첼로 연주자가 클래식 곡이 아니라 애니메이션 음악을 전문적으로 다룬다면 새로운 시장을 창출할 수 있다. 기존에 없던 독창적인 콘텐츠 시장을 개척하는 방법은 잘되는 다른 분야와의 접점을 찾아내는 데서 출발한다. 그리고 이 과정은 데이터 분석 능력이 뒷받침되어야 가능하다.

데이터 분석 능력을 활용하면 융합 콘텐츠를 만들어내는 것도 가능하다. 성공한 콘텐츠를 네 개 정도 분석하고 각각의 장점과 교집합 요소를 조합하면 새로운 형식의 콘텐츠를 탄생시킬 수 있다. 창의성이란 완전히 새로운 것을 만들어내는 것이 아니라 기존의 것들을 조합하여 새로운 가치를 창출하는 것이다. 아이폰의 사례를 보

자. 터치스크린, 전화기, 카메라 등 각각의 기술은 이미 존재했지만 이를 결합하여 혁신적인 사용자 경험을 창출하면서 스마트폰 시장을 변화시켰다.

레거시 미디어 역시 기존 콘텐츠를 조합하여 새로운 형식으로 발전시키는 데 능숙하다. 예를 들어 연애 프로그램과 추리물의 요소를 결합한 예능 프로그램이 등장하고 있다. 대표적인 사례가 「하트 시그널」이다. 기존의 장르적 특성을 융합하여 새로운 콘텐츠를 만들어낸 것이다. 최근에는 이러한 콘텐츠 변주가 트렌드로 자리 잡고 있다. 두세 개의 장르를 결합하고 성공 요소를 조합하여 새로운 유형의 콘텐츠를 창출하는 전략이 점점 더 중요해지고 있다.

유튜버들 역시 다양한 방식으로 콘텐츠를 확장하고 있다. 유튜브에서 활동하는 크리에이터들이 책을 출간하는 사례가 늘고 있으며 출간된 책을 다시 영상 콘텐츠로 제작하거나 팟캐스트에서 오디오북 형태로 제공하는 방식으로 콘텐츠의 활용도를 극대화하고 있다. 이러한 방식은 하나의 지적 자산IP, Intellectual Property으로 확장할 수 있는 가능성을 보여준다.

콘텐츠 간 결합뿐만 아니라 매체나 장르의 비즈니스 요소를 융합하는 것도 효과적인 전략이다. 「올블랑TV」는 유튜브 채널 운영을 스타트업 방식으로 접근하며 크리에이터들을 영입했다. 스타트업으로 시작하면 투자 유치가 가능해진다는 장점이 있기 때문이다. 일반적인 스타트업은 핵심성과지표KPI를 기반으로 성장 가능성을 평가하고 크리에이터의 경우 구독자 수와 조회수만으로도 투자 가치를 입증할 수 있다.

하지만 많은 크리에이터가 이러한 기회를 활용하지 못하고 있다. 충분한 구독자와 조회수를 확보하고 있는데도 이를 비즈니스적으로 활용하는 전략이 부족하다. 콘텐츠 제작만이 아니라 광고 유치, 브랜드 협업, 투자 유치 등 다양한 방법을 통해 사업을 확장할 기회가 많다. 크리에이터가 자신이 운영하는 채널을 하나의 브랜드이자 스타트업으로 인식하고 접근한다면 콘텐츠 시장에서 더욱 강력한 입지를 다질 수 있을 것이다.

결국 성공적인 콘텐츠 제작자는 창의성과 전략적 사고를 동시에 갖추어야 한다. 흥미로운 영상을 제작하는 것은 기본이다. 시장과 데이터를 분석하고 다양한 장르와 형식을 융합하여 새로운 가치를 창출하는 것이 필요하다. 크리에이터가 데이터를 기반으로 시장을 읽을 줄 안다면 기존의 한계를 뛰어넘어 새로운 기회를 창출할 수 있을 것이다.

●●●
'쉬운 전달'과 '대중과의 연결'이 중요하다

콘텐츠 제작의 장벽은 과거보다 크게 낮아졌다. 기술적 제약이 완화되었고 언어 장벽 또한 예전처럼 큰 걸림돌이 아니다. 나 역시 영어로 의사소통이 가능했기에 글로벌 시장에 도전할 수 있었다. 더불어 한국인이라는 정체성을 강점으로 활용하고 운동 경험을 살려 독창적인 콘텐츠를 제작했다. 이러한 시도는 사람들의 관심을 끌었고 꾸준한 영상 제작과 최적화 과정을 거쳐 구독자와 조회수를 확보할 수 있었다.

채널이 성장하면서 다양한 크리에이터들과 협업할 기회가 생겼고 이를 통해 또 다른 형태의 콘텐츠를 선보일 수 있었다. 시간이 지남에 따라 영상에 대한 이해도가 높아졌고 내 강점을 살려 더욱 몰입감 있는 콘텐츠를 제작하는 능력이 향상되었다. 구독자와 시청자들이 만족하면서 자연스럽게 채널 유입이 증가했고 결국 투자 유치와 매출 구조까지 안정적으로 구축할 수 있었다. 콘텐츠 기획, 영상 제작, 비즈니스 모델 등 다양한 요소를 결합하여 가치를 창출하는 것이 성공의 핵심이었다. 이 과정에서 각 시장에 대한 이해를 높이고 지속적으로 인사이트를 키우는 학습이 필수적이었다.

인사이트를 키운다고 해서 반드시 어려운 콘텐츠를 제작할 필요는 없다. 오히려 너무 전문적인 용어를 남발하거나 지나치게 복잡한 설명을 하는 것은 좋지 않은 전략이다. 벼는 익을수록 고개를 숙인다는 말처럼 콘텐츠도 깊은 이해를 바탕으로 대중이 쉽게 접근할 수 있도록 제작하는 것이 중요하다. 대부분 성공한 크리에이터들은 기본적인 역량을 갖추고 지속적으로 학습하되 대중이 이해하기 쉬운 콘텐츠를 제작하는 방식을 택한다.

아무리 복잡하고 전문적인 주제라도 쉽게 풀어낼 수 있는 능력이 중요하다. 최근 과학 커뮤니케이터들이 주목받는 이유도 여기에 있다. 물리학이나 천문학처럼 난해한 주제를 쉽게 설명하여 대중이 자연스럽게 이해할 수 있도록 콘텐츠를 만드는 것이 핵심이다. 어렵고 추상적인 개념도 쉽게 전달할 때 더 많은 사람의 관심을 끌 수 있고 콘텐츠의 확장성도 커진다.

쉽게 읽히는 책이 좋은 책이라는 말이 있듯이 영상 콘텐츠 역시 마찬가지다. 영상을 시청하는 순간 즉각적으로 이해할 수 있어야 한다. 운동 콘텐츠라면 보자마자 따라 하고 싶게 만들어야 한다. 인사이트가 있는 사람일수록 정보를 효과적으로 정리하여 전달하는 능력을 갖추고 있다. 반면 인사이트가 부족한 사람은 오히려 어렵게 콘텐츠를 만들어 전문가인 척하려는 경향이 있다. 그러나 진정한 크리에이터는 난해한 주제를 쉽게 풀어가면서도 정보 전달에 그치지 않고 대중과 교감하며 공감할 수 있는 콘텐츠를 제작한다.

콘텐츠 제작에서 가장 중요한 요소는 '쉬운 전달'과 '대중과의 연결'이다. 인사이트를 갖춘 크리에이터는 대중의 눈높이에 맞추어 콘텐츠를 쉽게 만들면서도 깊이 있는 메시지를 담아낸다. 중요한 것은 단순한 정보 전달이 아니라 대중이 자연스럽게 이해하고 받아들일 수 있도록 구성하는 능력이다. 크리에이터라면 지속적으로 학습하면서도 어떻게 하면 쉽고 효과적으로 전달할 수 있을지를 고민해야 한다. 그래야만 지속가능한 콘텐츠를 제작할 수 있고 꾸준히 성장할 수 있다.

4.
시장은 생존과 도태의 조정기다

유튜브가 영상 콘텐츠 플랫폼을 장악한 이후 사람들은 TV보다 유튜브를 더 선호하게 되었다. 레거시 미디어보다 유튜브를 찾는 현상은 더욱 두드러지고 있으며 특히 코로나19 당시 영상 콘텐츠 플랫폼의 시청률은 폭발적으로 증가했다. 비대면 환경과 재택근무가 늘어나면서 사람들은 유튜브와 OTT 서비스를 더 많이 이용하게 되었다. 그러나 위드 코로나 시대로 접어들면서 상황이 변했다. 사람들이 다시 외부 활동을 시작하며 온라인 서비스의 시청률은 자연스럽게 하락했고 이 과정에서 크리에이터들 간 경쟁이 더욱 치열해졌다. OTT 서비스 역시 팬데믹 기간 동안 트래픽이 급증하며 시장이 확장되었으나 사회적 거리 두기 완화와 함께 조회수와 방문율이 감소했다. 이러한 변화는 영상 콘텐츠 시장이 단순한 성장 단계에서 벗어나 새로운 조정기에 접어들었음을 의미한다. 초기에는 특정 시기에 유행하는 키워드를 활용해 누구나 손쉽게 조회수를 얻을 수 있었다. 하지만 이제는 차별화된 기획과 명확한 콘셉트를 갖춘 크리에이터만이 생존할 수 있는 시대가 되었다.

팬데믹 당시 홈트레이닝 콘텐츠가 큰 인기를 끌었던 것도 이러한 맥락에서 이해할 수 있다. 당시에는 별다른 차별화 없이도 일정 수준의 조회수를 확보할 수 있었다. 하지만 이후 시장이 조정되면서 콘텐츠의 경쟁력과 페르소나 구축이 필수 요소로 자리 잡았다. 단순히 유행을 따라가는 방식으로는 더 이상 성장하기 어렵고 지속적인 혁신과 새로운 기획이 필요한 시점이다.

영상 콘텐츠 시장은 이제 새로운 산업이 조정기에 들어가는 과정과 유사한 흐름을 보인다. 인터넷 초창기에도 여러 포털 사이트가 등장하며 경쟁을 벌였고 각기 다른 서비스와 차별화된 전략을 내세웠다. 그러나 시간이 지나면서 일부 기업은 도태되었고 시장에서 살아남은 플랫폼은 더욱 강력한 입지를 구축했다. 유튜브와 같은 영상 콘텐츠 플랫폼 역시 같은 과정을 겪고 있다. 초기 부흥기를 지나면서 조정기를 맞이하고 있는데 차별화된 전략을 가진 크리에이터와 기업만이 지속성장할 수 있을 것이다.

●●●
대중문화 시대는 지나고 플랫폼만 남는다

영상 콘텐츠 플랫폼 시장도 결국 살아남고 도태되는 법칙이 적용된다. 유튜브 시청률이 감소했다고 해서 콘텐츠 제작을 중단하는 것은 아니다. 유튜브는 마케팅과 비즈니스 수단으로서의 가치가 여전히 있다. 코로나19 이후 영상 콘텐츠 플랫폼 산업은 레거시 미디어의 영향력이 점차 감소하는 추세를 보이고 있다. 특히 광고 시장에서는 이러한 변화가 더욱 두드러진다. 레거시 미디어는 개인화된 타깃 마케팅이 불가능하지만 유튜브, 틱톡, 인스타그램 등의 디지털 플랫폼은 정교한 타기팅 광고를 제공할 수 있다. 이에 따라 디지털 마케팅 예산이 증가하고 있다. 광고주들은 점점 더 영상 콘텐츠 플랫폼으로 이동하고 있다.

영상 콘텐츠 플랫폼은 다양한 형식을 실험하며 변주를 거듭하고 있다. 유튜브, 틱톡, 인스타그램은 숏폼, 롱폼, 라이브 스트리밍 등 여러 형식을 도입하여 사용자의 참여를 극대화하고 있다. 콘텐츠 기획 능력만 갖추고 있다면 이러한 변화 속에서 새로운 비즈니스 기회를 창출할 수 있다. 나 역시 운동 콘텐츠와 여행 콘텐츠를 결합하여 채널을 운영하며 플랫폼 비즈니스에 참여하고 있다. 물론 창의적인 기획 능력이 뒷받침되어야 한다. 차별화된 콘텐츠를 기획할 역량이 있을 때 안정적인 수익을 지속해서 창출할 수 있다.

이제 크리에이터의 자격 요건도 과거와는 크게 달라지고 있다. 한때 외국어 능력이나 특정 자격증이 중요했다면 이제는 콘텐츠 스토리텔링 능력이 핵심 역량으로 자리 잡았다. 이는 단순히 크리에이터들에게만 적용되는 것이 아니라 기업에도 마찬가지다. 많은 기업이 자사 제품과 서비스를 효과적으로 전달하기 위해 스토리텔링 역량을 갖춘 인재를 찾고 있다. 이는 비즈니스에서도 중요한 요소가 되었다.

영상 콘텐츠 플랫폼 시대의 스토리텔링은 과거 레거시 미디어의 문법과는 차이가 있다. 과거 대중문화는 남녀노소를 아우르는 콘텐츠를 지향했지만 지금은 특정 타깃을 만족시키는 스토리텔링이 더욱 중요해졌다. 대중문화가 광범위한 소비층을 겨냥했다면 현대의 콘텐츠 시장은 특정 집단을 대상으로 한 맞춤형 콘텐츠를 생산하는 경향이 강해졌다. 아직 레거시 미디어가 완전히 사라진 것은 아니지만 특정 연령층과 카테고리에 한정된 영향력을 유지하는 정도다. 트로트, 정치, 드라마, 뉴스 등 일부 분야에서는 여전히 레거시 미디어가 강세를 보인다. 하지만 이 역시 특정 타깃을 중심으로 한 콘텐츠 소비 패턴의 변화에 따라 점점 변형되고 있다.

이러한 흐름을 보면 대중문화는 점차 사라지고 플랫폼만 남는 시대가 다가왔음을 알 수 있다. 앞으로의 콘텐츠 시장에서 가장 중요한 것은 특정 플랫폼과 조화를 이루면서도 타깃을 명확히 설정하여 스토리텔링 전략을 구축하는 것이다. 이제는 무조건적인 대중성을 노리는 전략은 통하지 않을 것이다. 특정 관심사를 가진 집단과 깊이 소통하는 콘텐츠가 생존할 것이다.

초개인맞춤 콘텐츠를 제작해야 한다

영상 콘텐츠 플랫폼은 이제 개인맞춤 추천 시스템을 기반으로 운영된다. 과거처럼 특정 장르나 주제가 전 국민 시청률의 대부분을 차지하는 시대는 지났다. 이제는 개별 사용자의 취향을 반영한 맞춤형 콘텐츠가 주류를 이루고 있으며 대중문화라는 개념 자체가 점차 희미해지고 있다.

지금은 콘텐츠 과잉 시대다. 수많은 장르와 콘텐츠가 쏟아지고 있다. 하지만 사람들은 많은 콘텐츠를 원하는 것이 아니라 '좋은 콘텐츠'를 소비하고 싶어 한다. 즉 자신이 선호하는 콘텐츠를 쉽게 찾아볼 수 있는 환경을 기대하는 것이다. 레거시 미디어는 이러한 기능을 제공하지 못한다. 하지만 영상 콘텐츠 플랫폼은 알고리즘을 통해 사용자의 시청 이력을 분석하고 유사한 콘텐츠를 추천하는 방식으로 이러한 요구를 충족시키고 있다. 그 결과 콘텐츠 소비의 중심축이 점차 영상 콘텐츠 플랫폼으로 이동하고 있다. 이에 따라 자본과 제작 지원도 자연스럽게 이곳으로 쏠리고 있다.

이러한 변화는 크리에이터들에게도 새로운 도전을 요구한다. 과거에는 콘텐츠 기획이 공급자 중심으로 이루어졌다면 이제는 철저히 수요자 중심의 기획이 필요하다. 창의적인 아이디어만으로 성공할 수 있는 시대가 아니다. 사용자의 시청 패턴과 니즈를 정확히 파악해야 한다. 유튜브 알고리즘은 끊임없이 사용자의 선호도를 학습하며 최적화되고 있다. 크리에이터는 이러한 환경 속에서 어떻게 경쟁력을 갖출 것인지 고민해야 한다.

이제 개인 미디어의 시대다. 누구나 영상 제작과 편집을 할 수 있고 대형 미디어 기업이 제작한 콘텐츠와 개인 크리에이터가 제작한 콘텐츠가 동일한 시장에서 경쟁하고 있다. 자본의 압박에서 비교적 자유로운 크리에이터들은 초개인화된 콘텐츠 전략을 통해 자신의 시장을 개척할 수 있다. 대중성을 목표로 하기보다 특정 타깃층을 겨냥한 차별화된 콘텐츠를 제작하는 것이 중요하다.

3장

―

모든 비즈니스는
스토리텔링이다

1.
데이터 사이언티스트가 돼야 한다

요즘 영상 콘텐츠 시장은 매우 복잡하다고 이야기하지만 주제뿐만 아니라 형식의 다양화 때문이기도 하다. 급기야 숏폼까지 등장하면서 말 그대로 무한 경쟁의 시대가 됐다. 더 놀라운 사실은 아직도 변화를 모색하고 있다는 것이다. 페이스북은 메타로 회사 이름을 바꾸고 메타버스에 중점을 두겠다고 발표했다. OTT 플랫폼 시장도 치열한 것은 마찬가지다. 넷플릭스에 이어 디즈니플러스까지 한국 시장에 진출해 자리를 잡았다. 이젠 비전프로나 퀘스트와 같은 새로운 형태의 하드웨어도 등장하고 있다.

그리고 위에 언급한 소프트웨어와 하드웨어를 비롯해 어떤 플랫폼이든 콘텐츠를 제공한다. 인플루언서들이 OTT 플랫폼에 진출해서 본인의 채널을 광고하고 또 그 플랫폼에서 트래픽이 활성화돼 더 유명해지는 추세를 보이면 플랫폼의 경계마저 무너지고 콘텐츠의 트래픽이 오간다. 업종의 경계도 허물어지고 있다. 아마존 프라임은 아마존이라는 이커머스 플랫폼에서 시작한 OTT다. 한국의 대표적인 이커머스 플랫폼 쿠팡도 쿠팡플레이를 통해 다양한 콘텐츠를 제공한다. 이제는 과거의 전통적인 업종을 구분하기보다 콘텐츠를 기반으로 확장할 수 있는 영역이 어디까지인지를 가늠할 줄 알아야 한다.

미디어 커머스 플랫폼도 주목해야 한다. 인플루언서들은 수익 모델을 다변화하기 위해 계속 노력해왔다. 이러한 움직임을 네이버와 같은 IT 기업들이 잘 알고 있었고 인플루언서들도 이 분야로 진출해서 상품을 판매하거나 수수료로 수익을 올리거나 직접 제품을 만들어서 판매하는 식으로 수익 모델을 창출했다. 피트니스 콘텐츠 서비스는 운동에 특화된 인플루언서들이 플랫폼에서 활동하면서 자신의 콘텐츠를 OTT 플랫폼이나 IPTV에 납품하고 생기는 조회수로 수익을 올리도록 하고 있다. 그리고 소셜미디어 플랫폼 대부분이 라이브 기능을 갖추고 있다.

틱톡은 10~60초 사이의 영상을 만들어 올리도록 해 상당한 인기를 끌었다. 이와 비슷한 서비스가 다양한 플랫폼에서 새롭게 선보이며 새로운 수익 모델로 주목받고 있다. 중국에서는 조회수로 수익화가 이뤄지는데 최근 틱톡에 새로운 수익 모델이 생겼다. 기존에는 개인이 직접 광고를 수주해 내 콘텐츠 아래에 해시태그를 달고 링크를 걸어놓는 방식이었는데 최근에 좋아요를 기반으로 한 수익 모델과 틱톡 라이브라는 강력한 대항마를 출시했다. 이렇게 콘텐츠를 기반으로 한 플랫폼 시장은 또 한 번 변화를 맞이하고 있다.

이러한 전체 판도를 파악하면 인플루언서들의 공통점이 엿보인다. 플랫폼이 다르고 콘텐츠 형식이 달라도 모두 기획 역량이 뛰어나다는 것이다. 콘텐츠 제작의 핵심 역량은 바로 기획이라는 것을 확인할 수 있다.

• • •
대체 불가 콘텐츠 기획을 해야 한다

콘텐츠 크리에이티브의 영역은 인스타그램, 유튜브, 틱톡이 전부가 아니다. 나는 거의 모든 플랫폼과 교류하며 다양한 크리에이터, 플랫폼 담당자, 광고주들과 콘텐츠 크리에이티브 기획을 하고 있다. 그런데 콘텐츠를 제작할 때는 경쟁자를 단순히 유튜브나 틱톡과 같은 동일한 플랫폼 분야로 제한하거나 자신의 주제로만 한정해서는 안 된다.

예전에는 브이로거들이 브이로그 제작자들끼리만 경쟁한다고 생각했지만 지금은 아니다. 브이로그를 보던 시청자가 영상을 끄고 밖에서 운동을 할 수도 있다. 이때 브이로그의 경쟁 상대는 다른 브이로그 제작자가 아니라 밖에서 하는 운동 행위가 된다. 마치 앞서 말했듯이 나이키의 경쟁자가 같은 업계의 운동 브랜드가 아니라 게임기인 닌텐도인 것처럼 말이다. 브이로그를 보는 시간에 운동하고 운동할 시간에 게임하고 게임을 할 시간에 영화를 보는 등 매시간 새로운 콘텐츠가 기존 콘텐츠를 대체한다. 플랫폼보다 콘텐츠끼리 경쟁하는 구도가 된다.

경제학에서는 '대체재'라는 개념이 있다. 비슷한 유용성을 갖고 있어서 서로 대체할 수 있다는 것이다. 예를 들어 먹방은 먹는 방송의 줄임말인데 해외에서도 'mukbang'이라고 부르면서 고유명사가 될 만큼 인기를 끄는 콘텐츠 장르가 됐다. 그런데 먹방을 보던 소비자가 먹방을 보지 않고 운동 채널을 본다면 운동 채널은 먹방과 대체 관계가 된다. 운동 채널을 보지 않고 넷플릭스의 영화를 보면 넷플릭스가 대체 관계다. 제한된 하루 24시간 동안 한 소비자가 이 모든 콘텐츠를 한 번에 소비할 수 없다. 소비자는 유튜브를 보다가 틱톡을 보다가 갑자기 밖으로 나가 활동을 할 수도 있다. 24시간이라는 제한된 시간 안에 콘텐츠를 소비하는 시간은 정해져 있다.

소비자의 시간은 제한되어 있는데 단순히 하나의 플랫폼 안에서 다른 채널과 경쟁할지, 아니면 경계를 벗어나 다른 플랫폼들을 경쟁 상대로 여기고 콘텐츠를 만들지 고민해야 한다. 다시 말하면 콘텐츠를 만들 때 더 날카로운 감각으로 사람들에게 흥미를 줄 수 있게 만들어야 한다. 당연한 말이겠지만 내가 만든 콘텐츠를 대체할 수 있는 것들이 너무나 많다는 생각을 늘 해야 한다. 내 콘텐츠를 볼 시간에 운동하러 가거나 영화를 볼 수 있다고 생각하면서 더 매력적으로 만들어야 한다.

지금 전 세계는 OTT 플랫폼 전쟁이 한창이다. 미국의 넷플릭스,

디즈니플러스, 애플TV, 우리나라의 웨이브와 왓챠 등이 해외 시장과 국내 시장을 두고 전쟁을 치른다. OTT 플랫폼은 우리의 데이터를 끊임없이 가져가고 우리를 지속적으로 카테고리화하고 있다. 예를 들어 뉴스만 보는 사람들을 카테고리로 묶거나 축구 경기만 보는 사람들을 카테고리로 묶는다. 주로 시청하는 시간대를 묶어서 카테고리를 만들기도 한다. 특정 시간대에 어떤 콘텐츠를 주로 보는지 계속해서 데이터를 수집하고 분류해서 활용하는 게 추천 시스템이다.

●●● 데이터를 분석하고 예측한다면 독보적이 될 수 있다

추천 시스템은 플랫폼 시장에서 굉장히 중요하다. 채널을 운영하는 개인은 시스템상 구독자나 팔로어에게 직접 콘텐츠를 추천하기가 힘들다. 구독자나 팔로어가 플랫폼 앱을 열었을 때 추천되는 콘텐츠는 크리에이터가 당연하게도 컨트롤할 수 없다. 그러나 플랫폼 서비스업자는 가능하다. 가령 넷플릭스는 「지금 우리 학교는」이라는 좀비물을 시청하는 사람에게 「워킹데드」라는 좀비물을 추천한다. 다른 사람들이 「워킹데드」라는 좀비물을 많이 소비했다는 데이터가 있기 때문이다. 이 데이터를 활용하면 상당한 확률로 소비자가 다음에 볼 콘텐츠를 플랫폼에서 예측해서 보여줄 수 있다. 이러한 추천 시스템으로 시청 시간은 계속해서 늘어날 확률이 높아진다.

현재 넷플릭스를 비롯한 OTT 플랫폼은 데이터에 기반해 소비자에게 추천 콘텐츠를 맞춤형으로 제공하고 있다. 유튜브도 한 소비자가 어떤 영상을 본다면 그다음에 나올 영상을 조정하는 것처럼 보인다. 홈 화면에 추천되는 영상들도 소비자들의 데이터를 가지고 맞춤형으로 배치한 것이다. 어떤 콘텐츠를 어떤 시간대에 시청하는 습관이 있는지 등 수집한 데이터를 기반으로 시간대에 따라 콘텐츠들을 노출한다.

그렇다면 콘텐츠를 제공하는 크리에이터는 이것을 어떻게 바라봐야 할까? 사실 우리는 추천 시스템으로 노출될 수 있는 콘텐츠를 만들어낼 수 있다. 내가 올린 콘텐츠가 반응이 좋으면 비슷한 형식으로 콘텐츠를 만들어 연속해서 올리는 것이다. 그리고 이러한 형식의 영상들을 사람들이 계속해서 많이 본다면 유튜브 알고리즘에 반영된다. 특정 주제의 영상을 찾는 사람들이 많다는 것을 알고 비슷한 콘텐츠를 추천하면 소비할 것이라고 말이다. 그렇다면 우리가 할 일은 지난번 콘텐츠와 비슷하게 만들어서 다음 콘텐츠를 소비하도록 알고리즘을 이용하는 것이다.

따라서 인플루언서는 아이디어를 잘 떠올리고 콘텐츠로 잘 만들어내는 사람이라고만 생각하면 안 된다. 이런 생각은 경쟁력의 한계를 스스로 낮추는 것밖에 되지 않는다. 그보다 좀 더 기획의 영역을 확장할 필요가 있다. 데이터를 분석하고 그에 기반해 사람들이 어떤 것을 좋아할지 예측할 수 있다면 그야말로 파급력이 있는 콘텐츠를 만드는 독보적인 인플루언서가 될 것이다.

나는 공학을 전공하고 대학원을 졸업한 뒤에 관련 산업에 취업

했다. 그때는 줄곧 시스템의 데이터만 분석했는데 우연히도 그때의 경험이 나중에 콘텐츠 생산과 유통에 굉장히 중요한 역할을 했다. 온라인에 널려 있는 데이터를 어떻게 이해하고 분석하고 활용할 수 있을지를 경험했던 게 데이터 기반 콘텐츠 크리에이티브 기획에 많은 도움이 됐다. 데이터 분석 없이 진행하면 운좋은 성공만을 기대할 뿐 꾸준한 성공 요인은 파악할 수가 없다. 데이터 분석이 돼야 알고리즘을 이해할 수 있다. 소비자의 성향을 분석하고 알고리즘을 이해하려면 데이터를 볼 줄 알아야 한다. 데이터 분석에 기반해 콘텐츠를 기획해야 한다.

2.
흥미로운 스토리텔링을 해야 한다

기발한 아이디어는 마치 하늘에서 준 선물과도 같다. 사업을 할 때 좋은 아이템이 있다는 말을 종종 하곤 한다. 하지만 아이디어만 있다고 해서 사업이 되는 게 아니다. 콘텐츠도 마찬가지다. 아이디어는 단지 시작하는 출발선에 서는 것과 같다. 콘텐츠를 성공적으로 만들어내는 것은 아이디어 자체가 아니다. 그 아이디어를 어떻게 스토리텔링 하느냐에 달려 있다.

좋은 아이디어들은 세상에 정말 많다. 콘텐츠를 기획할 때도 좋은 아이디어들은 차고 넘친다. 예를 들어 여행 콘텐츠를 가정하고 터키 여행을 주제로 한다고 했을 때 사람들은 대체로 가장 유명한 장소부터 찾는다. 블루 모스크, 소피아 성당, 그랜드 바자르에 간다는 아이디어를 떠올린다. 이 아이디어는 과연 좋은 것일까?

이 아이디어는 추상적인 것에 불과하다. 사람들이 많이 방문하는 장소이기 때문에 많이 볼 것 같다는 짐작이 전부다. 실제로 그럴까? 관광명소를 방문한다고 조회수가 잘 나올까? 전혀 그렇지 않다. 이런 아이디어 기획은 잘못됐다.

좋은 아이디어는 추상적인 아이디어 혹은 유명한 장소와 같은 게 아니다. 좋은 아이디어는 흥미로운 스토리텔링을 할 수 있는 것이어야 한다. 흥미로운 것을 보여주는 게 성공의 관건이다. 내 콘텐츠에서 시선을 떼지 못하게 하는 것이 좋은 아이디어다. 그럼 이 아이디어를 어떻게 구체화해 기획하고 제작할 수 있을까?

● ● ●
콘텐츠 기획 때 시장 분석부터 해야 한다

콘텐츠 제작과정은 크게 기획과 제작으로 나눈다. 기획은 정량적 분석에서 콘텐츠 스토리텔링까지를 말하고 제작은 콘텐츠 촬영과 편집을 말한다. 먼저 기획을 살펴보자. 기획은 채널을 처음 만들 때부터 할 수 있다. 채널이든 콘텐츠든 똑같이 정량적 분석과 접근이 필요한데 기업에서 시장 분석을 하는 것처럼 내가 정한 콘텐츠를 볼 사람이 얼마만큼 있는지 알아보는 것이다. 요리 채널을 만들려는데 마침 요리와 스토리텔링에 자신도 있고 아주 재미있게 말할 준비도 돼 있다. 그런데 알고 보니 세상에는 요리에 관심을 가진 사람이 아예 없다면 어떻게 될까? 당연히 아무도 보지 않게 되고 콘텐츠를 만드는 의미도 사라진다. 이런 상황에서 의미가 있으려면 요리와 관련한 시장을 만들어야 한다.

시장을 만든다는 것은 엄청난 일이다. 0에서 1을 만드는 것이다. 무에서 유를 창조하는 것은 굉장히 의미가 있을 수도 있다. 하지만 시장이 없는 이유를 냉철하게 파악하고 다른 아이디어를 추가하는 것도 고려할 필요가 있다. 예를 들면 단순 요리 콘텐츠가 아니라 예능의 요소를 더해 예능 콘텐츠 시장에 편승할 수도 있다. 만약 시장에 예능을 좋아하는 사람이 500만 명이라면 그중에서 내 콘텐츠를 얼마만큼 소비할 수 있을지 어느 정도 예상할 수도 있을 것이다. 한마디로 누울 자리를 보고 눕기가 가능하다. 내가 아무리 잘하는 것이 있다고 해도 시장에서 볼 사람이 없는 콘텐츠를 만들면 의미가 없다.

시청자 분석도 해야 한다. 요가 채널을 개설하려는데 몸이 안 좋은 사람들을 위한 재활 요가 영상을 만든다고 치자. 이 콘텐츠 자체는 굉장히 의미가 있다. 재활하는 사람들은 스트레칭이나 근력 운동이 필요하기 때문이다. 하지만 이런 생각에서 벗어날 줄도 알아야 한다. 시청자 분석을 하면 다른 결과가 나올 수도 있기 때문이다.

일단 정량적 분석부터 문제가 된다. 재활이 필요한데 요가를 좋아하는 사람들이 시장에 얼마나 있을까? 먼저 재활이 필요한 사람들, 즉 이 콘텐츠를 소비할 가능성이 있는 사람들과 관련한 시장을 분석해야 한다. 그다음에 요가를 좋아하는 사람들에 대한 시장을 분석한다. 그럼 두 개의 교집합을 찾을 수 있을 것이다. 이 교집합이 바로 기대할 수 있는 시장이다. 이 시장이 10만 명 정도라고 하자. 10만 명 정도의 수요가 있는 셈이다. 그런데 문제가 있다. 재활 과정에서 이들의 스마트폰이나 디지털 기기 사용률이 너무 낮다는 것이다. 재활 요가 영상을 보려는 욕구는 있지만 스마트폰을 의료 환경에서 사용하지 않으니 소비할 수가 없다. 이처럼 시장을 분석하다 보면 기대 효과 말고도 미처 알지 못했던 위험 요소들을 무수히 발견할 수 있다. 그런데도 소비자를 비롯한 시장 분석을 하지 않고 무턱대고 카메라부터 드는 크리에이터가 많다.

경쟁 채널 분석도 중요하다. 재활 요가 영상을 만들어서 유튜브에 올렸고 사람들이 검색했는데 첫 번째나 두 번째에 뜨지 않고 아주 밑에 n번째에 뜬다면 그게 그 콘텐츠의 경쟁력이다. 아쉽지만 n번째 경쟁력을 가진 콘텐츠라고 볼 수 있다. 경쟁력이 왜 이 정도인지를 분석할 때 당연히 경쟁 상대의 콘텐츠를 살펴봐야 한다. 예를 들어 나보다 운동을 더 잘하거나 말을 더 잘한다거나 운동 자세가 잘 보이는 앵글을 사용한다거나 다양한 시각적 효과를 사용해 시청자의 몰입 효과를 끌어올린다거나 하는 우위 요소들을 유심히 찾아보는 것이다. 시장에는 나보다 더 뛰어난 양질의 콘텐츠를 만드는 크리에이터들이 많기에 시장, 경쟁 채널, 데이터 등을 분석하지 않고 시작하는 것은 무모할 수밖에 없다. 그러나 분석하고 시작한다면 반드시 승산이 있다.

제작 전 스토리보드를 만들고 촬영하며 수정한다

콘텐츠 기획은 전체 기획 아래에 있는 서브 카테고리 개념이다. 콘텐츠 기획에서는 흥미로운 스토리텔링을 창작할 주제와 관련한 아이디어가 나와야 한다. 그리고 이때 스토리보드를 제작한다. 스토리보드는 콘텐츠 기획 단계에서 영상 장면들을 어떻게 보여줄지 정성적으로 기획하는 것이다. 이 단계에서는 촬영에 앞서 콘텐츠를 어떻게 찍고 어떻게 편집할지를 미리 적어놓는다.

분석 등의 정량적 기획과 아이디어 도출 등의 정성적 기획을 하면 기획 단계는 마무리된다. 그 후에 제작 단계로 넘어가는데 이때 기획한 콘텐츠는 무수한 수정의 과정을 거치게 된다. 제작 단계에서 콘텐츠를 촬영하는 동안 새로운 소스가 생길 수 있고 새로운 소스를 활용하기 위해 기민하게 관찰해가며 때로는 재촬영을 하는 등 여러 변수를 잘 활용할 수 있어야 한다. 처음에 스토리텔링이 잘되었다고 해도 새로운 소스가 생겼다면 수정할 수 있어야 좋은 콘텐츠가 나온다.

촬영할 때도 뭔가를 한번에 찍어내려는 생각을 버려야 한다. 정말 능숙한 크리에이터는 마법을 부리는 것처럼 결과물을 마치 한 번에 찍은 것처럼 느끼게 한다. 실제로는 여러 번 찍은 작업물이지만 말이다. 나는 유튜브에 여러 채널을 만들었는데 구독자가 400만 명인 채널도 있고 8만 명인 채널도 있다. 틱톡에도 구독자가 90만 명이 있다. 이 채널들의 콘텐츠를 만들 때 유념하는 것은 크게 두 가지다. 첫째는 시청자들이 볼 때 항상 간결하게 보이게 만드는 것이고 둘째는 다각도로 반복해서 촬영하는 것이다. 이 두 가지를 유념해서 콘텐츠를 만들어 올리면 시청자의 몰입도가 올라간다. 물 위에 우아하게 떠 있는 백조가 실은 물 밑에서 부단하게 발길질을 하고 있는 것과 같이 보이는 결과물은 부드럽고 깔끔하지만 그 이면엔 각고의 노력이 필요하다.

3.
변수를 예측하고 극복해야 한다

처음 영상을 촬영할 때는 시간 순서대로 콘텐츠의 흐름을 만드는 게 좋다. 그러기 위해서는 사전에 충분한 준비 작업이 필요하다. 예를 들어 보통 촬영 환경은 시시각각으로 변하는데 만약 야외에서 촬영한다면 시간의 제약까지도 고려해야 한다. 따라서 이때 조명이 굉장히 중요한 요소로 작용한다. 빛의 밝기가 시간에 따라 변하는데 그것을 통제하지 못하면 촬영을 망칠 수밖에 없기 때문이다. 이러한 상황을 통제하기 위해 미리 야외용 조명, 배터리, 삼각대 등을 준비하는 등 사전에 준비해야 한다.

콘텐츠 편집을 할 때 촬영한 영상과 스토리보드로 짜두었던 것을 비교하면 애초 기대와 달라 실망하는 경우가 종종 있다. 스토리보드로 상상했던 것이 실제 촬영해보니 그다지 재미없는 경우다. 그때는 추가 아이디어를 찾아야 한다. 또 만족스럽게 촬영했다고 해도 사후에 발생할 수 있는 변수에도 대응해야 한다. 예를 들어 TV 예능이나 드라마에 출연한 연예인이 촬영을 마친 뒤에 생긴 불상사 때문에 그 연예인의 출연 분량 전체를 들어내야 할 때가 있다. 그런데 하필이면 그 연예인이 주인공이라면 어떻게 해야 할까? 콘텐츠 구성이 다 무너지기 때문에 처음부터 다시 편집해야 한다. 최악의 사태가 발생했지만 노련한 연출가들은 문제가 생기더라도 오히려 편집 작업에서 괜찮은 아이디어를 떠올려 더 좋은 스토리텔링을 할 수도 있다.

크리에이터도 이러한 변수를 극복할 수 있어야 한다. 사전에 다양하고 분석적인 시각으로 변수를 예측하거나 대응할 수 있을 때 완성도 높은 콘텐츠를 만들 수 있다. 단편적이고 일차원적인 사고로는 변수 예측이나 대응을 할 수 없다.

●●●
시장 파악과 콘텐츠 완성도를 둘 다 해야 한다

아무리 신선한 재료가 있어도 좋은 레시피가 없으면 훌륭한 음식을 만들기가 어렵다. 콘텐츠도 마찬가지다. 촬영을 만족스럽게 하고 좋은 영상이 많이 나왔지만 이것을 어떻게 편집하느냐에 따라 결과물이 완전히 달라진다. 콘텐츠를 제작한 뒤에 어색한 부분이 있으면 낭연히 수정해야 한다. 가령 오디오 점검이다. 효과음이나 오디오 사운드의 크기 등을 조절해서 시청자가 불쾌하지 않게 듣게 하고 어느 장면에서 극적인 효과를 느끼도록 하는 등 반드시 오디오를 점검해야 한다.

오디오 점검뿐만 아니라 여러 가지 제작 관련 요소를 점검해야 하는데 1인 크리에이터로서는 다소 버거운 과정일 수 있지만 꾸준한 경험과 숙달로 해결할 수 있다. 영상 제작에 들어갔을 때는 지속적인 관찰도 매우 중요하다. 이 장면이 정말로 호소력이 있는 장면인지, 혹시 지루한 장면은 없는지 놓치지 않고 볼 수 있어야 한다. 영상을 찍을 때 정말 최선을 다해 어렵게 찍은 소중한 컷이 있다고 해도 컷이 전체 영상의 맥락과 맞지 않으면 과감하게 버릴 수 있어야 한다. 이렇게 콘텐츠 제작은 다양한 분석과 복합적인 작업 과정을 거친다.

나는 인플루언서를 두 부류로 구분한다. 시장을 파악하는 인플루언서와 콘텐츠에만 집중하는 인플루언서다. 시장을 파악하는 것은 앞서 말한 정량적 분석의 영역에 해당한다. 인플루언서가 되기 위한 크리에이터라면 이 정량적 분석에 많은 시간을 투자할 필요가 있다. 모름지기 인플루언서라면 시장을 이해하고 또 주도할 수 있는 역량을 갖춰야 하기 때문이다. 시장과 동떨어진 인플루언서는 존재할 수 없다. 물론 콘텐츠 완성도를 등한시할 수는 없다. 그래서 필요한 게 통합형 인플루언서다.

콘텐츠를 만들 때 지향해야 하는 모델은 바로 이 '통합형 인플루언서'다. 통합형 인플루언서는 정량적 분석 능력과 정성적 기획 능력을 고루 갖추고 있다. 이 두 가지 능력은 어느 것이 더 중요하다고 쉽게 이야기할 수 없다. 콘텐츠가 흥미롭지 않고 호소력이 없으면 분석해봤자 의미가 없고 재미있는 콘텐츠라도 시장 분석과 데이터 분석을 하지 않았다면 혼자만의 즐거움으로 그칠 가능성이 크다. 또 어떤 콘텐츠를 흥미롭게 만들었고 시장에서 수요가 있다고 해도 채널이 콘텐츠를 소비해줄 사람들에게 노출되어 있지 않으면 빛을 많이 보지 못한다.

● ● ●

거시적 접근과 미시적 접근을 조화시킨다

통합형 인플루언서가 되려면 정량적 분석과 같은 거시적 접근과 콘텐츠를 정성적으로 다룰 수 있는 미시적 접근을 할 수 있어야 한다. 먼저 정량적 분석이 왜 중요한지 알아보자. 유튜브라는 플랫폼에는 방망이를 두드리는 할머니 채널부터 「올블랑TV」와 같은 운동 채널까지 다양한 장르가 존재한다. 여행, 영화, 브이로그, 먹방, 연예인 등 다양한 채널에 수많은 콘텐츠가 올라와 있다. 유튜브는 이 채널들을 서비스하면서 동시에 데이터를 습득해 학습하고 있다. 키워드, 채널 유입 경로, 성별, 국적, 콘텐츠 시청 시간과 분량, 시청 혹은 구독 채널 종류와 개수, 채널의 동시 접속자 수, 클릭률과 전환율 등 관련 데이터는 무궁무진하고 끊임없이 생성된다. 그리고 이런 데이터에 기반한 추천 시스템을 통해 사람들에게 영상을 보여준다. 바로 이 추천 시스템을 잘 이용하는 것이 정량적 기획의 목표다.

정량적 분석이 마무리되면 콘텐츠를 좀 더 차별화하는 정성적 접근이 필요하다. 깊이 있는 콘텐츠 기획과 제작 단계로 들어서는 것이다. 미시적이란 것은 작은 것을 본다는 의미보다 깊고 세밀하게 콘텐츠를 만들고 다듬는 것으로 이해하면 된다.

내가 만든 콘텐츠가 양질의 영상이면서 추천 시스템에 노출됐을 때 사람들이 클릭할 확률이 높아진다. 또 시청 시간도 길어지는 등 긍정적인 데이터가 쌓이면 다른 사람들에게 추천될 가능성도 커진다. 이러한 선순환이 이어지다가 어느 순간에 폭발적으로 시청자가 늘어나는 흐름을 만들어내야 한다. 이처럼 정량적 분석과 정성적 기획을 동시에 추구하는 통합형 인플루언서가 됐을 때 성공적인 콘텐츠 크리에이터로 발돋움할 수 있다.

4장

오리지널과 인공지능으로
승부한다

1.
오리지널리티가 차별화의 시작이다

콘텐츠 크리에이티브는 모든 콘텐츠를 아우르며 적용된다. 이미지와 영상, TV 프로그램, 광고, 가상현실 콘텐츠 등 이 모든 것을 어떻게 창의적으로 경쟁력 있게 만들지에 관한 것이 콘텐츠 크리에이티브다. 다시 말해 콘텐츠 크리에이티브는 아이디어와 아이템을 콘텐츠로 구현하고 매체와 채널을 운영하는 활동 전부를 뜻한다.

좋은 아이디어는 흥미로운 아이디어다. 흥미로운 아이디어는 오리지널리티에서 나오고 오리지널리티는 내 스토리에서 나올 때가 많다. 따라서 나의 스토리는 콘텐츠 크리에이티브와 깊은 관련이 있을 확률이 높다. 나만의 오리지널리티는 나만의 콘텐츠, 즉 차별화되고 창의적일 가능성이 크기 때문이다.

지금은 그 어느 때보다 다양한 주제와 범위의 콘텐츠를 만들 수 있는 시대다. 막대한 제작비를 들여서 영화나 웹 드라마도 만들 수 있고 소셜미디어에서 주로 만들어지고 소비되는 콘텐츠처럼 개인의 스토리를 담을 수도 있다. 저마다의 인생 스토리가 다르고 이 다름에서 오리지널리티가 나오기에 소비자들은 그 점을 흥미롭게 생각한다. 시장을 분석하고 수요를 확인해서 가능성이 있다고 판단하면 자신의 오리지널리티로 콘텐츠를 충분히 만들어볼 수 있다.

••• 자신만의 스토리와 감성을 갖춘다

자신의 오리지널리티로 콘텐츠를 만들 때 가장 많이 하는 실수가 있다. 콘텐츠 내에 자신의 장점이나 자랑하고 싶은 좋은 부분만을 담으려 하는 것이다. 그러나 콘텐츠 시장을 쭉 둘러보면 사람들이 사실 좋은 것만을 보고 싶어 하지는 않는다는 것을 알게 된다. 오히려 어설프게 나의 좋은 점을 억지로 드러내는 것은 콘텐츠의 진정성 부분에서 호소력이 떨어지기도 한다. 따라서 우리는 막연하게 우리의 장점을 보여주려 하기보다 자신이 가진 특성이 무엇인지에 먼저 주목할 필요가 있다. 시청자는 좋은 것보다 특성을 요구한다. 특성은 장단점을 모두 포함한다. 내가 잘하는 것도 특성이고 못하는 것도 특성이다. 하지만 대부분의 아마추어 콘텐츠 제작자는 못하는 것과 단점을 대중에게 드러내고 싶어 하지 않는다. 자신의 취약점이 시청자들에게 드러나면 마치 자신의 치부가 드러나 질타나

평가를 받는 것처럼 꺼려질 수밖에 없다. 그러나 그런 감정들을 걷어내고 당당히 자신의 부족한 점에 대해 이야기하면 오히려 콘텐츠가 차별화되고 흥미로워진다. 오리지널리티가 생기는 것은 바로 이런 자신만의 이야기를 시작할 때다.

 예를 들어 경제 분야의 유튜버가 어떻게 콘텐츠를 만들어내는지에 대해 살펴보자. 몇 년 전 코로나19의 여파와 러시아-우크라이나 전쟁 등으로 인한 국제 경기 악화로 많은 자영업자가 힘들어하고 파산을 겪기도 했다. 기업의 일자리도 급격히 줄어 경제 상황이 나빠졌다. 그래서 사람들은 자연스럽게 부수입을 창출할 방법이나 주식시장에 관심을 갖게 된다. 이러한 소비자의 니즈로 경제 채널이 급부상했다. 특정 세대만의 현상은 아니었다. MZ세대도 어떻게 하면 돈을 더 벌 수 있을지, 더 잘살 수 있을지 고민하다가 자연스럽게 경제 채널에 관심을 가지게 됐다. 과거엔 30대 이상이 경제 채널을 주로 시청했다면 이제는 20대, 심지어 10대 후반부터 본다.

 이렇게 새로운 연령대에서 경제 유튜브가 주목을 받자 차별화된 채널이 등장했다. 아직은 부자가 아니지만 정말 열심히 살아서 부자가 되는 과정을 담는 유튜버가 나타났다. 소위 말하는 '짠테크'다. 근검절약으로 내 집을 마련하는 과정을 감동적으로 그려내는 채널도 생겼다. 이런 짠테크 콘텐츠를 만든 크리에이터는 원래부터 돈이 많았을까? 그렇지 않다. 지금은 돈이 없는 자신의 상황을 당당히 사람들에게 공개했다. 그리고 바로 그 약점이 이 채널의 고유한 특성이 됐다. 시청자들은 이 약점을 유튜버의 진정성 혹은 자신감으로 받아들인다. 유튜버는 지금 당장은 뚜렷한 결과를 보여주지 못하지만 그 과정을 공유하며 추후 기대되는 소득과 수익을 보여주고 시청자들과 함께 성장했으면 좋겠다는 메시지를 던진다. 이러한 접근은 시청자에게 꽤 큰 공감을 불러일으켰다. 게다가 콘텐츠 시장에는 경제 콘텐츠에 대한 수요가 있으니 어느 정도 성공 가능성을 갖추고 있었던 셈이다.

이처럼 자신이 꼭 이미 잘하는 것으로 콘텐츠를 만들어야만 좋은 콘텐츠가 될 수 있는 게 아니다. 자신이 현재 잘 못하는 것도 주의 깊게 살피면서 들여다보면 자존감과 합쳐졌을 때 양질의 콘텐츠가 될 수 있다. 오리지널리티를 반영하는 것은 내 스토리를 선보이는 것이다. 약점을 드러내는 스토리 말고도 자신만의 차별화된 스토리를 만들어낼 수 있다면 시청자들은 반응한다. 이 세상에 새로운 이야기는 없다는 말이 있다. 그러나 기존의 이야기 구조를 변주하면 새로운 가치와 차별화된 스토리를 만들어낼 수 있다.

여행 유튜버 '영알남'은 원래 여행 전문가는 아니었다. 유럽에서 공부한 유학생 출신이다. 유럽에서 공부했기 때문에 영어에 대한 자신감과 영국 문화에 대한 경험이 풍부하다. 이러한 경험이 영알남의 여행 스토리텔링이 되는 것이다. 관광하기 좋은 나라를 다닌다고 해서 좋은 스토리텔링이 되는 것은 아니다. 영알남처럼 아무리 사소한 장소를 가더라도 영국 문화와 관련한 이야기를 풀어내고 현지인과 영국식 억양으로 대화하면서 잘 알기 어려운 정보를 끌어내면 오리지널리티를 갖게 된다. 이러한 고급 정보에다가 예능, 문화, 여행 등을 결합하면 흥미로운 콘텐츠가 되는 것이다.「영알남」채널의 장점은 흔한 여행이라는 카테고리에 자신만의 가치를 더한 것이다.

운동 채널도 마찬가지다. 유튜브를 비롯한 다양한 SNS를 보면 운동 채널이 상당히 많다. 홈트레이닝 채널도 각양각색의 채널이 있다. 그런데도 사람들이 운동을 안 하는 이유는 운동 콘텐츠가 세상에 없어서가 아니다. 운동하기 싫어하고 움직이기 귀찮아하는 마음을 극복할 수 있게 해주는 콘텐츠가 없어서다. 나는 운동 채널을 만들겠다고 결정했을 때 이 '허들을 뛰어넘을 수 있는 방법'에 대해 고민했다. 어떻게 하면 사람들이 운동하게 만들지 생각하다가 '영상을 뮤직비디오처럼 만들어서 보는 재미를 느끼게 하면 괜찮지 않을까?'라는 가설을 세웠다. 영상 배경에 마침 K-팝이 인기여서 한국에 관심이 많아진 외국인들을 위해 국내 유명 관광지 이미지를 많이 삽입한 것도 의도한 연출이었다. 집에만 있으면 갇힌 느낌과 답답함을 떨칠 수 없을 테니 화면에 시원한 느낌이나 여행을 온 기분을 낼 수 있도록 했다. 내가 할 수 있는 것인 스토리텔링, 뮤직비디오와 같은 촬영과 연출, 관광지 이미지라는 세 가지가 융합된 콘텐츠는 차별화된 가치를 만들어냈다. 다른 운동 콘텐츠와 다른 흥미와 가치라는 독창성이 나온 것이다.

글로벌 콘텐츠의 가능성도 예상했다. 가령 북촌 한옥마을을 배경으로 촬영한 영상은 한류와 한국 문화에 관심이 많은 외국인이 봤을 때 한국에 대한 호기심을 갖게 할 수 있다. 이 호기심은 한국 문화 콘텐츠 제작 등 콘텐츠의 다양성과 확장성을 위해 활용할 수 있다.

••• 브이로그는 최적의 스토리텔링 도구다

일기를 쓴다는 것은 차츰 자신만의 콘텐츠를 축적하고 콘텐츠 데이터베이스를 구축하는 것과 같다. 나만의 오리지널리티를 데이터로 축적하는 셈이다. 콘텐츠 데이터베이스가 있어야 효과적인 스토리텔링도 가능하다. 이렇게 자신만의 콘텐츠 데이터베이스를 보유하면 그것을 이미지로 만들든 영상으로 만들든 텍스트로 만들든 간에 스토리텔링이 탄탄하다고 볼 수 있다.

일기를 쓰는 것은 오리지널리티를 만들 수 있는 좋은 습관이다. 흔히 스토리텔링을 할 때 육하원칙을 말한다. 육하원칙에 따라 이야기를 구성하고 흐름을 만들어낸다. 일기를 처음 쓰게 되면 생각을 크게 하지 않고 죽 써내려 가는 경우가 많다. 보통은 어릴 때 배운 대로 먼저 그날 있었던 일을 기록하는 게 우선이다. 그런데 이렇게 자연스레 기록을 하다가도 어느 시점이 되면 문득 어떤 생각을 하게 된다. 난 어제에 이어 오늘도 짜장면을 먹었다고 기록했다. 그러면서 왜 나는 매일 짜장면을 먹는지 문득 생각한다. 갑자기 떠오른 의문을 곱씹다가 어느 순간에 자아를 의식할 수도 있다. 그리고 그 순간을 일기에 쓴다. 그래서 나는 누군가가 내게 어떻게 일기를 쓰느냐고 물으면 일단 아무것도 신경 쓰지 말고 다섯 줄 정도만 써 보라고 말한다. 쓰다 보면 생각나거나 느끼는 게 있고 그 생각과 느낌을 이어가는 것이다. 바로 이 지점이 스토리텔링을 하는 지점이다. 일기와 크리에이터의 콘텐츠가 다른 점은 대중에게 평가받느냐의 유무다.

자신이 느낀 점을 말할 수 있는 사람이 있는 반면에 그렇지 못한 사람도 있다. 자신이 느낀 점을 말하지 못하는 사람은 대중과 공감할 여지가 없다. 그냥 육하원칙에 따라서 기록하는 것은 신문 기사에 가깝다. 기사를 볼 땐 사건 자체가 자극적이지 않으면 도파민이 분비되지 않는다. 그런데 감정이 묻어난 글이라면 다르다. 도파민이 솟구치는 글에 대중은 긍정적으로 평가할 수밖에 없다.

이렇게 일기를 글로 쓰다가 영상과 디지털 시대에 접어들면서 브이로그의 형태가 나타났다. 사실 브이로그는 내가 본 콘텐츠 중에서 가장 스토리텔링에 적합한 콘텐츠다. 가장 상위 수준의 콘텐츠라고도 할 수 있다. 마치 일기를 재미있게 쓰는 것과 같다. 일기를 재미있게 쓰려면 단순히 육하원칙에만 매달려 쓸 수 없다. 육하원칙에만 맞춰 쓰는 글은 기록 이상의 의미를 전달할 수가 없기 때문이다. 비즈니스 미팅을 하러 사무실에 가는 과정을 촬영한다고 하자. 아침에 지하철을 타고 청계천을 걸어서 사무실이 있는 건물의 엘리베이터를 타고 내려 회의실에 도착하는 것을 그냥 찍어 올리기만 한다면 아무도 관심을 가지지 않는다. 그런데 영상에 자막을 달면서 청계천의 풍경에 대해 특이한 점을 말한다거나 엘리베이터를 타면서 날씨 좋은 날 미팅을 해야 하는 자신의 신세를 한탄하는 등의 내용을 넣었다면? 직장인이라면 공감할 만한 요소들을 스토리텔링으로 영상을 통해 보여주는 것이다. 이런 영상 콘텐츠가 무미건조한 기록물 같은 영상보다 더 관심을 받을 수밖에 없다.

나는 누구든 유튜브를 시작할 자질이 있는지 볼 때 혹시 일기를 쓰는지 묻는다. 일기를 얼마나 썼는지 물으면서 콘텐츠 스토리텔링 역량을 가늠해본다. 만약 그 사람이 일기를 10년 정도 꾸준히 썼다면 묻지도 따지지도 않고 유튜브를 하라고 권한다. 일기를 쓰게 되면 그다음 단계로 넘어갈 가능성이 크다. 즉 텍스트에서 이미지로, 이미지에서 영상으로 넘어가면서 스토리텔링 역량을 키울 수 있다. 콘텐츠 제작 역량을 키우고 싶다면 일단 활자로만 압축해서 써보는 것이다. 그러다 보면 뭔가 개선 지점을 계속 찾게 마련이다. 어떻게 하면 다른 사람들이 내 이야기를 잘 이해할 수 있을지를 찾는다. 대중과 나와의 연결 지점이 무엇인지 찾는 것이다.

이 과정을 반복하면 스토리텔링 역량과 차별화를 갖추게 된다. 그러면서 콘텐츠를 간결하게 만드는 것에 대해서도 고민하게 된다. 이러한 콘텐츠 제작 역량은 교육을 통해서도 갖출 수 있다. 그러나 혼자 습득할 수 있는 좋은 방법은 일기 쓰기다. 일기를 규칙적으로 쓰다 보면 대중과의 연결 지점을 잘 찾는다는 의미가 무엇을 뜻하는지 알 수 있게 된다. 바로 소통과 공감의 콘텐츠를 제작하는 방법을 체득하게 되는 것이다.

참고로 일기를 쓰기 위한 도구는 전통적인 일기장 말고도 많다. 디지털 시대에는 일기 쓰는 행위 자체가 더욱 간편하고 쉬워졌다. 스마트폰만 꺼내면 언제든지 쓸 수 있다. 일기 앱도 많다. 이러한 앱을 통해 일기를 쓰는 루틴을 갖추는 것은 크리에이터가 되기 위한 가장 좋은 훈련 방식이다.

2.
콘텐츠 기획에 인공지능을 활용하자

챗GPT가 등장한 후로 많은 것이 바뀌고 있다. 마치 스마트폰이 등장했을 때처럼 혁신과 변화의 새로운 패러다임을 만들고 있다는 평가가 많다. 나도 챗GPT를 종종 활용한다. 해외에서 출간한 책 내용을 요약해달라고 한다거나 다른 책과의 공통점이 무엇인지를 물어본다. 그러니까 여러 분야를 넘나들며 답변을 내놓는다. 영화 「인터스텔라」와 어떤 책을 두고 공통점을 뽑아달라고 하니 그렇게 해준다.

누군가는 신입 인턴 직원보다 나은 업무 수준을 보여준다고까지 이야기한다. 여러 잡지의 내용을 합쳐서 몇 개의 조건을 걸고 내용을 정리해달라고 하니 결과물을 내놓았다. 심지어 요즘에는 유튜브

스크립트를 뽑거나 요약하기도 한다. 불과 얼마 전까지도 이렇게 빨리 인공지능이 현실에 적용될 것으로 생각하지 않았다. 그만큼 변화의 속도가 빠르다. 챗GPT가 내놓은 자료를 보면서 사실이 아니거나 근거가 부족한 내용은 걸러내기도 한다.

따라서 콘텐츠를 만들 때도 인공지능의 영향, 역할, 활용 방안 등을 두고 갑론을박이 벌어지게 마련이다. 우선 인공지능을 창의적인 영역이나 저작권 영역에서 활용하는 것을 두고 찬반 논쟁이 거세다. 또 인공지능이 만들어낸 결과물에 대한 신뢰도 역시 논쟁거리다. 나는 인공지능이 해야 하는 역할이 크게 두 가지여야 한다고 본다. 첫째는 융합적인 창의성이 필요할 때 도와주는 보조적인 비서의 역할이다. 둘째는 작업의 효율성을 높이기 위해 활용하는 도구의 역할이다. 이 두 가지 역할이 아닌데 콘텐츠 제작의 전부를 인공지능을 활용한다는 것은 아직은 위험해 보인다. 저작권 등과 같은 해결되지 않은 영역에서 논쟁의 리스크를 안게 되고 크리에이터의 자격을 의심받을 수 있다.

••• 챗GPT로 콘텐츠 기획의 혁신을 꾀한다

콘텐츠를 만들 때 챗GPT를 활용하는 방법은 마치 인공지능을 어떤 매뉴얼이나 튜토리얼처럼 쓰는 것이다. 예를 들면 콘텐츠를 기획할 때 챗GPT를 이용해서 어떻게 영상을 기획할지 묻는다. 또는 내가 모르는 것에 대한 정보를 얻거나 아는 것을 검증하기 위해서도 이용한다. 유튜브 영상을 기획한다면 "여행 유튜브 영상을 기획할 때 어느 지역을 대상으로 하면 반응이 좋을까?" "내가 30대 여성이라면 어떻게 여행 유튜브 영상을 기획할까?" 계속해서 구체적인 질문을 던지는 게 도움이 된다. 이런 질문들을 통해 얻은 정보를 가지고 영상 기획에 필요한 데이터를 확보한다.

 콘텐츠를 제작하고 난 뒤에도 챗GPT를 활용할 수 있다. 제작한 콘텐츠를 데이터로 삼아 파생적인 소재나 이야깃거리를 얻는다. 또는 콘텐츠를 기획하고 제작하면서 얻은 지식과 정보를 정리해서 새로운 데이터를 만드는 데 이용할 수도 있다. 챗GPT와 생성형 인공지능을 활용하는 것은 제작의 효율성과 콘텐츠 연재와 같은 지속성에도 도움이 된다. 크리에이터로 성공하려면 콘텐츠 연재의 주기성을 꼭 지켜야 한다. 콘텐츠는 보통 최소 주 2회 업로드하게 되는데 콘텐츠 크리에이터가 매일 정성스럽게 올릴수록 구독자의 호감도가 올라간다. 노출도 많이 되고 보는 사람들도 매일 소비하는 것에 익숙해지기 때문이다. 이때 당연히 시청자의 채널에 대한 충성도도 올라가고 플랫폼에서도 매일 열심히 올리는 크리에이터를 더 노출하게 마련이다. 물론 수준 높은 콘텐츠를 올리는 게 낫다는 판단으로 일주일에 하나씩 올릴 수도 있다. 하지만 이를 잘못 이해해서 업로드 주기만 늦춰지고 콘텐츠의 퀄리티는 나아지지 않는다면 문제가 있다.

 콘텐츠의 업로드 빈도를 높이는 데도 인공지능의 도움을 받을 수 있다. 생성형 인공지능은 이러한 작업에 물론 큰 도움이 된다. 우선 매일 올리는 것과 관련해 기획력에서 도움이 될 만한 데이터를 정리하고 분석해주기 때문에 기획 시간을 단축할 수 있다. 또 스크립트나 스토리보드 등을 제작할 때도 도움이 된다. 예를 들어 내레이션으로 콘텐츠를 만들 때 어떤 내용으로 할지, 말하는 톤은 아나운서나 성우처럼 할지, 분량은 어느 정도로 할지 등을 정해서 질문하면 내레이션 스크립트의 초안을 작성해준다.

하루에 한 편 혹은 이틀이나 사흘에 한 편씩 올린다는 연재 주기를 정하고 꾸준히 콘텐츠를 올리면 일반적으로 콘텐츠 성공률이 30% 이상 오른다. 거꾸로 말하면 아무리 좋은 콘텐츠라도 업로드 빈도가 떨어지면 성공률이 30% 이하로 떨어진다. 대중에게서 멀어진다는 측면에서 업로드 빈도가 상당히 중요하다. 이러한 사실은 개발자나 서비스 제공자의 입장에서 보면 쉽게 이해된다. 모든 플랫폼이 이러한 방식으로 설계됐다. 유튜브도 콘텐츠 플랫폼이기에 빈도수가 높은 좋은 콘텐츠를 업로드하면 잘되도록 한 것이다.

다소 수준이 떨어지는 콘텐츠라도 자주 올리는 게 중요하다. 처음에는 콘텐츠의 수준이 다소 떨어지더라도 꾸준히 제작하기 때문에 경험과 훈련이 된다. 그래서 결국 우리가 흔히 이야기하는 유튜버도 1만 시간의 법칙과 같은 효과를 보게 된다. 크리에이터는 콘텐츠를 꾸준히 만드는 것을 무엇보다 우선순위로 삼아야 한다. 나는 종종 콘텐츠를 꾸준히 하면 좋은 것인지 질문을 받는다. 그때마다 반은 맞고 반은 틀리다고 대답하는데 꾸준히 하면 앞서 말한 것처럼 훈련 효과로 실력이 늘 수밖에 없기 때문이다. 그러니 콘텐츠가 좋아져 구독자와 조회수도 덩달아 상승할 가능성이 커진다. 그런데 꾸준히 하는데 실력이 안 는다면 의미가 없다. 이런 경우는 대체로 꾸준히 만들더라도 남이 하는 콘텐츠를 베끼거나 기계적으로 올릴 가능성이 크다.

매일 만들어서 올리다 보면 숙련도가 향상된다. 안 되면 안 되는 대로 고민해야 하고 반응이 좋으면 왜 반응이 좋은지 알아내어 콘텐츠 수준을 높여야 한다. 이럴 때 인공지능과 같은 도구를 활용해 트렌드와 데이터 분석이나 앞서 말한 제작에 활용하면 기획에 많은 도움을 받을 수 있다. 이렇게 인공지능을 활용해 작업을 매일 바로바로 체험하다 보면 콘텐츠 제작과 데이터 분석 능력이 좋아질 수밖에 없다.

•••
인공지능을 활용할 때는 융합적 사고가 필요하다

생성형 인공지능은 하나의 질문에 하나의 대답만 하지 않는다. 인풋이 바뀌면 대답도 바뀐다. 그리고 질문에 대한 답이 마음에 들지 않는다고 하면 새로운 답을 내놓는다. 이렇게 해서 내가 원하는 형태의 기획 내용을 찾을 수 있다. 이것을 바탕으로 나는 최종적인 기획안을 완성한다.

생성형 인공지능을 활용할 때 가장 중요한 건 질문이다. 즉 '좋은 질문을 할 수 있는 능력'이다. 좋은 질문을 던질 수 있어야 좋은 결과를 얻을 수 있다. 구글이나 네이버에 간단한 단어 위주로 검색하던 방식으로 질문하면 누구나 아는 보편적인 정보만 보여준다. 내용의 완성도를 높일 구체적인 질문을 할 수 있어야 한다.

인공지능은 도구로서 사용할 때 가치가 있다. 모든 것을 인공지능에 맡기는 게 아니다. 좋은 질문을 던지고 그 결과를 내가 창의적으로 활용할 때 콘텐츠의 가치가 만들어진다. 따라서 챗GPT에 모든 걸 맡기고 콘텐츠를 온전히 완성할 수는 없다. 아직은 여러 자료를 조합하는 경우가 대부분이라 저작권 문제도 발생할 수 있다. 챗GPT는 자신만의 콘텐츠를 만들기 위한 도구일 뿐이다. 좋은 질문을 할 수 있으려면 우선 자신만의 콘텐츠를 확실히 갖고 있어야 한다. 콘텐츠에 대한 이해와 어느 정도의 기획 역량이 없다면 좋은 질문이 나올 수 없다.

좋은 질문을 던지기 위해서는 우선 몇 가지 질문을 트리를 짜듯이 할 필요가 있다. 템플릿을 정하고 질문을 할수록 구체적이고 세부적으로 들어가는 기술이 필요하다. 특정 플랫폼에서 어떤 콘텐츠를 만들지 고민할 때 챗GPT에 무슨 콘텐츠가 인기가 많은지 물어볼 수 있다. 콘텐츠를 기획할 때도 사업을 할 때처럼 시장조사를 해야 한다. 콘텐츠에서는 시장 규모와 관련한 질문이 인기 순위와 관련한 질문이다. 전체적으로 뭐가 가장 인기 있는지부터 파악한다. 그리고 그 인기도에 따라 카테고리나 콘텐츠의 시장 규모를 가늠해본다.

예를 들어 유튜브에서 콘텐츠를 만들 때 첫 질문으로 무슨 콘텐츠가 인기가 많은지 묻는다. 챗GPT가 홈트레이닝, 요리, 패션, 자기계발 등 여러 주제를 대답할 것이다. 그러면 이 주제들에 대해 추가 질문을 던진다. 세부적인 종류와 타깃과 관련한 내용을 어떻게 담을지 등을 묻는 것이다. 챗GTP에 홈트레이닝에서 뭘 해야 하는지 물었더니 산후 다이어트가 인기가 많다고 대답하고 이어서 산후 다이어트를 위한 트레이닝 기법에 관해 설명한다. 아직은 답변이 포괄적이다. 시간이 없을 때 할 수 있는 홈트레이닝도 물어본다. 이런 식으로 더 구체적이고 세부적으로 자꾸 물으면서 콘텐츠 기획의 아이디어를 얻어낸다.

그런데 이런 질문을 연속으로 던지면서 콘텐츠의 내용과 윤곽을 잡는 것 말고도 중요한 게 있다. 시청자 페르소나를 만드는 것이다. 예를 들어 산후 다이어트 콘텐츠라면 당연히 방금 출산한 엄마가 페르소나다. 방금 출산한 엄마가 운동할 수 있는 시간은 어느 정도 있는지, 아이는 평균 몇 명인지 등을 설정한다. 20대 후반에서 40대 초반의 여성 중에서 경제적 수준이 어느 정도이고 하루에 운동할 수 있는 시간이 얼마인지 구체적으로 상정해보는 것이다. 이렇게 정한 페르소나가 실제로 운동하려면 정해진 시간 안에 압축된 운동을 할 수 있는 콘텐츠로 짜야 한다. 사업계획도 이러한 질문을 던지면서 작성한다. 크리에이터도 콘텐츠의 관점에서 구체적인 질문을 던지고 대답을 듣는 과정을 여러 번 해야 한다.

구체적인 질문을 던지는 것은 질문과 관련한 배경지식을 충분히 알고 있을 때 가능하다. 챗GPT만으로는 할 수 없다. 단순한 질문을 던지고 정보를 구하는 것은 챗GPT가 아니라 구글 검색만 해도 충분하다. 챗GPT는 효율적인 질문을 던지고 정보를 구하는 도구이지 효과적인 콘텐츠를 기획할 수 있는 만능 도구는 아니다. 아직 챗GPT로만 얻은 결과는 완벽한 콘텐츠가 아니다. 아무리 생성형 인공지능이 발달한다고 해도 크리에이터가 콘텐츠 창작의 모든 것을 맡길 수는 없다.

챗GPT를 통해 콘텐츠를 기획한다는 것의 의미는 두 가지다. 첫째는 질문의 힘을 깨닫는 것이다. 좋은 질문을 통해 콘텐츠의 내용을 깊고 넓게 만들어간다는 의미다. 둘째는 결국 기획을 하는 것은 나 자신이지 챗GPT가 아니라는 것이다. 챗GPT로 데이터를 분석하고 활용한다는 차원으로 이해해야 한다.

3.
창의적인 콘텐츠는 크리에이터의 몫이다

　자기만족만을 위해 콘텐츠를 만들어 플랫폼에 올려서는 안 된다. 결국 소비자에게 주목받아야 한다. 시장조사가 잘됐다고 해도 흥행은 보장되지 않는다. 내가 대학에서 강의할 때 콘텐츠 제작 과제를 내면 학생들이 리포트를 굉장히 잘 만들어 제출한다. 인기 많은 채널과 카테고리를 분석하고 어떤 주제가 조회수가 높은지 잘 정리한 리포트가 많다. 그런데 이러한 리포트를 바탕으로 콘텐츠를 만들어 플랫폼에 올렸는데 반응은 별로였다. 왜 이런 결과가 나오는 것일까?
　데이터 분석은 방향을 제시할 수는 있어도 크리에이티브한 기획으로 곧바로 연결되지는 않는다. 홈트레이닝과 관련해 챗GPT에 이런저런 질문을 던졌다고 하자. 코로나19 같은 비대면 시국에서 운동과 관련한 좋은 콘텐츠가 없느냐고 챗GPT에게 물으면 홈트레이닝을 추천할 수 있다. 그러나 어떻게 홈트레이닝 콘텐츠를 만들 것이냐의 영역은 챗GPT의 몫이 아니다. 「올블랑TV」처럼 예능을 결합해서 뮤직비디오와 같이 만드는 것은 기존 시장에 좀처럼 볼 수 없었던 크리에이티브한 아이디어다. 챗GPT는 이런 결과물이 우리에게서 먼저 나와야 관련 데이터 분석을 보여줄 수 있을 뿐이다.

사업계획서는 구글 검색으로만 작성할 수 없다. 검색과 자료 조사를 통해 시장 규모를 분석하고 비즈니스 모델을 만든다. 경쟁사도 분석하고 펀딩을 어떻게 받을지도 기획한다. 그리고 나중에 발생할 수 있는 잠재적인 리스크까지 다 분석해서 담는다. 이 모든 것이 유기적으로 결합돼야 한다. 이 작업을 챗GPT는 할 수가 없다. 아직은 재료만을 제공할 뿐이다. 여러 재료를 버무려 근사한 요리를 만드는 것은 요리사의 몫이듯 최종적인 기획과 창의적이고 차별화된 콘텐츠를 만들어내는 것은 크리에이터의 몫이다. 재료를 손질하는 것만으로 요리가 완성됐다고 하지 않는다. 챗GPT는 아직 여기에도 미치지 못했다. 재료를 공수해 오는 단계라고 할 수 있다.

인공지능이 창의적인 기획을 하지는 못한다

챗GPT가 인기를 끄는 이유는 뭔가를 생성한다는 '생성형 인공지능'이라는 말 때문이기도 하다. 생성형 인공지능이 뭔가 자동으로 해내는 것을 사람들은 감각적으로 받아들인다. 크리에이터 관점에서 보면 챗GPT 자체가 콘텐츠일 수 있다. 챗GPT로 재료를 어떻게 만들어내고 그 재료로 어떤 콘텐츠를 만들어내는지 보여주는 것이다.

이제 인공지능은 여러 분야에 깊숙이 들어와 있다. 포토샵만 해도 인공지능이 결합돼 사용 환경이 획기적으로 바뀌었다. 포토샵을 잘하는 사람은 완벽하게 아티스트 수준의 작업물을 만들 수 있는 시대가 됐다. 콘텐츠 크리에이터는 이러한 편집 툴을 적극적으로 활용할 수 있어야 한다. 예를 들어 섬네일을 만들 때도 포토샵을 다룰 줄 안다면 굳이 디자이너에게 맡기지 않아도 된다.

나도 섬네일을 작업할 때 예전에는 디자이너에게 의뢰했다. 나에게 디자이너가 일을 잘한다는 것은 창의적이거나 또는 요청한 것보다 기대 이상으로 잘해주는 것이다. 창의적인 디자이너는 어찌 보면 기획자에 가깝다. 섬네일에 관한 새로운 아이디어를 내놓기 때문이다. 그리고 작업물의 수준이 기대보다 높을 때도 일을 잘한다고 평가한다. 그런데 이런 디자이너를 만나는 것은 우연에 기댈 수밖에 없다. 기술은 이런 우연의 한계를 극복할 수 있게 한다. 예전에는 수백 가지의 포토샵 기능을 일일이 익혀서 적용해야 했다. 지금은 그럴 필요가 없다. 입력만 하면 된다. 구체적인 섬네일 이미지를 생각해서 입력하면 작업이 완성되는 데 거의 1분밖에 걸리지 않는다. 완성도도 높다.

이렇게 인공지능이 할 수 있는 게 많다. 기획의 영역까지 인공지능이 해준다고 하면 꿈같은 일이겠지만 두 가지 측면에서 아직은 기대에 미치지 못한다. 첫째는 앞서 살펴봤듯이 아직 기술의 수준이 온전한 기획을 해낼 만큼 발달하지 않았다. 둘째는 인공지능이 대신해주는 기획이 과연 '내 것'이냐는 논쟁에서 벗어나지 못한다. 다만 인공지능이 인간의 일을 줄여줄 수 있어서 그만큼 창의적인 콘텐츠를 고민하는 데 시간과 노력을 기울일 수 있다. 나도 빠르게 작업해야 하는 업무는 인공지능을 활용하는 게 낫다고 생각한다. 섬네일 제목을 뽑을 때도 여러 인기 키워드를 뽑아낸 다음에 생성형 인공지능에 조합해서 뽑도록 한다. 어떤 주제로 글을 쓸 것인데 제목을 20자 이내로 만들어달라는 식으로 완성도 높은 섬네일 제목을 뽑을 수 있는 도구로 활용할 수 있다.

이제 콘텐츠가 빠진 비즈니스는 없다

생성형 인공지능의 출현은 콘텐츠 시장에 새로운 전환점이 됐다. 획기적인 창작 도구가 마련된 셈이다. 섬네일이나 제목을 못 만들어서 좋은 콘텐츠가 사장되는 경우도 많다. 섬네일과 제목은 사소하게 볼 수 없다. 이 두 가지는 세상에 내 콘텐츠가 존재한다는 것을 알려준다. 내 콘텐츠가 아무리 좋아도 발견되지 않으면 의미가 없다. 섬네일과 제목은 내 콘텐츠가 잘 발견되게 해준다. 이것을 인공지능이 해준다는 것은 큰 산을 하나 넘은 것과 같다. 콘텐츠를 만드는 크리에이터로서는 획기적인 기회를 만난 셈이다. 다만 기획의 영역에서 생성형 인공지능에 과도하게 기대하는 것은 아직 무리다.

그럼에도 생성형 인공지능의 등장은 혁명과도 같다. 모든 사람이 작가인 시대 혹은 예술가인 시대가 됐다고 떠들썩하다. 인공지능을 이용해 콘텐츠를 만들 수 있다는 것은 완전히 판도가 뒤바뀐 코페르니쿠스적 혁명이자 콘텐츠 제작이 좀 더 대중적으로 확산할 수 있는 점에서는 마치 구텐베르크적 혁명과 같다. 이제 초등학생의 가장 인기 많은 장래 희망이 유튜버다. 유튜버가 모든 세대의 공통된 꿈이 됐다. 그런데 어떻게 유튜버가 될 수 있을까? 이 고민을 해결하는 데 인공지능이 도움이 될 것이다. 물론 인공지능이 콘텐츠를 대신 기획하거나 만들어준다는 게 아니다.

생성형 인공지능은 콘텐츠 시장을 확대했다. 꾸준히 양질의 콘텐츠를 올릴 수 있도록 도움이 될 뿐만 아니라 그림이나 글 등 다양한 분야의 진입장벽을 낮추었다. 그리고 이제 콘텐츠가 빠진 비즈니스는 찾아볼 수 없다. 기업이 제품을 이야기할 때도 스토리텔링을 가미하든 다른 콘텐츠 기법을 이용하든 간에 소비자에게 콘텐츠를 제공한다. 그 콘텐츠를 통해 소비자는 구매를 결정한다. 심지어 예전에는 B2C만 콘텐츠를 다뤘는데 이제는 B2B와 B2G까지 영역이 넓혀졌다. 정부나 공공기관을 상대할 때 관료를 설득해야 하는데 관료도 결국 사람이다. 관료도 B2C에서 얼마나 잘되는지 지표로 보고 수주하는 경우가 많다. 이럴 때 도움받을 수 있는 효율적인 도구가 인공지능이다. 인공지능은 전지전능한 것이 아니라 똑똑한 조수라고 생각하는 게 바람직하다.

유튜브 수업 2

콘텐츠 트래픽 설계와 실행

5장

—

스토리텔링의 문법이
달라졌다

1.
도파민이 콘텐츠의 만족 기준이 됐다

최근 숏폼이 많은 인기를 끌고 있다. 그렇다면 기존 롱폼에 집중하던 사람들은 어떻게 대처해야 할까? 롱폼과 숏폼의 속성은 엄연히 다르다. 생산자 측면에서 보자면 숏폼은 빠르고 쉽게 만들 수 있다는 특징이 있다. 시청자들이 짧고 자극적인 영상을 보는 동안 시청자의 뇌에서는 쾌락과 즐거움을 담당하는 도파민 호르몬이 지속적으로 분비된다. 영상의 특성을 롱폼과 숏폼으로 구분해서 보자면 롱폼은 어떤 깨달음, 지식, 정보 제공 등 충분한 시간이 필수적인 긴 서사가 필요한 콘텐츠에 적합하다. 그러나 롱폼으로는 숏폼처럼 도파민을 분비할 수 있는 자극적인 콘텐츠를 만들기가 상대적으로 쉽지 않다.

반면 숏폼 콘텐츠는 짧은 시간에 표현될 수 있는 콘텐츠들만이 제작된다. 따라서 짧은 시간 내에 강한 끌림을 유도하는 여러 가지 편집과 촬영 기술도 중요한 요소가 된다. 그때 콘텐츠가 갖춰야 할 가장 중요한 기준은 도파민이다. 예전에는 재미있다, 흥미롭다, 슬프다, 공감한다는 식으로 콘텐츠 감상을 표현했다. 그런데 영상 콘텐츠, 특히 숏폼이 나온 뒤로부터는 이런 단어를 쓰기보다 도파민이 나오냐 안 나오냐 하는 식으로 콘텐츠의 가치를 매기기 시작했다. 어떤 콘텐츠를 보고 곧바로 도파민이 나왔다면 심플하게 좋은 콘텐츠라고 설명할 수 있다. 반대로 도파민이 분출되지 않는다면 아쉽게도 소비자로부터 외면받았다고 할 수 있다.

어찌 보면 숏폼이라는 장르가 가지는 시간적인 한계에서 콘텐츠에 본질적으로 접근하는 것이라고 볼 수 있다. 예전에는 영상 콘텐츠를 장르로 구분했다. 장르마다 가지는 특성은 앞에서 얘기했던 롱폼의 특성처럼 아주 다양했기에 장르의 구분이 의미가 있었다. 그러나 10초 안팎의 영상에 장르를 이야기하는 것이 실용적인 관점에서 콘텐츠를 분류하는 데 큰 의미를 갖지 못하게 되면서 도파민 분비 여부가 새롭게 콘텐츠를 분류하는 기준이 된 셈이다.

도파민이 분비되는 것은 생물학적으로 역치閾値와 관련 있다. 물리학이나 생물학에서 역치는 어떤 자극에 반응하는 최소한의 자극 세기를 뜻한다. 현재 도파민에 반응하는 나의 역치가 1이라면 역치가 적어도 1이상인 콘텐츠가 내게 보여져야 반응하게 된 것이다. 숏폼 콘텐츠의 세계에서는 도파민이 분비되지 않으면 재미나 감동이라는 표현을 쓰지 않는다. 따라서 콘텐츠를 복제하더라도 창의성을 발휘해야 한다. 똑같이 댄스 챌린지를 해도 누구는 더 선정적으로 옷을 입고 또 누구는 외모로 주목받으려 하고 또 다른 누구는 수백 명이 한꺼번에 나와 군무를 추는 등 도파민이 많이 분비될 수 있는 방향으로 콘텐츠를 생산하는 것이다.

••• 스토리텔링은 뇌과학적으로 접근해야 한다

도파민이 중요한 기준이 되는 숏폼은 지식이나 정보를 충분히 담기가 힘들다는 지적이 있다. 원래 스토리텔링은 이야기 구성뿐만 아니라 내용의 깊이도 고려해야 한다. 숏폼이라는 짧은 형식으로는 깊이를 담기가 어렵다는 것이다. 하지만 적은 분량이라도 새롭다거나 내가 알아야만 하거나 생존과 관련이 있는 정보라면 도파민이 분비된다. 오히려 숏폼은 직관적으로 지식을 전달할 수 있는 형식이다. 예컨대 10초 만에 개정된 도로교통법을 보여줄 수 있다.

물론 형식이 달라진 만큼 숏폼의 스토리텔링은 기존 방식과 달라야 한다. 숏폼에서도 스토리텔링은 여전히 핵심 요소다. 숏폼도 창의성을 기반으로 한 영상 콘텐츠이고 대중에게 메시지를 전달해 도파민이 분비되도록 하는 것이기 때문이다. 숏폼으로 지식 콘텐츠를 만들 때는 뭔가를 1초 만에 보여줄지, 2초 만에 보여줄지 나름대로 구성을 짜야 한다. 첫 번째 정보는 어떤 것을 넣어야 할지 고민하고 가장 현혹될 만한 콘텐츠 요소도 미리 찾아놔야 한다.

예전에 롱폼은 인트로가 3초에서 5초였다. 그러나 3~5초라는 시간도 실제 우리가 인식하는 인지적 관점에서 보면 체감상 0.5초 정도에 불과하다. 말 그대로 순식간에 인트로가 지나간다. 체감상 그리 길지 않은 시간이기에 롱폼에서 3~5초는 인내하고 볼 만한 시간이다. 하지만 숏폼에서 2초나 3초는 상대적으로 꽤 긴 시간이 된다. 2, 3초는커녕 0.2초 만에 뭔가를 보여줘야 한다. 그렇지 않으면 도파민이 분비되지 않아 콘텐츠를 넘겨버린다.

이런 현상은 문화적인 특성에서 기인한다. 우리는 다른 나라 사람들과 비교해 교통 신호 대기 후 앞차가 안 가면 경적을 울리기까지 시간이 확실히 짧다고 한다. 빨간불에서 초록불로 바뀌고 앞차가 2초가 지나도 움직이지 않으면 경적을 울린다. 미국에서는 7초가 돼도 경적을 울리지 않는 주가 있다. 기다림에 대해 문화적으로 학습된 시간이 저마다 다른 것이다. 롱폼과 숏폼에서도 바로 이 시간의 법칙이 적용된다.

따라서 지루함을 인내하고 콘텐츠에 관심을 끌 수 있도록 짧은 분량이라도 앞쪽에 인트로는 꼭 있어야 한다. 그래서 숏폼도 콘텐츠에 관한 구조적인 고민을 하지 않을 수 없다. 롱폼처럼 감동을 주겠다는 것보다 어떻게 하면 도파민이 분비될 자극적인 것을 넣을 것인지에 집중하게 된다. 어떻게 보면 콘텐츠를 바라보는 우리의 인지적인 본질에 더 집중하게 된 상황이라고도 볼 수 있다.

3초 혹은 7초 이내에 매혹적이어야 한다

다들 알다시피 영상 콘텐츠에서 인트로는 시청자의 관심을 사로잡는다는 측면에서 매우 중요한 의미가 있다. 적어도 영상이 시작되는 3초 혹은 7초 이내에 매혹적인 콘텐츠를 담아내야 한다. 유튜브에서도 인트로는 매우 중요한 만큼 알고리즘도 이를 반영한다. 유튜브는 인트로를 잘 만들지 못하면 사용자들이 콘텐츠에서 이탈한다는 것을 안다. 이러한 인트로의 중요성은 우리의 일상적인 의사소통 과정에도 영향을 미친다.

일반적으로 사람들은 오프라인에서 누군가를 처음 만나면 호감을 사기 위해 처음에는 자신의 백그라운드에 대해 말하는 경우가 많다. 그러나 유튜브를 비롯한 온라인 생태계는 이러한 관습과는 사뭇 다른 양상을 띠고 있다. 온라인은 기본적으로 익명성이 있다. 익명 상태에서는 계급에 대한 인지가 오프라인과는 다소 다르다. 예를 들어 누군가 처음 자신의 배경에 대해 설명할 때 서울대학교 의대생이라고 소개한다면 오프라인에서는 존중받을 것이다. 우리 사회에서 엘리트라고 인정받기 때문이다.

그런데 이 학생이 콘텐츠를 만들어 온라인에 올렸다면 상황은 달라진다. 여러 비판에 노출되는 것은 물론이고 심지어 초등학생도 들어와서 '그래서 어쩌라고?'라며 한마디 거들 수도 있다. 이처럼 온라인과 오프라인에서 관계 맺기와 의사소통의 문화가 다르다. 우리는 앞으로 온라인 세계에 머물 가능성이 더 커졌다. 온라인 감성,

유튜브의 감성을 이해하지 못한다면 의사소통과 관계 맺기에 문제가 생길 수도 있다는 것이다.

자신의 백그라운드를 늘어놓는 것보다 인상적인 인트로를 보여주며 소개하는 것이 요즘 관계의 문법이다. 영상 콘텐츠도 앞부분에서 장황하게 백그라운드를 소개하는 것이 아니라 본론으로 바로 진입해야 의미가 있다. 물론 재미가 있어야 한다. 책을 살 때 사람들은 표지, 제목, 목차를 보고 결정하는 경우가 많다. 본문을 보더라도 대략 30쪽 안에서 재미나 읽을 가치가 보여야 한다. 마치 유튜브의 섬네일, 제목, 인트로와 같은 효과다. 영화도 마찬가지다. 영화가 시작하자마자 5분 안에 관객들이 몰입하도록 확 끌어야 한다.

과거에는 저자가 말하는 것을 이해하고 저자가 무슨 감정을 느꼈을지 고민할 때가 있었다. 이렇게 콘텐츠의 맥락을 이해하는 것도 도파민이 분비되게 하려는 것이었다. 결국 예전이나 지금이나 콘텐츠의 만족 기준은 도파민인 셈이다. 그래서 이런저런 것을 생각하지 않고 오로지 도파민에 접근한다면 더 본질적으로 콘텐츠를 잘 만들 수 있다. 사람들이 콘텐츠의 본질에 대해서 직관적으로 이해하는 시대가 됐다.

2.
인간의 이해가 콘텐츠의 시작과 끝이다

요즘 간결한 콘텐츠에서 얻고 싶은 것을 빨리 얻고자 하는 니즈가 생겼다. 그런데 아이러니하게도 우리는 다시 활자로 돌아가고 있다. 사실 가장 빠르게 정보를 검색하고 습득하는 방법은 영상이 아니라 활자다. 유튜브 롱폼 영상을 스크롤하면서 바로 중요한 정보를 찾아내기가 쉽지 않다. 또한 숏폼은 생각보다 내가 주체적으로 정보를 찾아내기가 힘들다.

아무리 영상의 시대라고 해도 블로그를 보는 이유다. 내가 파워포인트와 관련한 어떤 기능을 알고 싶으면 유튜브에 들어가 영상을 획획 넘기며 찾는 것보다 블로그에 가서 기능을 검색하는 것이 더 정확하고 빠를 것이다. 이런 점에서 우리가 정보를 검색하면서 만족감을 얻는 콘텐츠로서 활자 매체의 생명력은 어느 정도 이어질 것임이 분명하다. 평형 상태에 이른다고 보는 것이다.

우리가 일상에서 소비하는 콘텐츠 플랫폼은 크게 영상 기반과 텍스트 기반으로 나뉜다. 새로운 콘텐츠 플랫폼이 등장할 때마다 서로 간에 영역이 늘어나거나 줄어들기를 반복한다. 그 결과 이제는 어느 정도 평형 상태에 이른 듯하다. 책이 없어질 것이라고 했지만 여전히 존재하듯이 플랫폼들도 어느 정도 각자 자리를 잡고 저마다의 시장 점유율을 확보하게 된 지점에 이르렀다. 새로운 플레이어가 나오지 않는 이상 시장에 새로운 격변이 일어나는 것과는 약간 멀어지는 상황이 된 것이다.

콘텐츠를 정보로 습득하려고 할 때도 다양한 형태가 존재하고 그 형태들도 각각 평형을 이룬다. 예컨대 어떤 정보를 습득할 때 어려운 부분의 이해를 도와주고 지식의 폭을 넓혀주는 롱폼의 교육 콘텐츠가 있는가 하면 정보와 지식을 단순 나열하는 콘텐츠도 있다. 이때 교육 콘텐츠는 이해해야 하는 시간이 필요하므로 보는 시간이 다소 걸리더라도 롱폼을 취하는 콘텐츠가 필요하다. 실제로 이러한 이유로 정보성 콘텐츠는 플랫폼에 남을 수밖에 없고 조회수도 의외로 높다. 그래서 교육 콘텐츠는 플랫폼에서 장려를 많이 하는 지식형 자료로서 인류가 사라지기 전까지는 없어지지 않을 콘텐츠다.

이러한 콘텐츠 평형 생태계에서 크리에이터의 생존 방법은 무엇일까? 무엇보다 내 콘텐츠를 봐줄 사람들에 대한 이해가 앞서야 한다. 시청자가 엔터테인먼트형 콘텐츠를 원하는지 지식형 콘텐츠를 원하는지 파악할 줄 알아야 한다. 누가 무엇을 어떻게 소비하려는지 이해부터 해야 하는 것이다. 그러기 위해서는 우선 사람에 대한 이해가 앞서야 한다.

• • •
조직 행동이나 인간의 심리를 파악해야 한다

도파민과 콘텐츠의 상관관계도 결국 평형 상태를 맞이할 것이다. 도파민이 많이 나오게 하는 콘텐츠와 롱폼의 지식형 콘텐츠도 어느 정도 평형을 이룰 것이다. 지금은 숏폼의 소비량이 늘어나고 있으므로 당장은 평형 상태라고 볼 수 없다. 그러나 숏폼은 교육 콘텐츠의 방대한 내용을 모두 설명할 수 없기에 롱폼이 교육이나 지식형 콘텐츠를 담당할 확률이 높다.

도파민은 쾌락과 관련한 호르몬이다. 뇌는 도파민 말고도 각종 호르몬을 분비한다. 스트레스를 줄여주는 호르몬을 포함해 다양한 호르몬이 분비되고 있다. 생물학적인 관점에서 본다면 이러한 호르몬을 분비하도록 자극하는 것도 콘텐츠의 특징인 것이다. 우리는 흔히 일상이 안전하다고 느낄 때 스트레스가 줄어든다. 거기엔 당연히 호르몬이 연관돼 있을 것이다. 그렇다면 우리가 힐링된다고 표현하는 것도 결국 관련된 호르몬이 작용한다는 뜻일 것이다.

호르몬과 콘텐츠의 상관관계를 봤을 때 결국 크리에이터는 '사람'을 제대로 이해해야 한다. 조직 행동이나 인간의 심리를 생각하지 않고 콘텐츠를 만들 수 없다. 처음에는 이런 것을 모르고 무작정 콘텐츠를 만들기도 한다. 실제로 구독자가 많은 대형 크리에이터들을 만났을 때 조직 행동이나 인간의 심리에 대해 잘 알지 못한 경우가 많았는데도 무의식적으로 고려하고 있었다. 어떻게 하면 소비자가 반응할지, 어떤 것을 좋아할지, 어떤 행동이나 생각을 유도할지 등을 고민하면서 콘텐츠를 만들고 있었다.

인문학적 지식과 경험을 결합해야 한다

사실 일상에서 많은 사람이 자기가 원하는 것이 뭔지 모르고 살아간다. 그렇다고 해서 그 사람을 잘 아는 누군가가 "너는 이런 것을 원해."라고 직설적으로 말해주는 것도 조심스럽다. 자유의사를 방해하기 때문이다. 그런데 사람들이 자기 의사에 따라 콘텐츠를 검색하지 않고 때로는 실시간 검색어를 클릭하는 이유가 뭘까? 자기 의사보다 다른 사람들이 관심을 많이 가지는 분야를 나도 알고 있어야 한다는 이유 때문일 것이다. 이런 경향은 내가 무엇을 원하는지 정확히 모르면서 타인에게 관심을 많이 가지는 상황을 반복하게 만든다.

비판적 사고 능력을 기르지 않으면 정보를 분별하여 받아들이지 못하게 된다. 남이 좋아하는 것도 자신의 의견이나 취향처럼 받아들이게 되는 것이다. 비판적 사고 능력의 결여는 교육 시스템의 문제일 수 있으므로 이런 특성을 한순간에 바꿀 수는 없다. 그보다 이런 특성을 고려해 콘텐츠를 제작하는 것이 더 실용적일 것이다. 슬

쩍 찔러보는 넛지 효과를 기대하는 것이다. 시청자가 자기가 좋아하는 것이 뭔지 잘 모른다면 데이터를 통해 거꾸로 그들이 좋아할 만한 콘텐츠를 제안하고 어필하는 것이다. 이러한 방식은 인간에 대한 깊은 이해가 있을 때 가능하다.

인간에 대한 인문학적 지식이나 경험이 영상 콘텐츠 제작 기술과 결합되면 새로운 시장을 만들 가능성이 커진다. 예컨대 코로나19 시기에 금융 정보와 지식이 영상 콘텐츠로 만들어지면서 대중의 관심을 끌 수 있다. 지금이야 이런 영상 콘텐츠가 많지만 처음 이 분야를 시작할 때는 실패 부담이 큰 도전이었을 것이다. 그럼에도 불구하고 이러한 콘텐츠를 처음 시도한 크리에이터들은 빠른 시도와 재교정을 통해 인사이트를 얻어가며 채널을 키웠다. 나 혼자 성공할 수 있다고 외치는 괴짜 발명가보다 시장에서 유행하는 키워드를 관찰하여 대중의 니즈를 어느 정도 파악하고 충족시킬 발명품을 만들어야 성공할 수 있다.

현 콘텐츠 시장에서 롱폼과 숏폼의 구분은 어찌 보면 영상 길이나 형식보다 도파민 분비를 어떻게 끌어내느냐가 기준이라고 해도 과언이 아니다. 도파민을 어떻게 분비하게 할지 고민하면 사람에 대한 이해가 우선시될 수밖에 없다. 내가 상대할 소비자들이 단순 재미를 추구하는 사람들인지 아니면 깊이 있는 콘텐츠를 얻으려는 사람들인지 먼저 알아야 한다.

누구나 영상을 만들 수 있는 시대가 됐지만 인간을 이해하는 정도는 다르다. 바로 이 지점에서 콘텐츠 품질과 도파민을 분비시킬 수 있는 정도가 달라진다. 소비자가 찾는 매력적인 콘텐츠를 만들고 싶다면 우선 사람부터 이해해야 한다.

3.
초개인맞춤 콘텐츠 전략을 세워야 한다

　지금은 초개인맞춤 시대다. 그만큼 타깃을 잘게 세분화해 그에 맞춰 콘텐츠를 만들어야 한다. 물론 플랫폼 또한 적당한 개인화를 추구한다. 플랫폼은 새로운 콘텐츠가 등장하면 초기 노출이 필요하기 때문에 일정 비율로 개인에게 소개한다. 개인이 즐겨 보던 콘텐츠와 새로운 콘텐츠가 섞여서 홈 화면에 노출되는 방식이다. 그러다 보니 개인에게 맞는 콘텐츠를 보여주되 새로운 콘텐츠도 적절히 접할 수 있는 환경이 갖춰졌다.
　플랫폼의 이런 콘텐츠 노출 전략은 적절한 개인화라고 할 수 있다. 하지만 크리에이터가 콘텐츠를 생산할 때는 초개인맞춤 전략을 세워야 한다. 범용적 주제보다 초개인맞춤에 맞춰서 주제와 소재를 찾아 전문화하는 것이 오히려 성공 요인이 될 수 있다. 초개인맞춤이라고 해도 해당 분야의 시청자나 시장이 작은 것은 아니다. 홈트레이닝 채널인 「올블랑TV」는 초개인맞춤 채널이지만 실제 운동이라는 카테고리는 상당히 큰 시장이다. 따라서 그 안에 있는 하위 그룹인 홈트레이닝 시장도 규모가 작지 않다. 요리도 마찬가지다. 시장 자체가 기본적으로 크다. 이 시장 카테고리 안에 수많은 하위 장르가 있다. 그중에서 고기나 비건 등 특정 아이템을 정하는 것이 너무 규모를 세분화하는 것은 아닌지 의문을 가질 수 있지만 각각의 분야가 정량적으로 꽤 규모가 있다.

콘텐츠 시작 전에 이러한 시장 분석이 필수로 선행돼야 한다. 또한 경쟁자가 얼마나 많은지와 경쟁자 대비 차별화 정도가 어떤지 등을 마치 새로운 사업을 시작한다는 관점으로 철저히 분석해야 한다. 따라서 내 콘텐츠가 속한 카테고리의 전체 조회수와 광고 시장 규모 등을 전방위적으로 조사해볼 필요가 있다.

● ● ●
초개인맞춤 콘텐츠로 교감에 성공해야 한다

커머스 크리에이터는 콘텐츠 시장뿐만 아니라 구매 전환율이 높은 커머스 시장에서도 경쟁해야 한다. 또한 사람들과 적절히 소통하는 방법도 필수적으로 알아야 한다. 그뿐만이 아니다. 끊임없이 등장하는 새로운 기술과 변화하는 플랫폼 환경을 빨리 이해하고 적응할 수 있어야 한다. 예를 들어 최근 애플에서 출시한 공간 컴퓨터

비전프로는 차세대 스마트 디바이스로서 주목을 받고 있다. 스키 고글처럼 생긴 비전프로를 착용하면 눈앞에 증강현실이 펼쳐지면서 정보들을 탐색하며 엔터테인먼트 기능을 즐길 수 있다. 또 영화에서 보던 것처럼 두 손을 허공에 내저으며 콘텐츠의 편집이 가능하다. 자체적으로 컴퓨터의 기능을 수행하기도 하지만 기존 컴퓨터와 연결해 기존 컴퓨터의 기능을 그대로 이용할 수 있기 때문이다. 만약 빠른 미래에 스마트폰에 기존 컴퓨터에서 사용하던 그대로 구현되면 앞으로 소프트웨어가 굳이 컴퓨터를 사용하지 않을 수도 있다. 물론 5G 통신망을 통해 영상 콘텐츠를 감상할 수도 있다. 이러한 기술은 제작의 편의성과 효율성을 올릴 뿐만 아니라 앞으로 다가올 가상현실과 증강현실 환경에 맞춤 콘텐츠를 만들 때도 유용하다. 그러나 본질은 기술이 아니다. 그보다 더 중요한 것은 시청자, 즉 콘텐츠 소비자와의 교감이다.

새로운 디바이스가 등장하면 플랫폼 시장이 바뀐다기보다 확장될 가능성이 크다. 즉 비전프로와 같은 헤드 마운트 디스플레이(HMD)가 보급된다면 시청자의 몰입도가 높아질 뿐만 아니라 콘텐츠 포맷도 다양해져 유튜브 시장이 축소되기보다 오히려 확대될 수 있다. 이 환경에서는 360도 회전하면서 볼 수 있는 입체적인 콘텐츠를 즐길 수 있다. 홈트레이닝 채널인 「올블랑TV」에도 360도 영상이 있다. 스마트폰을 회전하면 영상이 360도 회전하면서 입체적인 움직임을 볼 수 있다. 누구는 앞모습을 보며 운동을 따라 하고 동시에 다른 누군가는 뒷모습을 볼 수 있다. 그러나 이렇게 디바이스의 진화와 기술의 발전에 따라 영상이 고도화된다고 해도 스토리텔링 기획은 달라지지 않는다.

인공지능을 비롯해 디바이스의 진화는 콘텐츠 관점에서 볼 때 영상 콘텐츠가 강화되는 시대를 예고한다. 그렇기에 새로운 비즈니스 기회를 노리는 사업자라면 차기 디바이스와 플랫폼 환경에 맞춰 발빠르게 콘텐츠를 만들어내 이목을 끌어야 한다. 특히 콘텐츠에 대한 안목이 높은 한국에서 크리에이터를 하려면 기술 수용 속도도 빨라야 한다. 트렌드와 기술 발전에 그 누구보다 관심이 크고 빨리 수용하는 경향이 있기 때문이다. 이런 환경에서 콘텐츠 시장은 갈수록 더 커질 것이다. 그러나 스토리텔링이 제대로 되지 않은 콘텐츠는 외면당할 수밖에 없다. 아무리 새롭고 신기한 기술이 등장해도 알맹이가 영글지 못하면 소비자와 교감하기 힘들다. 한때 호기심으로 기웃거릴 수 있을지언정 소비자가 찾는 콘텐츠가 아니라면 첨단 기술도 외면당할 수밖에 없다.

첨단 기술의 저주는 기술의 역사에서 숱하게 볼 수 있다. 이른바 '캐즘chasm'이다. 첨단 기술로 개발된 신제품이라 해도 사람들의 인정을 받지 못해 사라지는 현상을 말한다. 대표적인 사례로 세계 최초의 개인정보 단말기인 애플의 뉴턴과 전동 자전거 세그웨이 등을 들 수 있다. 영상 콘텐츠와 관련한 디바이스도 캐즘의 극복이 중요한 과제다. 이 과제를 제대로 수행하려면 강력한 무기, 즉 초개인화에 맞춘 '콘텐츠'로 승부해야 한다.

소비자와의 교감에 성공한 콘텐츠는 마치 쉽게 마르지 않는 샘

물과도 같다. 콘텐츠는 유튜브에 한번 올려놓으면 하나하나가 소득을 올려주는 일꾼이 된다. 그런데 여기 꼭 기억해야 할 콘텐츠 세상의 신기한 법칙이 있다. 일꾼을 새로 안 만들면 기존의 일꾼들이 논다. 새로운 일꾼, 즉 신규 콘텐츠를 올리면 기존의 일꾼들도 다시 함께 일하는 게 영상 콘텐츠 플랫폼의 알고리즘이다. 만약에 크리에이터가 잘 만든 콘텐츠를 꾸준히 올릴 수 있다면 n개가 올라왔을 때 n+1의 소득이 창출된다. 자신의 욕구에 맞는 영상을 발견한 새로운 시청자가 과거의 영상을 찾아볼 가능성이 크기 때문이다. 초개인맞춤으로 소비자와 교감에 성공한 콘텐츠의 힘이다.

●●●
커뮤니티 속성을 잘 알고 접점을 만들어야 한다

잘 만든 콘텐츠는 생명력이 강하다. 콘텐츠를 올려놓고 몇 년이나 추가 업로드를 하지 않아도 구독자가 늘어나는 경우도 있다. 마침 해당 콘텐츠와 연관된 키워드 검색으로 유입돼 조회수가 높아졌기 때문이다. 이처럼 키워드에 기반한 콘텐츠들은 스테디셀러가 될 수 있다. 가령 유명 인플루언서라면 검색 키워드로 노출될 가능성도 크다. 그렇게 검색했을 때 과거에 올린 콘텐츠가 노출되고 조회되기도 한다.

시간이 지나도 높은 관심을 받는 콘텐츠는 그만큼 기획이 좋았다는 뜻이다. 기획력이 좋은 크리에이터는 여러 채널을 만들어서 대중의 관심사가 높거나 트렌드를 주도하는 콘텐츠를 만들기도 한다. 그렇지 못한 채널은 억지로 셀럽을 섭외해 대중의 호기심을 자극하는 수준에 머물고 마는 경우도 있다. 물론 연예인과 셀럽을 섭외할 수 있는 것도 좋은 전략이다. 지금 콘텐츠 플랫폼 시장에서는 서로 유명한 사람들을 데려오는 게 전략이기 때문이다. 그 사람들은 일정한 구독자들을 출연한 채널에 유입시키기도 한다.

예를 들어 유튜브 채널 「피지컬갤러리」에서 몇 년 전 출연자 섭외 기준을 아프리카TV(현 SOOP), 유튜브, 인스타그램, 틱톡 등에서의 유명세로 잡은 듯하다. 각 플랫폼의 구독자들은 자신이 챙겨 보던 크리에이터나 인플루언서가 출연하는 채널에 유입되고 심지어 타 플랫폼에서 활동하던 크리에이터나 BJ들을 응원하는 팬들이 유튜브로 유입됐기에 유튜브 입장에서도 좋은 현상이다. 이 현상을 자세히 들여다보면 커뮤니티가 보인다. 각각의 플랫폼에 존재하는 커뮤니티를 공략하거나 유인하는 전략이다.

앞에서 언급했듯이 유튜브도 다른 플랫폼에서 구독자가 유입되는 것을 좋아할 수밖에 없다. 레거시 미디어도 뉴미디어 플랫폼을 적극적으로 활용한다. 방송사도 크리에이터를 섭외해 프로그램을 만드는 추세다. 이런 측면에서 유튜브에서 연예인을 출연시키는 건 조회수가 많이 나와서가 아니다. 심지어 정확히 기획하지 않으면 유명인도 조회수가 안 나올 수 있다. 연예인을 유튜브에 출연시키는 것도 콘텐츠 흥행 원리의 관점에서 보면 기존 구독자와 겹치지 않는 신규 구독자가 들어온다는 개념으로 이해하면 된다. 그래서 어떻게 새로운 커뮤니티와 접점을 만들지 그리고 우리의 커뮤니티를 어떻게 유지할지가 중요하다. 이렇게 콘텐츠 시장은 보이지 않는 경쟁이 치열하다. 그만큼 진검승부여서 나도 1등이 안 될 것 같은 분야의 콘텐츠는 아예 건드리지 않는 경우가 많다. 그런데 1등을 하고 안 하고의 관점보다 중요한 게 있다. 1등이 되려면 도대체 어떻게 해야 할까? 콘텐츠 시장에서도 단순히 시청자라고 부를 것이 아니라 콘텐츠 소비자라고 인식하는 것에서부터 시작해야 한다.

콘텐츠 소비자는 커뮤니티와 연관이 깊다. 전문가들은 디지털 시대에 머지않아 커뮤니티 혁명이 올 것이라고 이야기한다. 그런데 커뮤니티 혁명은 이미 시작됐다. 세상은 단순히 다수결로 돌아가지 않는 듯하다. 하지만 실제로는 다수결의 원리가 생각보다 크게 작동한다. 우리가 몸담고 있는 기관이나 조직에서 개인이나 소수의 의견은 존중받기도 하고 꽤 큰 영향력을 가지지만 거시적 관점에서 세상은 다수결의 원리로 움직인다. 물론 국제 패권 정치는 말할 것도 없다. 선거제도가 대표적일 것이다. 플랫폼 비즈니스도 마찬가지다. 다수결의 원리가 작용하며 다수결에 큰 힘을 실어줄 수 있는 커뮤니티 중심으로 콘텐츠의 동향이 좌지우지된다. 그래서 양질의 콘텐츠를 만들어서 소비자들을 커뮤니티로 묶는 것은 비즈니스적으로 강력한 무기가 된다.

이렇게 커뮤니티의 속성을 잘 이해하는 사람이 커머스 크리에이터로 성공할 수 있다. 사람들은 크리에이터가 되면 커머스를 바로 시작할 수 있다고 생각하지만 제품을 출시하자마자 그것이 착각이었다는 것을 깨닫게 되는 경우가 많다. 크리에이터가 돼서 콘텐츠를 바탕으로 커뮤니티를 만들어 커머스를 시도해야 한다. 커뮤니티를 만드는 과정을 간과한 것이다. 따라서 커머스 크리에이터에게 중요한 역량은 소통 능력이다. 콘텐츠 소비자와 상호작용이 일어날 수 있는 소통 능력을 갖춰야 한다. 이렇게 소통 능력이 겸비된 크리에이터는 소비자를 콘텐츠와 커머스 제품 제작에도 직접 개입시킨다.

예전에는 소비자가 좋은 콘텐츠를 소비하기만 했다. 그런데 이제는 콘텐츠를 만드는 데 참여하는 것이다. 소비자의 자기 주도성이 없으면 커뮤니티는 쉽게 성립되지 않는다. 따라서 콘텐츠 내 여러 장치를 만들어 소비자에게 주도성을 조금씩 부여하는 것이다. 예를 들어 '다음 콘텐츠의 주제는 무엇으로 할까요?'라고 투표를 유도한다든지 '다음 여행지는 어디로 갈까요?'에 대한 답변을 댓글로 남겨 달라고 하는 등 콘텐츠를 같이 만든다는 연대감을 느끼게 하는 것이 좋다. 구독자들끼리 서로 소통하는 커뮤니티를 만들기 위해 오픈 대화방을 열고 서로의 이름을 부르며 친밀감을 키우게 하는 것도 그런 예이다.

우리에게 친숙한 아이돌 비즈니스 또한 대표적인 커뮤니티 사업이다. 커뮤니티 비즈니스 중에서도 상당히 고도화된 커뮤니티 커머스 분야라고 볼 수 있다. 팬 미팅에 참여하는 초대권이 앨범에 랜덤으로 들어 있어 한 명이 앨범을 200장이나 300장을 구매하기도 한다. 팬들도 이것이 비즈니스라는 것을 인지하고 있다. 그럼에도 팬미팅에서 좋아하는 아이돌을 가까운 자리에서 직접 보고 얕게나

마 교류하는 것을 기대하며 기꺼이 앨범을 산다. 이때 기획사들은 넓고 얕은 대중이 아니라 골수 팬들을 대상으로 커머스 비즈니스를 펼친다. 그래서 팬 미팅 때 짧은 시간 일대일로 대화를 하게 하거나 자신이 사온 선물을 전달하는 등 상호작용이 일어나게 해 비즈니스의 성공 확률을 높이려고 한다. 이러한 커뮤니티 형성의 노력이 없다면 인지도 측면에서나 앨범의 구매량 측면에서 흥행하기 쉽지 않을 것이다. 크리에이터도 그리고 그 어느 비즈니스도 마찬가지다. 소비자와의 상호작용을 전략적으로 잘 활용할 필요가 있다.

소통을 위해 상호작용을 해야 한다는 것을 이해했지만 아직은 갈 길이 멀다. 소비자와의 상호작용을 위한 전략이 플랫폼에 따라 다르기 때문이다. 예를 들어 인스타그램, SOOP(구 아프리카TV), 네이버 치지직, 틱톡 등은 라이브를 자주 할 수 있는 플랫폼이다. 요즘 국내 10대들은 SOOP이나 틱톡 라이브를 평소에 별일이 없어도 켜놓고 있는다. 따라서 라이브를 매일 주기적으로 하고 일상처럼 느끼게 하는 것이 도움이 된다. 반면 인스타그램이나 유튜브의 숏폼 콘텐츠들은 쓱쓱 넘기면서 소비한다. 심심할 때 인스타그램의 릴스와 유튜브의 쇼츠를 소비하면 시간이 금방 흘러가는 경험을 해본 적이 다들 한 번쯤 있을 것이다.

유튜브는 쇼츠라는 숏폼 콘텐츠와 함께 롱폼 영상도 있기 때문에 성격이 조금 다르다. 라이브를 매일 하면 오히려 시청자들이 피곤해하는 경향이 있다. 심지어 언제 라이브를 하는지 공지도 해야 한다. 공지하지 않고 그냥 라이브를 하면 시청자도 의아하게 생각하고 알고리즘 노출도 당연히 적다. 어떤 채널은 라이브 방송을 일주일에 한 번 주말에만 한다. 이 채널은 매일 영상을 올리지는 않지만 시청자의 눈높이에 맞춰서 전문적인 내용을 굉장히 쉽게 설명한다. 대신 늘 정해진 요일과 시간에 어김없이 방송한다. 대중의 눈높이에 맞춰 충분히 상호작용을 하고 공감도 불러일으키며 언제 교류할지까지도 소통하는 것이다.

6장

—

융합적 사고로 데이터를
이해한다

1.
1인이어도 기업 마인드가 필요하다

간혹 1인 크리에이터와 같은 개인 채널에서 대중과의 교집합을 찾는 것과 시청자의 통계 데이터를 소홀히 할 때가 있다. 그런 접근은 규모가 큰 채널에 필요하다거나 기업 마인드라는 것이다. 그러나 시작 지점은 달라도 누구나 성장하면 비슷한 길을 가게 된다. 그렇게 가지 않을 수가 없다. 성장하지 않는 채널을 누구도 원하지 않을 테니까.

채널의 존속 때문에라도 성장을 추구해야 한다. 또 콘텐츠 채널이 커지고 조회수가 잘 나올 때 비즈니스 기회를 모색하게 마련이다. 가령 누군가가 내 콘텐츠를 유통해 매출이 창출되게 해준다거나 시청자가 유료 멤버십을 하는 것도 물론 비즈니스 영역에 포함된다. 월 정액제를 구매하면 영상 크레디트에 이름을 올려준다거나 운동 채널에서 같이 운동하는 이벤트를 하는 것도 비즈니스다.

많은 크리에이터가 사실 수익의 확장을 위해 비즈니스를 원한다. 수익이 발생해야 채널을 꾸준히 유지하고 운영할 수 있기 때문이다. 나에게도 종종 커머스를 하고 싶은데 어떻게 하면 좋을지 문의가 들어온다. 결국 비즈니스라고 공공연하게 이야기하지 않아도 비즈니스의 길을 가고 있는 셈이다. 크리에이터의 활동은 단지 콘텐츠 제작만이 아니라 그와 파생된 비즈니스도 포함하는 것이다.

「올블랑TV」 채널은 외부에서 봤을 때 비즈니스를 명확하게 추구하는 채널로 비친다. 글로벌 진출을 하는 것이나 기업으로 운영하는 게 보인다는 것이다. 운영자도 기업가로서의 면모가 보인다고 한다. 개인의 취미 활동이나 1인 크리에이터로서 활동하는 것과는 다르게 본다. 유튜브 분야에서 성공한 모델이라고도 말한다. 그래서 처음부터 「올블랑TV」를 비롯해 성공한 채널의 비즈니스 모델을 따라 해야 하는 게 아니냐고 묻는다. 그러나 모든 크리에이터가 규모의 경제를 추구하고 비즈니스의 전망을 갖춰야만 성공하는 것은 아니다.

●●●
콘텐츠 제작자의 눈높이가 시청자와 같아야 한다

유튜브에서는 자기 이야기를 하는 것이 꽤 엣지 있는 스토리텔링처럼 느껴진다. 예컨대 어렸을 때 삶이 어려웠던 이야기를 담담하게 풀어내는 콘텐츠에 많은 시청자가 공감한다. 특히 우리나라 정서에는 이런 콘텐츠가 인기를 얻는다. 반면에 잘난 척하거나 자신의 장점을 노골적으로 표현하는 방식은 쉽게 받아들여지지 않는 눈치다. 콘텐츠 제작자의 눈높이가 콘텐츠를 보는 시청자와 같아야 한다. 연예인이나 스타 혹은 기업이 운영하는 채널이 아니라 나와 비슷하게 먹고 입고 생활하는 일반인의 이야기라서 공감할 때가 많다. 이런 콘텐츠는 어쩐지 비즈니스와는 다소 거리가 멀어 보인다. 그러나 이러한 콘텐츠도 구독자나 조회수가 늘어나면 비즈니스를 모색하게 된다. 협찬 제의를 받거나 채널의 성장에 따른 수익이 자연스럽게 발생하기 때문이다.

소소한 이야기를 다루는 콘텐츠라고 하더라도 성장을 목표로 한다면 뭔가 달라야 한다. 실제로 스토리텔링과 영상 제작 등 모든 면에서 프로덕션 제작에 못지않은 수준을 보여주는 1인 크리에이터들도 있다. 이런 크리에이터를 보면서 대중은 가끔 착각을 하기도 한다. 원래부터 뛰어난 재능이 있었던 게 아니냐고 말이다. 그러나 실제로 당사자를 만나보면 기업에서 하는 시장조사와 프로토타입 제작에 견줄 만한 노력을 한다. 가령 상당한 시간을 투자해 다양한 채널을 연구하고 여러 유튜버를 만나 벤치마킹한다. 개인이 갖춰야 할 역량을 쌓기 위해 투자를 아끼지 않는다. 비즈니스 관점에서 채널을 운영하는 것이다.

개인의 지극히 사적인 취미생활로 제한하는 게 아니라면 크리에이터는 프로의 면모를 갖춰야 한다. 콘텐츠를 만들 때도 프로의 관점에서 판단하는 게 필요하다. 예를 들어 유튜브에서는 어설픈 자기 어필이나 자랑은 대중에게 외면받는다. 예컨대 내가 현재 살이 찐 상태라면 다이어트를 하는 유튜버를 보면서 공감을 한다. 따라서 다이어트를 하기 전과 후의 자신을 비교하며 자신의 운동이나 식단 노하우를 공유하는 콘텐츠는 대중에게 큰 인기를 얻는 주제다. 그 노력과 고통이 시청자에게도 고스란히 느껴지고 응원까지 하게 만드는 힘이 있다. 그런데 유튜버가 다이어트에 성공하고 더 이상 살찐 사람에게 별 공감을 주지 못하는 콘텐츠를 시작하면 대중은 돌아선다. 그래서 다이어트 비포 앤드 애프터 영상은 그 자체로 인기 있는 콘텐츠지만 후속 콘텐츠가 대중에게 인기를 얻기 어렵다.

크리에이터는 대중의 속성을 이해하고 있어야 한다. 뭔가 성공한 모습만 보여준다고 해서 사람들이 마냥 좋아하지는 않는다. 사람들은 누군가가 나보다 잘되면 나 혼자만 도태되고 남겨진 것 같아 불안해진다. 유튜브를 볼 때도 마찬가지다. 즉 자기계발이나 성공한 삶의 모습을 자꾸만 보여주는데 정작 그걸 지켜보는 나는 자꾸만 실패하는 듯한 느낌을 받아 채널을 떠나게 된다. 어떤 다이어트 콘텐츠는 자신이 다이어트에 성공한 후 시청자들을 다이어트 성공으로 이끌어주는 것을 중단하고 쇼핑을 하며 화려하게 사는 모습을 보여주는 쪽에 집중하였다. 말투도 어느새 우월한 위치에 선 사람의 말투로 바뀌었다. 이런 콘텐츠는 대중의 속성을 깊게 이해하지 못하고 기획한 것이다. 마치 소비자의 특성을 무시한 제품을 개발하고 개발자 자신만 만족하는 것과 같다. 비즈니스 관점을 갖추지 못한 채널인 것이다. 이런 기획은 연예인과 같은 셀럽들의 삶과 그 콘텐츠에 영향을 받았을 수도 있다. 그러나 시청자가 셀럽을 바라보는 관점은 다르다. 사람들은 셀럽의 콘텐츠에서 예쁨이나 멋짐을 소비한다. 처음부터 나와 같은 사람이 아니라 동경의 대상으로 이들을 인식한다. 따라서 질투와 시기보다 위로와 사랑의 감정이 크다.

엔터테인먼트 산업에서 셀럽의 탄생은 운이나 개인의 재능보다 비즈니스 전략에 따른 결과일 때가 많다. 대부분의 크리에이터가 셀럽의 위치까지 가려고 해도 쉽게 도달하지 못하는 이유는 셀럽이 되기까지 엔터테인먼트 회사에서 방송 출연과 이미지 메이킹과 관련한 상당한 작업을 하고 브랜딩을 거쳐서 대중에게 알려지는 일련의 과정이 있기 때문이다. 하나의 셀럽 캐릭터가 만들어지기까지는 개인의 노력은 물론이고 거대한 집단이 필요하다. 따라서 크리에이터는 셀럽과 달리 공감대를 이루는 방법으로 콘텐츠를 제작하는 것이 현명해 보인다. 조금이라도 더 시청자들에게 기쁨을 주고 거리를 좁히려고 접근하는 감각으로 비즈니스를 진행할 수 있어야 한다.

••• 콘텐츠를 만들 때 데이터 기반 메타인지가 필요하다

우리가 자기계발을 시작한다면 지금 나의 수준이 어떤지 인식하는 메타인지가 중요할 것이다. 간단히 말하면 자기 객관화다. 이러한 방식은 회사 업무를 볼 때도 적용된다. 현재 지닌 역량을 과대평가하거나 혹은 과소평가한다면 무엇을 얼마나 발전시켜야 할지 혼란스러워질 수 있다.

콘텐츠를 만들 때도 마찬가지다. 콘텐츠를 만들면서 생기는 무수한 변수는 메타인지가 얼마나 중요한지 일깨워준다. 애초 기획한 방향과 실제 제작물 사이에 간극이 발생했을 때 메타인지는 중요한 역할을 한다. 무엇이 문제인지 모르고 허둥댄다거나 고집스럽게 기획안만 내세우는 것이 아니라 냉철하게 상황을 파악하고 문제해결의 실마리를 찾아낼 수 있는 시작점이 되어준다. 마치 게임에서 상태창을 보듯이 말이다. 다 만들어진 콘텐츠와 관련 데이터도 메타인지 관점에서 분석할 수 있어야 한다. 콘텐츠 주제와 연관된 어떤 키워드에 사람들이 반응하는지 등을 정리하여 데이터에 입각한 사고를 하면 성공 가능성을 높일 수 있다.

메타인지 관점에서 콘텐츠를 만들 때는 자신만의 기준점을 명확히 잡는 것도 중요하다. 데이터를 중요하게 생각하라고 해서 자신만의 색깔도 없이 그저 데이터의 트렌드에 맞춰 유행하는 콘텐츠를 재생산하라는 것이 아니다. 크리에이터라면 데이터에서 창의적인 요소를 찾아내 자기만의 콘텐츠를 만드는 작업이 필요하다. 자기만의 기준점을 마련하는 것이다. 예를 들어 피트니스 유튜버로 활동하고 있다면 단순히 '요즘 유행하는 운동'을 따라가는 것만으로는 채널의 지속성을 보장할 수 없다. 데이터 분석을 통해 사람들이 어떤 운동에 관심을 갖는지, 어떤 문제를 해결하고 싶어 하는지 알아내는 것이 중요하다. 하지만 여기서 그치지 않고 이를 바탕으로 자신만의 관점과 방식으로 콘텐츠를 제작해야 한다.

데이터는 '많은 사람이 단기간에 성공하는 체중 감량에 관심이 있다.'는 사실을 알려줄 수 있다. 하지만 당신이 단순히 그 트렌드를 따라 '체중 감량 비법'을 다룬다면 수많은 유사 콘텐츠 사이에서 묻혀버릴 가능성이 크다. 대신 데이터를 토대로 독창적으로 접근할 수 있다. 예를 들어 '체중 감량 후 요요를 방지하기 위한 지속가능한 운동 루틴'이라는 주제를 다룬다면 차별화가 가능하다. 여기서 중요한 건 자신의 철학을 녹여내는 것이다. 당신이 건강한 삶을 목표로 하는 철학을 가진 크리에이터라면 단기적인 성공이 아니라 장기적으로 건강을 유지하는 방법을 강조하며 콘텐츠를 제작할 수 있을 것이다.

또 다른 예를 보자. 요리 콘텐츠를 제작하는 크리에이터라면 단순히 '요즘 인기 있는 음식 레시피'를 따라 하기보다는 그 트렌드를 자신만의 방식으로 재해석할 수 있다. 데이터를 통해 '밀가루 대신 쌀가루를 사용하는 레시피에 대한 관심이 높다.'는 사실을 알게 되었다면 '쌀가루를 활용한 전통 한식 재해석' 같은 독창적인 콘텐츠를 만들어낼 수 있다. 이는 단순한 트렌드 반영을 넘어선 창의적이고 개인적인 기준점을 보여주는 사례가 될 것이다.

콘텐츠 요소를 뽑을 때도 메타인지의 관점에서 계산할 수 있어야 한다. 키워드, 섬네일 크기와 글자 수, 단어 색깔, 제목 길이 등도 치밀하게 계산해 만들 때 사람들의 시선을 모을 가능성이 커진다. 그

다음에 내가 인지한 데이터 요소들, 즉 사람들이 반응한 데이터 요소들이 몇 개가 들어갔으며 어떻게 배치됐는지 등을 살펴본다. 이 모든 과정이 마치 상태창을 띄워놓고 게임할 때처럼 메타인지의 관점에서 이뤄진다.

각 요소를 배열하고 저장하고 활용하며 자신의 콘텐츠를 업그레이드하는 것이다. 콘텐츠 환경이 급격히 변화함에 따라 상태창에 입력해둔 요소들도 금세 트렌드에서 벗어나게 될지도 모른다. 따라서 낡은 것들은 즉각적으로 상태창에 반영해 고려하고 있는 요소들을 끊임없이 수정하는 작업이 필요하다. 새로운 트렌드를 반영해 주제와 대중 간에 교집합을 찾는 작업을 자신만의 메타인지 상태창에서 해보는 것이다.

자신의 상태창을 잘 활용하는 크리에이터는 기술적인 부분에서도 자신의 취향을 확실히 콘텐츠에 반영할 수 있다. 예를 들어 영상 구도적으로 소실점을 만들어놓고 집중하게 하거나 크리에이터의 얼굴에 시청자가 집중할 수 있도록 조명을 적당히 사용하는 등 숙련된 촬영과 편집 기술을 보이는 경우도 있다. 시청자는 이러한 기술적 완성도를 알아채지 못하지만 자연스럽게 영상에 집중하게 되는데 이런 보이지 않는 스킬도 큰 무기가 되는 것이다. 많은 크리에이터가 이런 고급 기술들을 시청자가 눈치채지 못하고 그저 자연스럽게 영상에 몰입하기를 바란다. 이 또한 의도적이든 아니든 간에 메타인지의 관점에서 시청자가 원하는 것을 만들어낸 것이라 할 수 있다. 영상을 만들 때 2, 3초 간격으로 짧게 컷 편집을 하는 것도 사람들을 계속 영상에 몰입하게 하려는 노력의 일환이다.

이런 요소들이 추가된 크리에이터의 영상은 어떻게 보면 전문 프로덕션에서 만드는 것 이상으로 시청자가 몰입하게 한다. 사실 프로덕션에서 만드는 콘텐츠는 스토리와 더불어 영상의 특수효과적인 부분이나 조명과 화질 등으로 퀄리티를 높이기에 시청자의 집중도를 높이는 것만이 목적은 아니다. OTT나 극장 상영을 위해 영상 퀄리티를 높이는 것이 목적일 때도 있다. 스토리텔링보다 기술적 완성도가 중요한 상황이다. 이러한 프로덕션의 상태창은 어쩌면 스토리텔링이나 시청자의 몰입도 측면에서는 평균 수준에 맞춰 있는 것일지도 모른다. 우린 이보다 더 높은 수준의 스토리텔링이 필요하다. 그리고 내 채널과 콘텐츠에 좀 더 맞춰 메타인지를 할 수 있는 상태창도 결국 내가 완성해야 한다.

이와 관련해 최근 유튜브 생태계에서 논란이 되는 이슈 중 하나가 콘텐츠 복제다. 성공한 모델에 대한 복제 이슈는 비단 콘텐츠 시장에서뿐만 아니라 여러 영역에서 발생하는 문제다. 복제의 덫에서 벗어나려면 크리에이터로 입문할 때 자기가 잘하는 분야와 현재 콘텐츠 시장에서 수요가 있는 주제가 무엇인지를 조사해야 한다. 자신이 자신 있는 분야와 수요가 있는 두 분야를 융합해 자신만의 가치를 만들어내는 것이다.

상태창을 만들어 콘텐츠를 제작하면 타 콘텐츠와의 차별화 요소를 찾을 때 유용하다. 예컨대 먹방 시장이 활성화돼 있어서 먹방 채널을 만들었는데 정작 자기는 잘 먹지 못한다면 무작정 잘 먹는 것에만 초점을 맞출 필요가 없다. 먼저 시작한 먹방 크리에이터들을 분석해 차별점을 찾아내는 과정에서 나는 어떤 새로운 요소를 넣을 수 있는지 고민해야 한다. 예를 들어 내가 어떤 분야의 배경지식을 파고드는 데 장점이 있다면 음식의 인문학적 배경을 스토리텔링 방식으로 이야기하는 것이다. 이처럼 상태창을 통해 분석하고 다시 업데이트해야 한다.

이렇게 시장 분석을 통해 상태창을 업데이트하면 기존 콘텐츠를 그대로 복제하지 않고 차별화할 수 있다. 하지만 차별화 요소를 더한다고 했을 때 그 시장의 본질에서 벗어나는 것은 아닌지도 따져봐야 한다. 또한 다른 시장으로 들어가는 것이라면 그에 대해서도 면밀하게 알아봐야 한다. 그렇게 시장을 비교하면서 내가 처음 시작한 시장으로 돌아가야 할지 아니면 다른 시장으로 들어가는 것이 올바른지 끊임없이 따져볼 필요가 있다.

이런 과정을 통해 자신만의 차별화 요소가 더해진 콘텐츠와 관련해 경쟁자가 없거나 있더라도 비교우위에 있다면 속히 진출해서 선점 효과를 누려야 한다. 이러한 과정은 사업의 전개 과정과 비슷하다. 시장, 경쟁자, 차별화, 비교우위 등을 분석해 성공 가능성을 따지고 뛰어드는 것과 같다. 사업 또한 경쟁자보다 차별화 요소를 찾아야 하고 상태창에 이러한 요소를 꾸준히 업데이트해 각각의 요소에 걸맞은 역량을 업그레이드해야 성공할 수 있기 때문이다.

RPG게임을 예로 들어보면 게임 속 주인공의 상태창은 현재 자신의 강점이 무엇인지 분명하게 보여준다. 그 강점을 발휘해 미션을 수행하는 것과 같이 콘텐츠 크리에이터도 내가 잘할 수 있는 것에 집중하는 게 좋다. 크리에이터로서 지속가능성을 따져봤을 때 잘할 수 있는 건 결국 계속할 확률이 높고 내가 잘하면 좋아하는 일이 될 가능성이 크다. 주위에서 긍정적 피드백을 많이 받으면 힘들더라도 신이 나서 할 수도 있다. 이러한 선순환 구조가 만들어질 때 재미를 찾을 수 있고 지속해서 콘텐츠를 생산할 수 있다.

2.
트래픽 관련 데이터를 읽어내야 한다

크리에이티브라는 말은 꽤 논란의 여지가 있는 단어다. 크리에이티브, 즉 창의성이라는 것을 무에서 유를 창조한다거나 천재의 영역이라고 인식할 때가 많지만 데이터 시대에서 창의성은 기발한 것을 생각해내는 것이라기보다 데이터에서 도출하는 경우가 많다.

예를 들어 시청자들이 많이 선택한 영상 콘텐츠를 보면 지금 가장 잘되는 트렌드를 반영하고 있다. 최근 주목받는 키워드가 메이드 카페라면 그 주제로 콘텐츠를 만들면 채널의 영향력이 크지 않아도 단기간에 많은 사람의 이목을 끌 수 있다. 트렌드에 편승했을 때 효과를 보는 것이다. 따지고 보면 트렌드를 알아낸다는 것도 데이터의 관점에서 사고한 것이라고 볼 수 있기에 지금 무엇이 잘되고 있는지 알려면 트래픽과 관련한 데이터를 읽을 수 있어야 한다. 물론 플랫폼 자체가 잘되는 콘텐츠들을 상위에 노출하고 있지만 말고도 우리가 능동적으로 잘되는 데이터를 파악할 수 있어야 한다. 그리고 그렇게 파악한 데이터들을 한번 정리해볼 필요가 있다. 지금 잘되는 키워드는 무엇인지, 어느 나라 문화권에서 잘되고 있는지, 어떤 성별에서 반응하는지 등을 잘 분석해야 한다.

●●●
나만의 데이터베이스관리 시스템을 구축한다

정성적 사고를 하려면 필연적으로 데이터 관리가 선행돼야 한다. 자신의 주관적 판단에만 의지하다가 잘못된 콘텐츠 기획을 할 수 있기 때문이다. 그런데 데이터 분석을 시작한 초기 단계에 주의해야 할 점이 있다. 데이터를 편향되게 해석해 오류에 빠질 수 있다는 점이다. 아직 데이터 분석 능력이 없기 때문에 일정 기간 시행착오를 거치며 경험을 쌓아야 한다.

데이터의 함정에 빠지는 것도 주의해야 한다. 이와 관련한 우화가 있다. 100명의 군인으로 편성된 부대가 강을 건너야 했다. 지휘관은 군인들의 평균 키와 강의 평균 깊이를 뽑으라고 했다. 평균 키는 180센티미터였고 평균 수심은 150센티미터였다. 지휘관은 평균 키가 평균 수심보다 높으니 그대로 건너라고 명령했다. 지휘관의 명령에 따라 강을 건너던 군인들은 중간쯤에 이르러 당황하기 시작했다. 물이 턱까지 차오르고 동료들이 물살에 휩쓸렸기 때문이다. 알아보니 이 강은 가장 깊은 곳이 2미터였다. 군인 중에서 2미터가 넘는 이는 100명 중 극소수에 불과했다.

데이터의 함정은 이렇듯 예상치 못한 결과를 낳기도 한다. 그래서 데이터베이스를 관리하는 시스템을 스스로 구축할 수 있어야 한다. 이른바 데이터베이스 관리 시스템DBMS, Database Management System 을 만드는 것이다. 데이터베이스 관리 시스템을 활용하는 단계는 크게 두 단계다. 1단계는 성공한 콘텐츠와 공통점을 찾아 복제하는 정도로 최대한 간단히 활용하는 수준이다. 예를 들어 어떤 댄스 챌린지가 유행하면 그 트렌드 데이터를 분석해서 복제한다. 2단계는 주제를 세분화하고 관련 데이터를 분석해 크리에이티브 요소를 찾는 것이다. 이는 기획 역량이 있어야 가능하다. 그런데 기획 역량은 퀀텀 점프하듯이 갑자기 키울 수가 없다. 데이터 리터러시를 향상하는 과정이 필요하다.

데이터베이스 관리 시스템은 구글 트렌드를 잘 활용하는 것만으로도 충분히 갖출 수 있다. 구글 트렌드를 통해 요즘 뭐가 유행하는지 살펴보는 것이다. 구글 트렌드에서 자신이 검색한 주요 키워드와 몇몇 다른 키워드를 추가해서 각각의 상관관계를 알아볼 수 있다. 그러다 보면 미처 생각하지 못한 것을 발견할 때가 있다. 예컨대 내가 치킨집 창업에 관심이 있어 검색한다고 치자. 먼저 어떤 시즌에 장사가 잘될지 알아보기 위해 계절과 관련한 구체적인 키워드를 입력하는 등 주요 키워드를 검색하면 연관 키워드도 함께 검색된다. 그다음에 2~3개의 키워드를 병렬적으로 한 그래프에 나오게 해서 보면 데이터 간 관계성 여부를 확인할 수 있다. 만약 관계성이 확인되면 더 파고들 수 있다. 관련 사이트나 자료를 조사하면서 데이터 분석과 활용 능력을 키울 수 있다.

또 유튜브 검색량과 유튜버들의 순위를 보면서 기획의 실마리를 찾기도 한다. 유튜브 랭킹 사이트에 들어가서 내가 속한 카테고리에 어떤 사람들이 있는지, 나와 비슷한 정도의 구독자를 가진 채널은 무엇인지, 어떻게 운영하는지 등 벤치마킹을 하거나 채널을 분석한다. 가령 조회수가 많이 나오는 콘텐츠가 무엇인지 알아보는 것이다. 이때 뜻밖의 결과를 발견할 수 있다. 내 경험으로는 드로잉 관련 콘텐츠가 그러했다. 전혀 생각하지 못한 이 콘텐츠가 가장 상위에 있었다. 아무도 강조하지 않고 요란하게 떠들지 않아도 많은 사람이 찾는 콘텐츠였다.

주도적인 데이터 해석이 창의적 사고를 끌어낸다

가만 생각해보면 과거에도 그림 그리기는 음악 감상이나 독서와 함께 많이 하는 취미생활이었다. 이러한 취미생활은 디지털 디바이스가 등장하고 디지털 시대가 됐어도 그대로 살아남았다. 미술 학원이 과거보다 많이 안 보인다고 하지만 온라인에서 디지털 드로잉 클래스로 살아남은 것이다.

사람들은 드로잉을 생각할 때 아날로그와 디지털로 구분하기보다 힐링이라는 관점에서 찾는다. 드로잉을 구현하는 데 필요한 도구나 플랫폼이 어디에 있는지는 어쩌면 부차적인 문제다. 이러한 분석 결과는 데이터의 취합 범위를 넓히고 고도화된 분석 역량을 갖춰야 알 수 있다. 단순히 이분법적 사고로 아날로그와 디지털로 구분하면 알 수 없다. 이분법적 사고에서 벗어나 연결고리를 찾으려고 할 때 가능하다. 그리고 데이터를 분석하고 알고리즘을 읽어내야 한다. 드로잉과 관련해서 소비자들이 어디로 어떻게 몰려드는지 알아내는 것이다.

데이터를 분석하고 알고리즘을 해석하는 능력은 크리에이터뿐만 아니라 디지털 시대에 살아가는 사람들에게 필요한 역량이다. 예전에는 인간이라는 존재를 파악하거나 해석하기 위해 철학이라는 영역이 발달했다. 이제는 그 철학이라는 용어를 알고리즘이라는 용어가 대체할 것이다. 알고리즘으로 인간을 파악하고 이해한다. 스포츠 채널을 많이 보고 쇼핑은 주로 레저용품을 사들이는 등 개인에 관해 축적된 데이터를 알고리즘을 통해서 해석한다. 이처럼 기술의 진화는 인간을 파악하는 기준도 바꾸었다.

우리는 어떤 사람의 유튜브 계정 데이터만을 가지고 어떤 콘텐츠들이 추천되는지 알고리즘으로 해석해서 한 인간의 정체성을 어느 정도 파악할 수 있다. 어쩌면 신의 영역에 기술이 들어선 것인지도 모른다. 고도화된 기술은 마법과 구별할 수 없다는 말이 있다. 마법사가 빛을 쏘아대는 것처럼 레이저를 쏠 수 있는 세상이다. 홀로그램이 등장했고 인공지능은 "네가 생각하는 게 뭔지 맞춰볼게."라고 말을 건다. 또 인공지능이 인간의 지능을 앞설 날도 멀지 않았다고 한다. 인공지능은 기술이 스스로 발전하는 추세로 계속 진화할 것이다.

그렇다면 우리는 무엇을 해야 할까? 나는 이 문제를 심각하게 여기고 있다. 어쩌면 디지털 시대의 신은 인공지능이지 않을까?『사피엔스』의 저자 유발 하라리가 말한 것처럼 디지털교가 등장할지도 모른다. 이러한 위협 요소는 이미 인류에게 경각심을 불러일으키고 있다. 그래서 인공지능과 관련한 규제 이슈가 전 세계적으로 심각하게 다뤄지기도 하지만 실효성이 있을지는 아직 의문이다. 만약 디지털 기술에 대한 규제의 실효성이 진즉에 효과를 봤다면 비트코인은 벌써 사장됐을 것이다.

디지털 시대의 도래에 따른 인공지능과 사물인터넷 등 기술의 발전과 위협은 크리에이터와 무슨 상관이 있을까? 막연하게 영화「터미네이터」에 나오는 인공지능 컴퓨터의 재앙과 같은 것을 말하자는 게 아니다. 다만 인공지능을 비롯한 현재의 기술 방향이 인간을 좀 더 데이터의 관점에서 이해할 수 있는 효율적이고 효과적인 도구가 되리라는 것을 인정하자는 것이다. 즉 데이터를 분석하고 알고리즘을 주도적으로 해석할 수 있는 능력을 갖추는 게 크리에이터의 핵심 역량일 수 있다는 것이다.

3.
영상 콘텐츠 문법에 따라야 한다

　요즘은 사람들이 영화관에 가서 영화 한 편을 2시간 가까이 본다거나 책을 오랫동안 조용히 보는 것을 힘들어한다. 갈수록 영화관과 서점 영업이 어려워지는 이유다. 콘텐츠를 만드는 쪽에서도 어떻게든 자기가 공급하는 콘텐츠를 소비자가 소비할 수 있도록 갖은 애를 쓴다. 다른 방해 요소, 예컨대 영화나 독서의 경쟁 환경이라 할 수 있는 야외 활동이나 집중을 훼방하는 요인들을 극복하고 콘텐츠를 보게 해야 하는 것이다. 그래서 콘텐츠를 만들 때 기승전결 중에서도 '기'가 중요하다. 소비자가 맞닥뜨리는 첫 부분에서부터 시선을 끌어야 한다. 책을 고를 때도 표지, 제목, 목차 등을 보고 결정할 때가 많다. 영상 콘텐츠도 마찬가지다. 데이터를 기반으로 트렌드와 사람들의 소비 포인트를 파악하고 어떻게 앞부분에서 인상적으로 콘텐츠를 노출할지가 중요하다.

주제 자체가 사람들의 시선을 끈다면 기승전결이 어떻게 되더라도 상관없을 때도 있다. 일부러 검색해서 찾아올 만한 콘텐츠라면 어떻게 해도 소비된다. 예를 들어 의사가 수면에 대해서 한두 시간 특별한 편집 효과 없이 담담하게 이야기했을 뿐인데 조회수가 아주 높을 때가 있다. 현대인이 워낙 불면에 시달리다 보니 처음부터 콘텐츠 소비자가 몰입할 준비가 된 상황에서 채널을 찾았기 때문이다. 이런 경우 영상의 품질이나 구성 등에 크게 영향을 받지 않는다. 또한 쇼츠나 틱톡의 숏폼은 플랫폼 자체의 알고리즘을 통해 대중에게 뿌려지는 영상들이라 특별한 유인장치가 없어도 조회수가 잘 나올 수도 있다. 짧은 순간에 재미를 주기 위한 것들이 대부분이라서 기승전결의 구성보다 처음부터 인상적인 노출 효과를 노리고 제작하는 경우가 많다.

요즘에는 무거운 주제라도 구성에 따라 도입부부터 흥미와 재미를 불러일으킨다. 가령 우주에 관해 이야기할 때 우리가 미리 잘 상상할 수 없는 것들에 대해 질문을 던지며 이야기를 시작하면 주의를 끌 수 있는 것처럼 말이다. 태양계를 이야기할 때 직관적으로 태양이 지구보다 크다고 이야기하는 것은 재미가 없다. 그런데 한번 몇 배나 클지 상상해보자며 콘텐츠를 시작해보는 것이다. 실제 태양의 크기는 상상을 초월할 정도로 크다. 지구의 100만 배 정도 크다. 이것을 시각적으로 보여주면 가늠하지 못했던 스케일을 가늠하게 돼 시청자가 자연스럽게 압도된다. 또한 태양에는 흑점이 있는데 말이 흑점이지 지구가 그냥 통과할 수 있을 만큼 그 크기가 크다. 이런 것을 영상으로 직접 보여주는 것이다.

음악에 관한 영상도 예능적 요소를 결합해 재미있게 만들 수 있다. 클래식 음악을 소개하거나 듣는다고 하면 굳이 영상이 필요 없다. 하지만 내가 음악이라는 주제를 대중에게 좀 더 효과적으로 알리려 한다면 방법을 달리해야 한다. 가령 예능적으로 접근해 사람들의 시선을 끌 수 있다. 한 유튜브 채널에서 흥미로운 영상을 올렸다. 일본의 유명한 피아니스트가 입시생인 것처럼 꾸며서 커튼 뒤에서 연주하도록 했다. 교수들은 연주자의 실체를 모른 채 채점했다. 커튼이 열리고 피아니스트가 모습을 드러내자 교수들은 놀라움을 금치 못했다. 이 영상은 큰 인기를 끌었다. 클래식과 피아노에 큰 관심이 없는 대중도 많이 찾아볼 정도로 말이다.

●●●

영상 문법은 직관적이고 연결적이어야 한다

영상 플랫폼에서는 콘텐츠들을 구구절절 설명하지 않는다. 섬네일이나 짧은 제목으로 먼저 주의를 끌고 그걸 보고 클릭하면 콘텐츠가 나오는 형태의 플랫폼으로 바뀌었다. 쿠팡을 비롯한 이커머스 쇼핑몰도 마찬가지다. 쿠팡은 라이브 커머스 기능이 들어가면서 콘텐츠 사진이나 제목을 클릭하도록 유도하고 있다. 채널에 들어오게 하는 요소를 전면에 내세운 것이다. 제품을 리뷰하는 영상을 본 소비자는 구매 여부를 결정한다.

　앞으로 많은 분야가 영상으로 설득해서 제품이나 서비스를 파는 시장이 될 것이다. 이 또한 과거의 쇼핑과 다른 패러다임을 낳았다. 예전에는 홈쇼핑 방송을 할 때 쇼호스트가 중요한 역할을 했다. 잘하는 쇼호스트 한두 명을 방송에 편성하면 그것만으로도 기대 이상의 효과를 거둘 수 있었다. 따라서 당연히 쇼호스트의 영향력도 점점 커질 수밖에 없었다. 이제는 다르다. 한두 명의 뛰어난 쇼호스트가 아니라 평범한 개인 10만 명도 쇼호스트가 될 수 있다. 플랫폼에서 누구나 쇼호스트가 될 수 있고 수익을 창출하고 있다. 굳이 전업 쇼호스트가 아니라도 상관없다. 추가 수입을 위해 영상으로 스토리텔링하는 능력만 갖추면 다른 직업을 가지고서도 얼마든지 할 수 있다. 유튜브를 비롯한 영상 콘텐츠로 여러 비즈니스를 하는 것이다. 영상의 문법이 낳은 새로운 변화다.

　영상으로 사고하는 시대에서는 콘텐츠 공급자도 영상의 문법을 따라야 한다. 나는 프레젠테이션을 할 때 파워포인트의 페이지를 앞과 뒤가 무조건 연결되도록 만든다. 시각적으로 자연스럽게 연결되면서 보는 사람이 이해할 수 있게 하기 위해서다. 만약 내 강의를 듣다가 고개를 갸우뚱거리는 사람이 있다면 그건 그 사람의 이해력 문제라고 생각할 것이 아니라 내가 콘텐츠를 잘못 만들었다는 강한 확신이 필요하다. 수요자가 이상하게 생각하는 콘텐츠는 공급자의 잘못이다.

　때로 공급자가 자신의 권위에 의지할 때가 있다. 자신이 유명하고 강의를 잘하는데 듣는 이가 이해하지 못하는 것은 듣는 사람이 문제라고 말이다. 예컨대 대학교수가 자신의 강의를 이해하지 못하는 학생에게 공부를 더 열심히 했어야지 하고 나무라거나 나는 강의를 잘하는데 학생이 아직 따라올 수준이 못 된다는 식으로 말한다면 공급자 논리에 갇힌 것이다.

콘텐츠 공급자는 소비자가 끊임없이 집중력을 유지할 수 있게 할 책임이 있다. 끝까지 사람들의 집중력을 끌고 가야 한다. 그들의 귀중한 시간을 허투루 낭비하게 할 수는 없다. 이럴 때 필요한 것이 연결성이다. 영상을 만들 때 연결성이 없으면 전달하고자 하는 내용을 완전히 전달할 수 없다. 연결성이야말로 영상 문법의 핵심이다. 프레젠테이션할 때도 페이지마다 중요한 것을 담아야 한다고만 생각하면 연결성이 떨어질 수 있다. 이렇게 콘텐츠 수요자는 분절된 페이지가 전개될 때마다 집중력을 잃는다.

● ● ●

소비자의 집중력을 계속 붙잡아야 한다

영상은 연결성을 위해 시청각적으로 효과가 필요하다. 가령 A라는 사람이 말하는 걸 앞 장면과 오버랩한다거나 갑자기 주위 소음이 다음 장면의 소리와 겹쳐 장면이 넘어가게 하는 방식으로 연결성을 주는 것이다. 장면이 스르르 사라지도록 디졸브 효과를 주거나 새로운 장면이 떠오르게 하는 것도 같은 이유에서다. 스토리텔링도 소비자의 집중력을 계속 붙잡기 위해 흐름을 놓치지 않도록

하는 게 중요하다.

영상으로 사고한다는 것은 메타인지를 강화하는 사고방식이기도 하다. 전체 이야기를 객관적으로 한번 떠올려봐야 앞으로 어떤 방향으로 연출하고 편집할지 견고한 계획을 세울 수 있다. 스토리의 흐름에는 강조해야 할 부분과 힘을 빼야 할 부분이 존재하고 유행하는 키워드나 소재도 핵심적으로 들어가야 하기에 이러한 요소들을 종합적으로 고려해야만 영상을 연출하고 편집할 수 있다. 기존에는 영상 작업이나 누군가를 대상으로 발표를 할 때 상당히 주관적으로 판단하고 일인칭 시점으로 사고했을 수 있다. 그럴지라도 사람들이 볼 만한 영상 콘텐츠를 만들기 위해서는 메타인지 사고방식으로 객관적으로 전체 스코프를 떠올리는 작업이 필요하다.

이것을 인지하지 않으면 자기 주관의 덫에 빠질 가능성이 크다. 아무리 영상미가 좋고 완성도가 높더라도 자기만족에 그치게 되는 경우다. 내 개인적인 이야기를 올렸을 뿐인데 사람들의 흥미를 얻을 때가 있다. 이럴 때 헷갈리게 된다. 단순히 내 이야기를 올렸는데 관심을 끌었으니 메타인지와는 상관이 없지 않을까라고 반박할 수 있기 때문이다. 그러나 그 이야기 안에 흥미를 끄는 요소들이 있었고 그 연결성에 사람들이 주목한 것이다.

우리 뇌에는 학습과 기억에 관여하는 해마가 있다. 해마는 단기 기억을 장기 기억으로 전환하는 역할을 한다. 그런데 시청자에게 개연성 없는 새로운 이야기를 산발적으로 보여주면 집중력이 금방 분산된다. 이야기의 집중과 기억을 위해서는 연결성을 가지는 요소가 있어야 한다. A를 이야기했으면 그다음에 A'를 전달해 A라는 게 대충이라도 기억나게 해야 한다. 집중력이 연장되기 때문이다. 그런 후에야 B와 C 등 연결고리를 갖춘 요소들을 이야기할 때 사람들은 계속 집중하게 된다. 이러한 요소가 의도됐든 의도되지 않았든 잘된 영상 속엔 항상 들어 있다. 그래서 사람들이 그 영상을 소비한 것이다.

우린 흔히 단기 기억의 한계로 인해 어떤 이야기에 집중하지 못하기에 이런 장치나 요소가 계속해서 이어지면 앞에서 한 이야기들이 기억나며 꽤 긴 서사적인 이야기에도 집중하게 만들 수 있다. 그럼 곧 시청자는 머지않아 이야기 전체를 받아들이게 된다. 사람들이 클릭했다는 것은 콘텐츠를 이해하고 싶다는 것이다. 그런데 중간에 흐름이 끊기면 나가버린다. 연속성 있게 스토리텔링을 하는 방법을 훈련해야 하는 이유다.

연결성을 잘 갖춘 콘텐츠 기획을 하고 싶다면 일단 유튜브에 들어가서 벤치마킹을 할 만한 콘텐츠를 양껏 시청하는 것이 좋다. 그래야 자기가 알지 못했던 자신의 객관적 능력치를 가늠할 수 있다. 아무것도 가진 게 없는데 시작만 한다고 해서 뭔가 좋은 영상이 뚝딱 만들어지지 않는다. 예를 들어 누군가가 장사를 시작하고 싶은데 아르바이트 경험도 없고 그렇다 할 실력도 없다고 하자. 그런데도 장사를 바로 시작하면 당연히 잘될 리가 없다. 가게 월세만 꼬박꼬박 내면서 적자를 면치 못할 것이다. 돈만 있다고 해서 될 일이 아니다.

크리에이터가 콘텐츠의 연결성을 확보하려면 융합적 사고가 필요하다. 영상 문법으로 사고하고 전달한다는 것은 융합적 사고로 콘텐츠를 만든다는 뜻이다. 디지털 플랫폼이 등장하기 이전에 아날로그 시대에 콘텐츠를 기획할 때는 사고의 단계마다 각각 주체가 있었다. 예를 들어 방송에서는 작가, 엔지니어, 피디 등이 협업해 최종 결과물을 만들어냈다. 그러나 디지털 시대에서 크리에이터가 영상 문법으로 사고한다는 것은 이 모든 것을 융합해 사고한다는 것이다. 그러려면 스스로 좋은 질문을 던질 수 있는 능력을 갖춰야 한다. 혼자 생각하고 해답을 구해 콘텐츠를 만들어야 하기 때문이다. 융합적 사고를 할 수 있어야 연결성을 확보한 좋은 영상 콘텐츠를 만들 수 있다.

7장

—

'운' 아닌 '데이터'로 킬러 콘텐츠를 기획한다

1.
시장의 수요를 확인해야 한다

콘텐츠는 창의적인 아이디어로만 만들 수 없다. 시장 분석이나 데이터를 기반으로 만들어야 한다. 데이터를 무시하면 자칫 편견의 덫에 갇힐 수 있기 때문이다. 가령 실제로 유튜브 채널 순위 자료를 보면 자신의 선호도와 다른 결과가 나오는 것을 보게 된다. 내가 뷰티에 관심이 없다고 해서 관련 콘텐츠가 상위권에 없다고 장담할 수 없다. 오히려 내가 좋아하는 분야야말로 하위권에 머물 수 있다.

순위나 인지도에 아랑곳하지 않고 내가 좋아하는 것을 만들겠다면 상관없다. 그러나 분명 대중에게 인정받고 인플루언서로 발돋움하려면 데이터를 봐야 한다. 데이터의 의미를 해석할 수 있을 때 편견에서 벗어날 수 있다. 다른 사람들은 어떤 것을 많이 보고 또 연령대별로는 어떤 콘텐츠가 소비되는지 등 다양한 데이터를 분석할 수 있어야 한다.

참고로 지금 가장 많이 보는 콘텐츠의 카테고리는 음악과 댄스다. K-팝이 인기다 보니 국내외 수요가 상당하다. 2024년 8월 기준 블랙핑크 9,450만 명, BTS 7,870만 명 등 연예인 채널의 인기는 압도적이다. 원밀리언댄스스튜디오도 2,600만 명이 넘는 구독자를 보유하고 있다. 이 채널들을 비롯한 유튜브 순위 상위권 채널의 구독자 수도 엄청나다. 영상 콘텐츠 플랫폼 순위와 통계를 제공하는 웹사이트 '소셜블레이드Social Blade'를 보면 2024년 8월 기준으로 한국의 100위 채널 구독자가 400만 명이 넘는다.

자기 주관에 따른 콘텐츠를 하겠다면 강력한 무기가 있어야 한다. 데이터에 따른 콘텐츠 제작이 무조건 상위권 카테고리에 없는 콘텐츠는 만들지 말라는 것은 아니다. 마치 비즈니스를 할 때처럼 스타트업 개념으로 콘텐츠 채널을 시작해본다면 두 가지가 있을 수 있다. 아주 큰 시장을 목표로 하고 거기서 작은 비율이라도 고객으로 삼는 방법과 그렇게 큰 시장은 아니더라도 그 시장의 전부를 고객으로 만들겠다는 방식처럼 말이다. 예를 들면 스타트업으로 시작하는 비즈니스가 글로벌을 타깃으로 한다면 시장에서 투자자들에게 인기가 많다. 전 세계 60억 인구 중에서 1%만 소비자로 확보해도 6,000만 명의 시장이 만들어진다. 국내만 타깃으로 한다면 인구 전체를 소비자로 삼는다고 해도 5,000만 명이다. 이렇게 비교하면 당연히 글로벌을 타깃으로 하는 게 유리해 보인다.

하지만 이 또한 절대적인 정답은 아니다. 1%인 6,000만 명 대신 100%인 5,000만 명을 확보한다면 좋은 서비스를 창출하는 것이다. 이게 가능하려면, 즉 100% 성공을 기대할 수 있는 자신만의 시장을 개척하려면 자신이 창출한 카테고리에서 콘텐츠를 잘 만들고 독보적으로 흥미를 끌어야 한다.

●●● 키워드 검색을 통한 트렌드 분석을 주기적으로 한다

3D 펜으로 조형물을 만드는 「사나고」라는 유튜브 채널이 있다. 이 콘텐츠는 3D 펜으로 작품을 만드는 채널이다. 독특한 콘텐츠를 담고 있고 기존 카테고리로는 분류하기가 힘들다. 그러나 상당히 완성도 높고 오리지널리티가 있는 콘텐츠다. 사람들이 몰입해서 보는 새로운 시장을 개척했다. 이렇게 독보적인 채널을 만들어 시장을 창출하면 과점 혹은 독점할 수 있다. 물론 그 확률은 지극히 낮다. 카테고리의 수요자가 적기 때문이다.

이런 대박 콘텐츠를 만들 자신이 없다면 데이터를 들여다봐야 한다. 수요가 많은 카테고리와 콘텐츠가 무엇인지 찾아본다. 그중에서 내가 얼마만큼 구독자 혹은 시청자를 확보할 수 있을지 고민해야 한다. 그럼 어떻게 데이터를 들여다볼까? 다행히도 유용한 데이터 분석 툴이 있다. 앞서 말한 소셜블레이드가 대표적이다. 유튜브, 틱톡, 인스타그램, 트위치 등 전 세계 인플루언서 순위를 구독자 수, 인기도, 조회수, 다른 채널 인용 여부 등 복합적이고 다양한 기준을 적용해 매긴다. 주제별로 데이터를 볼 수도 있다. 국가와 조회수에 따른 순위도 확인할 수 있다. 여기에 순위로 나온다거나 주제별로 분류된 것에 포함됐다는 것은 이미 어느 정도 규모가 있는 시장이 만들어졌다는 것을 뜻한다.

키워드 분석 툴로는 구글 트렌드도 있다. 유튜브는 구글이 인수했기 때문에 유튜브의 검색 알고리즘은 구글의 것을 반영한 셈이다. 구글에서 '구글 트렌드'를 검색해서 들어가면 인기 키워드가 나온다. 또 내가 관심 있는 키워드를 검색하면 검색량의 변화 추이를 알 수 있다. 예를 들어 BTS를 키워드로 입력하면 1년 동안 전 세계에서 얼마나 많이 검색되는지 볼 수 있다.

또 다른 키워드 분석 툴로 '키워드 툴'이라는 웹사이트가 있다. 키워드 툴은 말 그대로 키워드를 제공하는 툴이다. 데이터를 활용해 콘텐츠를 기획할 때 유용하다. 구글의 자동완성 기능을 사용하며 무료로 키워드를 검색할 수 있다. 유료 서비스도 있지만 무료 서비스로도 충분하다. 이 밖에도 여러 키워드 사이트가 있으니 활용해 보는 걸 권한다.

키워드 검색과 분석은 콘텐츠 제작의 기본이다. 많이 검색되는 키워드는 그만큼 화제성을 가지고 있다. 게다가 검색 추이마저 상승세에 있다면 금상첨화다. 관련 콘텐츠를 만들어 올리면 아무래도 주목받을 가능성이 크다. 반대로 현재 상위권에 있더라도 추세가 떨어지는 키워드라면 주의해야 한다. 소위 끝물에 올라탄 꼴이 될 수 있다. 주제나 키워드 검색을 통한 트렌드 분석은 주기적으로 해야 한다. 어쩌다 생각날 때 하는 게 아니다. 그래야 사람들이 차츰 관심을 가지는지 아니면 점점 관심이 떨어지는지 알 수 있다.

많은 크리에이터와 크리에이터를 준비하는 사람들이 의외로 이런 분석을 하지 않는다. 마법과도 같은 단어인 '크리에이티브'에 꽂혀 뭔가 영감을 찾는 데 몰두한다. 아니면 지금 유튜브에 뜨는 채널을 뒤늦게 보고 따라 한다. 마치 주식시장에서 주가가 오를 때 주식을 사는 꼴이다. 그때가 이미 고점이었는데 말이다.

● ● ●
파레토 법칙을 활용해 키워드를 분석한다

키워드를 분석할 때 한 개만 주목해서는 안 된다. 연관되는 수많은 키워드까지 함께 찾아봐야 한다. 많이 찾을수록 콘텐츠를 만들 아이디어나 소재를 확보할 가능성도 커진다. 이때 파레토 법칙을 활용하면 된다.

'80대 20'으로 많이 알려진 파레토 법칙에서 꼬리처럼 보이는 부분을 롱테일이라고 한다. 키워드 툴을 활용하면 어떤 주제든 수백 개의 롱테일 키워드를 생성할 수 있다. 검색량으로 키워드를 추천하는 서비스라고 보면 된다. 이 툴을 활용하면 구글이나 유튜브 등에서 핵심 키워드와 연관 키워드가 어떤 게 있는지 알 수 있다.

예를 들어 브이로그라는 키워드를 키워드 툴에서 클릭해보자. 한국에서 브이로그와 연관된 다양한 키워드를 추천한다. 브이로그 일상, 브이로그 브금, 브이로그 찍는 법, 저작권 없는 음악 등 다양한 추천 키워드가 나온다. 사람들이 볼 만한 주제를 이렇게 제시하는 것이다. 키워드 툴은 구글에서 검색되는 빅데이터를 분석해서 결과물을 내놓는 것이라 신뢰성이 높다. 또한 개인의 편향에서 벗어난 기획을 할 수 있다.

롱테일 키워드 활용방안은 또 있다. 롱테일 키워드들을 합쳤을 때 수요 확인을 어느 정도 할 수 있다는 것이다. 롱테일 키워드가 많을수록 당연히 많은 사람이 관심을 가진다는 의미다. 이렇게 키워드를 추천받고 수요도 확인했다면 유튜브로 검색해봐야 한다. 만약에 유튜브를 검색했는데 의외로 콘텐츠가 없을 수도 있다. 그렇다면 선점의 기회가 생긴 셈이다. 한번 도전해볼 가치가 있다.

키워드 툴의 퀘스천 기능도 활용할 만하다. 이때 질문 자체가 좋은 제목으로 활용될 수도 있다. 예를 들어 '30일 만에 몸짱이 될 수 있을까?' '일주일 만에 식스팩을 만들 수 있을까?' 등이다. 또 관련 질문으로 '홈트레이닝이 효과적일까?' '홈트레이닝 앱은 도움이 될까?' 등을 던진다. 이런 질문들은 단순히 아이디어를 얻는 것에 그치지 않는다. 퀘스천 기능은 영어로 해야 좋은 결과를 얻을 수 있다. 내가 만들고자 하는 콘텐츠 아이디어의 키워드를 먼저 영어로 검색해본다. 만약 한국어로 제작하고 싶다면 우리말로 번역해서 검색하면 된다.

키워드 툴에는 해시태그 탭도 있다. 아직 한글 서비스는 없지만 글로벌 콘텐츠를 기획한다면 매우 유용하다. 예컨대 홈트레이닝이라면 '#홈워크아웃' '#홈워크아웃플랜' 등으로 해시태그를 달면 좋다. 또 여러 플랫폼에서 이런 해시태그가 많이 사용되는지도 파악할 수 있다. 해시태그 탭을 통해 '#홈워크아웃'은 틱톡과 유튜브에서 많이 사용된다는 것을 확인할 수 있다. 이러한 것을 고려하면 콘텐츠 플랫폼을 고르거나 확장할 때 유용한 팁을 얻을 수 있다.

크리에이터라면 키워드를 분석하는 다양한 툴을 이용하는 등 데이터를 적극적으로 활용해야 한다. 데이터를 통해 대중의 선호도를 파악하면 킬러 콘텐츠를 만들 확률이 높아질 수밖에 없다. 거기에다 차별화된 아이디어와 기획을 추가한다면 더할 나위 없을 것이다. 물론 수요가 확실하다면 너무 차별화에 신경 쓰지 않아도 괜찮다. 많은 사람이 알아서 검색해 찾으니 어느 정도 반향은 있게 마련이다. 다만 누군가의 아류나 모방에만 그칠 수 있다는 것을 경계해야 한다. 단순히 경쟁 채널을 모방하거나 뒤쫓는 것만으로는 지속적인 성공을 보장하기가 힘들다.

2.
데이터로 생각하고 영상으로 소통한다

이제는 영상을 따로 공부할 필요가 없을 만큼 기술이 발달했다. 내가 생각하고 마음먹은 대로 구현할 수 있는 시대가 됐다. 심지어 인공지능을 활용하면 손가락 하나 까닥하지 않고도 콘텐츠를 만들어낸다. 또 제작이 쉬운 만큼이나 콘텐츠 소비도 별달리 어렵지 않다. 어렵지 않게 직관적으로 콘텐츠를 소비하는 시대다. 콘텐츠의 직관적인 소비 양상은 영상 콘텐츠 시대를 활짝 열었다.

물론 과거에도 콘텐츠 시장은 있었다. 책, 그림, 음악 등 다양한 콘텐츠가 소비됐다. 지금은 스토리텔링에 기반한 이러한 콘텐츠가 영상으로 진화했다. 과거의 콘텐츠 시장은 진입장벽이 높았고 글 쓰는 능력이 있어야 했고 사진 찍는 감각과 능력을 갖춰야 했다. 영상도 숙련된 촬영과 편집 기술이 있어야만 했다. 서로 다른 콘텐츠 영역을 융합하려 할 때는 더욱 어려웠다. 글, 사진, 영상 등을 함께 엮어내는 것은 스토리텔링의 영역에서나 기술의 영역에서나 쉽지 않았다.

이렇게 과거에는 콘텐츠 제작이 일부의 전유물이었다. 제작 능력뿐만 아니라 제작 환경마저도 소수만 누릴 수 있었다. 그런데 정보통신기술ICT 혁명이 일어나자 상황이 바뀌었다. 각 콘텐츠 영역을 넘나들며 스토리텔링의 구조를 갖추게 됐다. 디지털 시대가 되면서 진입장벽을 낮추는 서비스들이 나왔다. 과거에는 어떤 영상을 촬영해 사람들에게 보여주려면 고가의 카메라를 사거나 빌려야만 했다. 그런데 지금은 어떤가. 스마트폰 한 대만으로도 촬영과 간단한 편집이 가능하다. 예전에는 영상 편집을 제대로 하려면 맥북이 있어야 한다고 했다. 지금은 스마트폰의 중앙처리장치CPU가 뛰어나서 편집 앱의 기능만으로도 충분하다. 굳이 파이널컷이나 프리미어와 같은 고가의 컴퓨터 소프트웨어를 쓰지 않아도 된다. 초등학생도 쉽게 편집하고 성인 못지않은 수준의 영상을 만들어 올릴 수 있다.

진입장벽이 낮은 만큼 누구나 크리에이터가 될 수 있다. 그러나 성공한 크리에이터가 되려면 남다른 능력이 필요하다. 바로 데이터로 생각하고 영상으로 소통하는 법을 깨우치는 것이다. 이 두 가지가 되지 않으면 사람들을 끌어모을 콘텐츠를 만들기란 어려울 수밖에 없다.

데이터 분석력이 콘텐츠 경쟁력이다

예전에는 영상 콘텐츠를 만들려고 하면 돈이 많이 들었다. 그런데 이제는 누구라도 마음만 먹으면 얼마든지 콘텐츠를 만들어 플랫폼에 올린다. 이러한 변화는 크리에이터의 구성에도 큰 영향을 끼쳤다. 그동안 콘텐츠 생산과 서비스에서 소외됐던 장년층은 물론 초중고 학생들까지 콘텐츠 크리에이터가 될 수 있다. 이들은 자신의 창의력에 디지털 기술을 결합하며 물 만난 물고기처럼 콘텐츠 플랫폼에서 활동하고 있다.

콘텐츠 공급자가 많아지자 수요도 늘어났는데 그만큼 콘텐츠 시장의 경쟁도 치열해졌다. 어차피 우리는 똑같은 시간에 하나의 콘텐츠밖에 소비하지 못하고 새롭게 콘텐츠 시장에 유입된 크리에이터의 콘텐츠가 주목받으면 기존 콘텐츠 제공자들이 만든 것은 선택받지 못한다. 그동안 콘텐츠 시장을 장악했던 레거시 미디어는 유튜브를 비롯한 각종 콘텐츠 플랫폼에서 이런 역전을 경험하고 있다. 콘텐츠 제작 경험과 전문성이 없는 일반인이 온라인 플랫폼에서 10만, 100만 구독자와 조회수를 기록하면서 관심을 끄는 반면에 레거시 미디어는 외면받는 신세로 전락하고 있거나 유튜브나 소셜미디어, 그리고 OTT로 거취를 옮기고 있다.

콘텐츠 제작의 경계가 무너지면서 경쟁은 점점 더 심화될 것이다. 이 경쟁에서 살아남으려면 어떻게 해야 할까? 결국 콘텐츠 기획을 더 잘하는 것밖에는 방법이 없다. 그렇다면 대체 콘텐츠 기획을 잘할 수 있는 비결은 뭘까? 정성적 관점에서 창의력이 뛰어나야만 할까? 물론 창의력은 콘텐츠 기획을 떠받치는 중요한 기둥이다. 하지만 소수의 창의력 천재만 콘텐츠를 만드는 시대가 아니다. 창의력과는 거리가 멀어 보이던 사람들도 스마트폰이나 카메라 한 대를 들고 영상을 찍어 올린다. 많은 사람에게 선택받을 수 있는 콘텐츠를 만들려면 단지 다른 무엇인가가 필요하다. 디지털 시대에서 그 무엇이란 바로 데이터다.

데이터로 시작하고 감각으로 완성한다

콘텐츠 기획을 잘하기 위해 데이터를 기반으로 사고해야 한다는 것을 이해했다면 이제 알고리즘을 분석하고 내가 만든 콘텐츠에 대한 반응이 어떤지 계속 관찰하는 것도 중요하다는 것을 이해해야 한다. 그래야 사람들이 어떤 부분에서 반응을 보이는지 알 수 있고 최근 트렌드를 데이터에 기반해서 파악할 수 있다. 또한 다른 유튜브 콘텐츠를 시청하면서 어떤 데이터를 활용하는지도 분석할 수 있어야 한다.

굳이 프로듀서나 감독이라는 좁은 관문을 통과해 얻은 자격이 없어도 콘텐츠를 제작하고 공급하는 시대이지만 대중의 선택을 받는 것은 또 다른 문제다. 누구나 쉽게 만든다고 해서 모든 콘텐츠가 성공하는 것은 아니다. 소비자의 선택을 받으려면 스토리텔링이라는 배경이 있어야 한다. 스토리텔링을 적절하게 잘 구성한 영상일수록 성공 가능성이 크다.

　글은 그 글을 읽는 사람의 상상력에 의해서 해석된다. 이렇게 상상력으로 글을 해석하는 것은 장단점이 있는데 상상력으로 해석에 깊이를 더할 수도 있지만 왜곡이나 정보 전달의 편차가 생길 수도 있다. 반면 영상 콘텐츠는 대체로 시청자가 있는 그대로를 직관적으로 이해하는 편이다. 해석 과정에서 왜곡이나 정보 습득의 차이가 생길 가능성이 상대적으로 작기 때문에 직관적인 정보를 전달하는 데 영상은 더할 나위 없이 적절한 매체다. 이러한 영상에 스토리텔링을 결합한다면 그 효과는 더욱 커진다.

　프레젠테이션이나 유튜브 혹은 메타버스와 같은 3D 공간에서 콘텐츠를 제작할 때 영상과 스토리텔링을 결합하는 일은 쉽지 않다. 제작 환경이 과거보다 쉬워졌다는 것이지 사람들의 이목을 끄는 콘텐츠를 만드는 일이 쉬워졌다는 것이 아니기 때문이다. 스토리텔링과 영상을 결합한다는 것은 그냥 병렬적으로 이야기와 영상을 배치하는 게 아니다. 설득력 있게 구성하고 편집하는 능력을 갖춰야 한다. 이런 것들은 교과서로만 배울 수 없다. 무수히 만들어보고 관련 데이터를 분석하는 시행착오를 거쳐야 한다. 그래야만 영상 콘텐츠 전문가가 될 수 있다.

　무엇보다 데이터 관점으로 사고할 줄 알아야 한다. 이러한 사고 방식이 콘텐츠 기획 역량의 핵심이다. 데이터로 사고하고 영상과 스토리텔링을 결합하는 콘텐츠 기획 역량이 있어야 차별화되고 사람들이 공감하는 콘텐츠를 만들 수 있다. 하지만 쉽지 않다 보니 콘텐츠를 제작하는 과정에서 다른 방법으로 시청자를 유인하려 한다. 예를 들면 눈이 휘둥그레지는 컴퓨터그래픽 효과를 정교하게 만들어서 시선을 끌어모으는 경우다. 이런 방식은 콘텐츠 크리에이티브 기획과는 다소 결이 다르다. 기획은 알맹이인 콘텐츠를 전달하는 것이어야 한다. 순간순간 화려한 영상으로 시선만 끄는 것으로는 온전히 전달할 수 없다.

3.
트래픽의 흐름을 파악해야 한다

 유튜브의 경쟁자는 틱톡만이 아니다. 나이키의 라이벌이 개인의 시간을 두고 경쟁해야 하는 닌텐도였듯이 유튜브는 다른 영역의 플랫폼과도 경쟁해야 한다. 예컨대 라이브 커머스를 하는 플랫폼도 경쟁 관계다. 그리고 넷플릭스, 디즈니플러스, 쿠팡플레이, 아마존 프라임, 왓챠 등 OTT 서비스와도 경쟁한다. 이 모든 경쟁 구도의 공통점은 영상 콘텐츠다. 그러나 더 본질적인 것은 이 모든 것의 보편적인 룰이 트래픽이라는 것이다. 플랫폼들은 서로 침투하며 영역을 확장하고 있다.
 데이터가 전송되는 양을 뜻하는 트래픽의 흐름이 어떤 플랫폼으로 가는지 봐야 한다. 유튜브와 틱톡뿐만 아니라 OTT와 라이브 커머스까지 다 포함하는 영상 콘텐츠 플랫폼의 시대에 어디로 트래픽이 몰리는지 알지 못하면 헛발질할 가능성이 크다. 지금은 이 트래픽이 마치 큰 강물이 둑을 범람하듯 각 플랫폼을 넘나들고 있다. 소비자가 있는 곳이라면 어디든지 서로 침투하며 비즈니스를 한다. 트래픽의 흐름이 어디로 가는지, 플랫폼들을 어떻게 오가는지 면밀하게 살펴야 콘텐츠 기획을 좀 더 소비자 친화적으로 할 수 있다. 그렇기에 데이터 트래픽을 이해하지 않고서는 소비자가 원하는 콘텐츠를 만들기가 어려울 수밖에 없다.

즉 데이터 트래픽을 어떻게 분석하느냐에 따라 성공의 기회를 찾을 수 있다. 데이터 트래픽은 온라인뿐만 아니라 오프라인에서도 활용된다. 예를 들어 아마존은 오프라인 무인 매장을 만들어 곳곳에 카메라와 센서를 설치하고 온라인 쇼핑과 같은 경험을 제공한다. 온라인 쇼핑을 할 때 A라는 제품을 사면 그 제품을 산 다른 사람들이 본 제품 목록이 제공된다. 이런 게 오프라인 매장에서도 가능해진 것이다. 그리고 사람들의 동선을 파악해 각 제품 간 연결성이 있다고 판단하면 진열대에 놓일 상품의 배치도 바꾼다. 키오스크로 주문하는 것도 마찬가지다. 어떤 시간대에 무슨 주문량이 많았는지 알 수 있고 이미 주문된 메뉴는 물론 주문될 메뉴의 재고까지 파악한다. 재고가 다 소진되면 자동으로 발주되는 등 데이터 트래킹을 통해 트래픽을 파악하는 시장이 왔다.

트래픽이 없는 콘텐츠는 죽은 콘텐츠다

지금은 스마트폰이나 컴퓨터로 뭘 하려고 해도 데이터가 있어야 한다. 내 개인정보와 온라인 활동 등이 모두 데이터인데 그 데이터가 없으면 나를 증명하기가 어려운 세상이 된 지 오래다. 내 데이터의 트래픽이 원활하지 않으면 일상에서 겪어야 하는 불편함이 갈수록 커진다. 콘텐츠 시장도 다를 게 없다. 트래픽을 유도하고 관리해야 한다.

특히 경계가 무너지는 영상 콘텐츠 플랫폼 시대에서는 무엇이 트래픽을 일으킬지 환경을 파악하는 것이 중요하다. 이러한 것을 트렌드라고도 말한다. 예를 들어 광고주가 막대한 자본을 투자해 만든 영상이 사람들에게 엄청나게 노출되게 했다든가 혹은 유튜브의 정책에 따라 새로 출시한 쇼츠를 롱폼보다 많이 노출하는 것도 트래픽과 관련 있다. 자본은 어떻게든 데이터 트래픽을 유도하려 한다. 반대로 데이터 트래픽을 무시한다는 것은 막대한 자본과 노력을 허공에 뿌리는 것과 같다.

콘텐츠 제작자 중에는 콘텐츠 자체에 자부심이 강한 경우가 많다. 자신만의 고유한 콘텐츠를 만들어 트래픽과는 상관없이 보여주겠다는 자세를 보인다. 그런데 콘텐츠가 많이 노출되지 못하면 그 가치가 조용히 묻히고 만다. 그나마 처음에는 작은 시장 혹은 플랫폼에서 시작해서 어느 정도 반응을 얻었다고 해도 한계가 뚜렷할 수밖에 없다.

영리한 크리에이터는 콘텐츠뿐만 아니라 노출도 고민한다. 데이터 트래킹과 트래픽을 통해 자신이 가진 콘텐츠를 살린다. 예를 들어 가방의 제작이 어떻게 이루어지는지에 대한 교육 다큐 콘텐츠를 만든다고 하자. 이 콘텐츠의 해시태그에 샤넬과 같은 명품 브랜드를 넣고 창업자 코코 샤넬의 일대기를 이야기하면서 유럽 문화를 소개하는 등 재미있는 요소를 가미해 사람들의 흥미를 끌었다. 이렇게 하면 평범한 가방 제작 콘텐츠에 흥행 요소가 가미되어 업그레이드된 콘텐츠로 만들 수 있는 것이다. 그러나 이러한 환경 파악이나 트렌드 활용을 전혀 하지 않고 자신의 좋은 콘텐츠가 외면받는다고 구시렁대봤자 아무런 소용이 없다. 노출이 안 되면 콘텐츠 제작의 의미가 없어진다.

광고주 관점과 해당 플랫폼이 밀고 있는 영상 형식도 파악해야 한다. 유튜브 크리에이터 스튜디오를 보니 숏폼이 조회수가 잘 나온다면 그 형식에 당분간 집중해야 한다. 잘 만들지 못했더라도 의미 있는 조회수가 나온다면 숏폼을 고려해야 하는 것이다. 그런데 보통은 이렇게 행동하지 않는다. 물론 새로운 것을 자꾸 해야 하는 것에 대한 피로감 때문일 수도 있다. 그러나 데이터에 기반한 콘텐츠 크리에이티브 시장에서 트래픽에 따른 변화를 좇지 않는다는 것은 망망대해에서 항해지도를 보지 않고 무작정 배를 운항하는 것과 같다. 숏폼이 조회수가 높다면 일단 해보는 것이다. 환경의 변화를 꾸준히 살펴보고 일단 시도해봐야 한다.

예전에는 콘텐츠 제작을 일종의 장인정신으로 접근했다. 크리에이터들이 자신만의 콘텐츠를 만들어놓고 사람들이 찾아오기를 기다렸다. 그리고 콘텐츠를 만든 자신을 창작자로 규정했다. 그러나 이제는 상황이 달라졌다. 지금은 유튜브를 하겠다고 하면 커머스까지 고려해야 한다. 트래픽이 일어나면 사업을 할 수 있기 때문이다. 오프라인에서도 상권에서 유동 인구가 발생했을 때 장사가 되는 것처럼 플랫폼에서도 트래픽을 일으켜야 사업의 성공 가능성을 높일 수 있다.

트래픽이 없는 콘텐츠는 사실 가치가 떨어진다. 상상 초월 콘텐츠가 쏟아지는 시대이며 내가 좋은 콘텐츠를 일일이 찾기보다 노출이 많은 콘텐츠 중에서 좋은 것을 찾으려 하기 때문이다. 이 세상에서 가장 어려운 것 중 하나는 없는 시장을 만들어내는 것이다. 달리 말하면 시장을 개척하는 것이라고도 표현할 수 있을 것이다. 그보다 쉽게 대중과 교감할 수 있는 것은 내가 제공하고자 하는 콘텐츠와 트래픽 간에 교집합이 있는 요소를 찾는 것이다. 쉽게 말해서 노년층이 많이 지나다니는 곳에 캐릭터 카페를 차리면 장사가 될까? 처음에 키워드를 고려할 때 내가 만든 콘텐츠의 시장이 존재하고 수요가 발생하는지를 가장 먼저 고려해야 한다. 수요가 없다면 우선 제외하는 게 합리적이다.

내가 향초를 만들었는데 아무도 원하지 않고 자신만 만족하는 향으로 만든 제품은 당연히 수요가 있을 리 없다. 그보다 어느 정도 수요가 있는 향으로 제품을 만들어 팔려는 사람이라면 스토리텔링 요소를 더해 향수 콘텐츠를 만들어 훨씬 많이 팔 수 있을 것이다.

각 향초의 특성이나 사람들에게 어필할 수 있는 특성을 키워드로 뽑아서 관련 주제로 콘텐츠를 만드는 것이다.

••• 메인 타깃을 중심에 두고 확장성을 갖춘다

어떤 주제든 그 분야에서 잘되는 형식이 있다. 그 형식에 맞춰 내가 가진 콘텐츠 아이템과 대중과의 교집합을 찾는 게 좋다. 그래야지만 트래픽을 높일 가능성이 더 커진다. 예컨대 커피가 주제라면 커피를 내리는 브이로그라든가 원두를 로스팅하는 콘텐츠를 만들어 커피라는 주제에 맞춰 재미와 흥미를 느끼게 할 수 있다. 그런데 이런 주제와 관련 없이 그저 사람들이 좋아할 만한 것만 생각해서 콘텐츠를 만든다면 어떻게 될까? 커피를 다루는 채널에서 뜬금없이 댄스나 챌린지를 한다고 해서 사람들이 콘텐츠를 볼까? 설령 재미의 요소에 끌려 콘텐츠를 보더라도 주제와 교집합이 없으면 트래픽 발생이 늘어나더라도 금세 줄어든다. 또 나중에 커머스로 연결할 때도 채널의 정체성이 혼란스러워 연결하기가 어려워진다.

애초에 트래픽을 많이 일으키려고 할 때 누구를 대상으로 할지 고려해야 한다. 이른바 타깃 페르소나인 고객 페르소나를 설정하는 것이다. 나는 채널을 만들 때 영어를 쓰는 사람을 먼저 타기팅했다. 그다음에 20대부터 40대로 연령을 맞췄다. 영어로 말하고 영어 자막을 쓰는 등 타기팅과의 교집합을 일관되게 적용했다. 때로는 유행하는 팝송을 들려준다든지 또는 그들에게 익숙한 해외 배우와 협업하는 방식을 활용했다. 영어권에서 유명한 한류 콘텐츠의 K-팝도 다뤘다. 한국을 알리려고 한 게 아니라 그들이 좋아하는 교집합이어서였다.

내가 해외를 타기팅한 것은 이유가 있다. 우리나라 사람들이 글로벌 시장에서 성공한 사례를 좋아하기 때문이다. 이 성공 사례에 대한 신뢰를 바탕으로 한국으로 역진출하는 것을 기획했다. 이것도 트래픽의 추이를 고려한 것이다. 처음 콘텐츠를 준비할 때 우리나라는 경쟁이 너무 치열한 시장이라고 생각했다. 국내에서는 1등을 하려면 치열한 레드오션 시장에서 경쟁해야 한다. 그러기보다 역발상으로 경쟁이 다소 덜한 해외에서 인지도를 올려 사람들에게 노출되는 전략을 선택했다. 해외에서 올린 인지도로 사람들이 나를 보고 해외에서 유명한 크리에이터라고 해서 관심을 얻는 게 더 낫다고 판단했다. 트래픽을 일으킬 수 있는 교집합을 찾아낼 가능성이 큰 쪽을 선택한 것이다. 타기팅과 관련한 트래픽이 일어나야 그 트래픽에 적합한 커머스도 기대할 수 있다.

영어를 쓰면서 콘텐츠를 만드는 것은 교집합 말고도 또 다른 효과를 거두게 했다. 차별화뿐만 아니라 이른바 채널의 확장성을 갖출 수 있게 됐다. 영어 콘텐츠를 쓰는 운동 채널이라는 이미지는 자기계발을 하려는 사람들의 관심을 끌었다. 영어와 운동이라는 콘텐츠에 매력을 느끼고 찾았다. 그래도 메인 타기팅은 영미권에 있는 사람들이었다. 즉 메인 타깃을 중심에 두고 확장성을 갖춘다는 원칙은 지켰다.

조회수가 잘 나오지 않는다고 자꾸 트렌드만을 반영하다가 타기팅과의 교집합을 상실하는 경우가 종종 있다. 이런 경우가 딜레마이긴 한데 조회수가 잘 나온다고 자꾸 다른 콘텐츠 소비자에게 맞춰 콘텐츠를 제작하면 그렇다. 커머스를 염두에 두고 구매력 높은 30대 여성을 타기팅했는데 그 타깃과는 거리가 먼 대상들에게 조회수가 높다고 초점을 옮기면 어떻게 될까? 조회수는 높을지 몰라도 애초에 30대 여성에게 맞춰 판매하려던 제품은 잘 안 팔리게 된다.

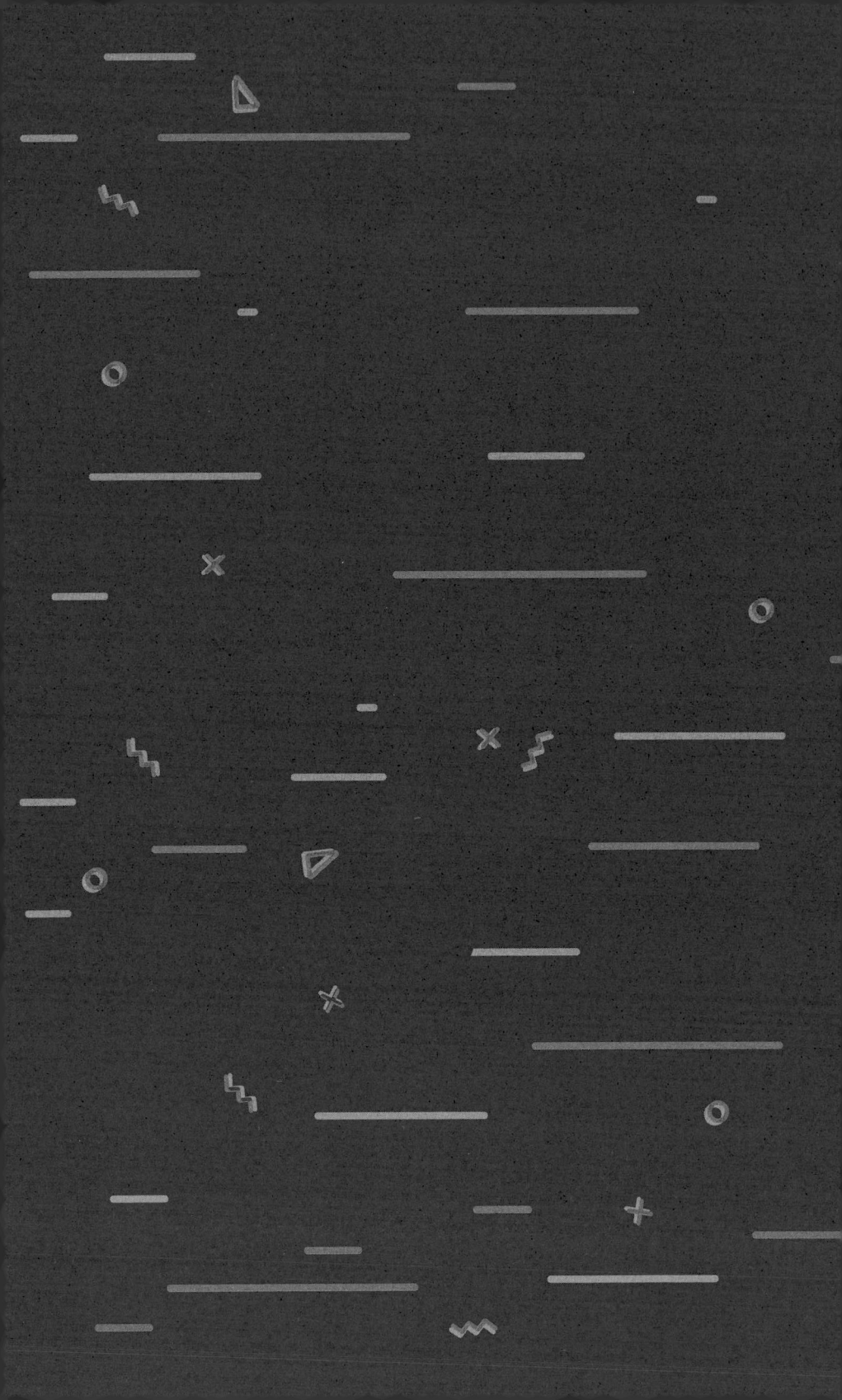

유튜브 수업 3

콘텐츠 플랫폼과
생태계 전략

8장

플랫폼별 맞춤 전략이
필요하다

1.
플랫폼에 따라 공략법을 만든다

 요즘 OTT 플랫폼은 데이터를 분석하는 딥러닝, 머신러닝, 빅데이터 등을 통해 계속해서 소비자가 좋아할 만한 다른 영화들을 추천하는 알고리즘을 활용한다. 넷플릭스를 보면 늘 추천 영화가 나온다. 이런 시스템이 유튜브를 비롯한 콘텐츠 플랫폼에도 있기 때문에 크리에이터는 이 시스템을 잘 이용하는 것이 당연히 유리하다. 단순히 콘텐츠만 분석해서는 안 된다. 어떤 주제를 다루면 재미있을 것이라는 생각에만 갇혀 있어서는 시청자들을 모을 수 없다.
 각 플랫폼은 데이터를 분석하고 트렌드를 파악해서 추천 시스템을 적극적으로 활용한다. 개인 사용자는 이런 복잡한 시스템을 완전히 이해하기는 어렵지만 자신의 취향을 정확하게 반영한다고 느낀다. 이것이 바로 추천 시스템의 핵심이다. 최근 다양한 플랫폼이 데이터와 트렌드 분석을 통해 추천 시스템 경쟁을 벌이고 있다. 각 플랫폼은 어떤 트렌드와 채널 전략을 사용하고 있을까?

플랫폼의 트렌드 전략 1: 인스타그램

인스타그램은 사진 공유 플랫폼으로 시작해서 사용자들의 요구와 시장 트렌드에 맞춰 지속적으로 진화해왔다. 이런 변화는 단순한 기능 추가를 넘어 사용자 참여를 극대화하고 플랫폼 안에서 머무는 시간을 늘리기 위한 전략적 움직임이다. 처음에는 사진 공유에 중점을 뒀지만 이후 사용자들이 일상적인 순간을 공유할 수 있도록 '스토리' 기능을 선보였다. 한 사용자가 여행 중에 찍은 사진을 스토리에 올리면 팔로어들은 24시간 동안 그 사진을 볼 수 있다. 이 기능은 사용자들에게 일종의 긴박감을 느끼게 해 더 자주 플랫폼을 방문하게 만드는 효과가 있다.

그렇다면 인스타그램은 어떻게 사용자들이 더 오래 머물도록 유도할까? 그 비결은 실시간 소통에 있다. '라이브' 기능을 통해 실시간으로 팔로어와 소통할 수 있게 해서 즉각적인 피드백과 참여를 유도한다. 요리사가 새로운 레시피를 실시간으로 시연하면서 팔로어들의 질문에 답변하는 방식이 대표적이다. 이런 기능들은 사용자들이 플랫폼에 더 오래 머물도록 유도하며 동시에 콘텐츠 생성자와 소비자 간에 상호작용을 강화한다.

숏폼 비디오 플랫폼의 인기 상승에 대응해서 인스타그램은 '릴스'라는 숏폼 비디오 기능을 추가했다. 이는 특히 젊은 사용자들 사이에서 큰 호응을 얻으며 젊은 사용자층을 확대하는 데 기여했다. 댄스 챌린지나 짧은 코미디 스케치를 릴스로 공유해서 많은 이들의 관심을 끌 수 있다. 짧고 임팩트 있는 동영상 콘텐츠는 여전히 강력한 도달 도구로 자리매김하고 있다.

인스타그램은 단순한 소셜미디어를 넘어 전자상거래 플랫폼으로 확장하기 위해 쇼핑 기능을 내놓았다. 비즈니스 프로필을 통해 브랜드는 제품에 대한 상세 정보와 구매 링크를 제공해서 사용자들이 플랫폼 안에서 직접 제품을 발견하고 구매할 수 있도록 했다. 패션 브랜드가 게시물에 제품 태그를 추가해서 사용자가 해당 아이템을 클릭하면 바로 구매 페이지로 이동할 수 있게 하는 것이 대표적인 사례다. 이는 브랜드와 소비자를 직접 연결하는 강력한 마케팅 허브로서의 역할을 강화했다.

현재 인스타그램의 알고리즘은 사용자 경험을 최적화하고 플랫폼 안에서 의미 있는 상호작용을 증진하며 사용자 개인에게 더욱 관련성 높은 콘텐츠를 제공하는 방향으로 진화하고 있다. 특히 사용자 참여도, 콘텐츠 다양성, 개인맞춤형 콘텐츠에 집중해서 단순한 '좋아요' 수보다는 댓글, 공유, 저장 등 실질적인 상호작용을 중요하게 평가한다. 이는 사용자들이 실제로 가치 있다고 느끼는 고품질 콘텐츠를 선호하는 알고리즘의 변화를 반영한다.

인스타그램의 이런 기능 추가와 변화는 사용자들의 다양한 요구를 충족시키고 플랫폼 안에서 더 많은 시간을 보내도록 유도하며 동시에 비즈니스와의 연결을 강화하려는 종합적인 전략의 일환이다. 스토리와 라이브 기능을 통해 사용자들은 일상적인 순간을 실시간으로 공유하고 팔로어들과 즉각적으로 소통할 수 있다. 릴스와 같은 숏폼 콘텐츠의 도입은 젊은 세대의 관심을 끌기 위한 전략이다. 쇼핑 기능과 비즈니스 프로필의 강화는 플랫폼을 전자상거래 허브로 확장하려는 의도로 해석된다. 이런 변화들은 인스타그램이 사용자 경험을 중심으로 플랫폼을 지속적으로 발전시키고 있음을 보여준다.

● ● ●

플랫폼의 트렌드 전략 2: 유튜브

현재 모든 플랫폼은 수익화를 적극적으로 모색하고 있다. 플랫폼의 성장사를 보면 처음에는 대부분 무료 서비스로 시작했다. 그러다가 사용자가 모이고 시장이 형성되자 비즈니스 모델이 본격화됐다. 이러한 과정은 거의 모든 플랫폼이 공통으로 겪는 단계다. 유튜브도 예외가 아니다. 최근 유튜브는 숏폼 콘텐츠 트렌드에 발맞추기 위해 전략을 바꾸고 있다.

과거 유튜브는 주로 롱폼 콘텐츠 중심이었다. 개인이 짧은 영상을 올리기도 했지만 이는 롱폼의 영역 안에서 선택하는 옵션에 불과했다. 그러나 틱톡과 같은 숏폼 플랫폼의 급부상에 대응해 유튜브는 2020년 '쇼츠'를 공식 서비스로 출시했다. 이제 유튜브는 숏폼 트렌드에 본격적으로 합류했다. 쇼츠를 올리면 유튜브는 이를 적극적으로 노출한다. 이는 새로운 기능을 활성화하기 위한 정책의 일환이다. 노출이 많아질수록 조회수와 좋아요가 늘어나고 댓글이 달릴 가능성도 커진다. 또한 조회한 사람들이 구독자로 전환될 확률도 높아진다.

특히 유튜브 쇼츠는 인도와 브라질에서 큰 성공을 거두고 있다. 인도에서는 지역 문화와 결합한 콘텐츠가 큰 인기를 끌고 있다. 예를 들어 전통 춤이나 지역 음식을 소재로 한 쇼츠가 높은 조회수를 기록하며 크리에이터들이 이를 통해 빠르게 구독자를 늘리고 있다. 브라질에서는 음악과 댄스 콘텐츠가 주류를 이루고 있다. 유튜브 쇼츠가 강한 영향력을 미치는 세대는 젊은 세대로 이들은 짧고 재미있는 콘텐츠를 통해 소통하고 있다. 이러한 해외 사례는 유튜브 쇼츠가 지역별로 차별화된 전략을 펼치고 있음을 보여준다.

그러나 숏폼 콘텐츠는 한계가 있다. 짧은 시간 안에 메시지를 전달해야 하기 때문에 깊이 있는 정보를 제공하기 어렵다. 또한 영상 길이가 짧아 광고를 삽입하기 어려워 수익화에 제약이 따른다. 유튜브는 이를 극복하기 위해 쇼츠에 광고를 삽입하는 방식을 연구 중이지만 아직 완벽한 해결책은 나오지 않았다. 이러한 한계가 있을지라도 유튜브는 숏폼 콘텐츠를 통해 사용자 참여를 극대화하고 플랫폼 내 체류 시간을 늘리는 데 주력하고 있다.

우리나라에서도 유튜브는 다양한 방식으로 크리에이터와 사용자에게 다가가고 있다. 예를 들어 한국의 유명 크리에이터들은 멤버십 제도를 통해 팬들과의 관계를 강화하고 있다. 멤버십 회원에게는 비공개 영상, 특별한 배지와 스티커 등 다양한 혜택을 제공하며 안정적인 수익을 창출하고 있다. 또한 라이브 방송 중에는 구독자가 현금을 보낼 수 있는 '슈퍼챗Super Chat' 기능도 활발히 활용되고 있다. 이는 실시간으로 크리에이터와 팬 간에 소통을 강화하면서 수익을 창출하는 방식이다.

유튜브의 대표적인 수익화 방식은 역시 광고다. 영상의 처음, 중간, 끝 부분에 광고를 삽입하거나 콘텐츠 하단에 배너 광고를 노출한다. 특히 롱폼 콘텐츠는 조회수에 따라 수익이 결정된다. 한국 기준으로 조회수 1회당 1~10원 정도의 수익이 발생하는데 보통 CPM으로 측정한다. 1,000회 노출당 비용Cost Per Mille을 계산한 것이다. 광고주는 경매 방식으로 인기 있는 동영상에 광고를 게재하며 크리에이터는 광고 수익의 55%를 가져가고 나머지 45%는 유튜브가 가져간다.

최근 유튜브는 전자상거래 기능도 도입했다. 영상 하단에 제품을 노출하고 크리에이터가 관련 제품을 콘텐츠로 소개하면 바로 판매 사이트로 연결할 수 있다. 이는 유튜브가 단순한 콘텐츠 플랫폼을 넘어 전자상거래 허브로 확장하려는 전략의 일환이다.

유튜브의 이러한 변화는 단순히 트렌드를 따라가는 것을 넘어 사용자와 크리에이터 모두에게 가치를 제공하려는 종합적인 전략이다. 숏폼 콘텐츠의 도입, 멤버십 제도, 라이브 기능, 그리고 커머스까지 유튜브는 다양한 방식으로 플랫폼의 경쟁력을 강화하고 있다.

이는 유튜브가 단순한 비디오 플랫폼에서 종합 엔터테인먼트와 커머스 플랫폼으로 진화하고 있음을 보여준다.

••• 플랫폼의 트렌드 전략 3: 틱톡

틱톡은 숏폼 콘텐츠의 대표 주자로 15초에서 1분 길이의 짧은 영상이 트렌드를 주도하는 플랫폼이다. 이 플랫폼의 등장 이후 숏폼이라는 개념이 전 세계적으로 확산됐다. 주 사용층은 10대와 20대로 이들은 틱톡의 빠르고 직관적인 콘텐츠에 열광한다. 반면 30대 이상은 스토리보다 감각적인 편집과 즉각적인 전달에 초점을 맞춘 틱톡의 콘텐츠를 이해하기 어려워하는 경우가 많다. 초기 틱톡은 15초 영상에 집중했지만 점차 영상 길이 제한을 늘려 현재는 최대 10분까지 업로드할 수 있다. 이는 플랫폼 간 경계가 흐려지는 현상을 보여주는 대표적 사례다. 롱폼 중심의 유튜브가 숏폼으로 확장했다면 틱톡은 롱폼 시장으로 영역을 넓히며 경쟁 구도를 재편하고 있다.

틱톡은 숏폼 콘텐츠를 넘어 라이브 스트리밍과 커머스 기능으로도 영역을 확장하고 있다. 틱톡 라이브는 라이브 방송을 통해 팬들과 소통하며 시청자들에게 가상 선물을 받거나 실시간 Q&A를 진행할 수 있는 대화형 기능을 제공한다. 특히 라이브 커머스는 판매자가 라이브 방송 중 제품을 소개하고 구매로 연결하는 기능으로 단순 홍보를 넘어 실제 매출로 이어지는 강력한 도구로 자리 잡았다.

최근 몇 년간 라이브 커머스는 급격히 성장하고 있으며 틱톡은 이 트렌드를 선도하는 플랫폼 중 하나로 자리 잡았다. 예를 들어 유명 인플루언서가 라이브 방송 중 특정 제품을 소개하면 시청자들은 즉시 구매 링크를 클릭하여 제품을 구매할 수 있다. 이러한 방식은 소비자를 즉각적인 구매 결정으로 유도하며 브랜드에게는 효과적인 마케팅 기회를 제공한다.

틱톡은 크리에이터 수익화를 강화하기 위해 다양한 모델을 도입했다. 대표적으로 크리에이터 펀드와 라이브 기프트가 있으며 최근에는 조회수와 참여율 기반의 새로운 수익 배분 모델을 도입했다. 크리에이터들은 자신의 콘텐츠가 일정 기준을 초과할 경우 보상받을 수 있다. 이는 크리에이터에게 동기를 부여하고 고품질 콘텐츠를 생산하도록 유도하는 전략이다.

또한 라이브 방송 중 받은 선물이나 브랜드 스폰서십 외에도 라이브 커머스를 통해 직접 판매 수익을 창출할 수 있어 크리에이터들에게 더 많은 기회를 제공하고 있다. 이는 크리에이터들이 자신의 브랜드를 구축하고 지속가능한 수익 모델을 개발하는 데 중요한 역할을 하고 있다.

틱톡은 숏폼 콘텐츠로 성공했지만 라이브와 커머스를 통해 실시간 소통과 상업적 가능성을 결합하며 디지털 생태계를 재정의하고 있다. 이는 단순히 짧은 영상을 소비하는 것을 넘어 사용자와 크리에이터가 동시에 참여하고 상호작용하는 새로운 패러다임을 만들어가고 있음을 보여준다.

특히 우리나라에서는 틱톡이 K-콘텐츠 확산의 새로운 통로로 자리 잡았다. 아이돌 댄스 챌린지부터 지역 음식 소개까지 글로벌 문화 교류의 장으로 활용되며 엔터테인먼트를 포함한 문화적 가치를 창출하고 있다.

틱톡의 도전은 여전히 계속된다. 롱폼 플랫폼과 경쟁하기 위해 영상 길이를 확장했지만 여전히 대부분의 콘텐츠는 1분 이내에서 가장 높은 영향력을 발휘한다. 또한 수익화 시스템의 성숙도는 유튜브에 비해 뒤처진다는 평가를 받으며 크리에이터들의 플랫폼 이탈 가능성은 여전히 과제로 남아 있다.

이 모든 변화는 플랫폼 전쟁이 단순한 기술 경쟁이 아니라 인간의 콘텐츠 소비 행동을 해석하고 재구성하는 싸움임을 보여준다. 틱톡이 롱폼 시장으로 발을 내딛는 동안 유튜브와 인스타그램은 숏폼에 집중하며 서로 영역을 침범하고 있다. 이는 디지털 생태계가 끊임없이 진화하는 유기체임을 증명하고 있다. 크리에이터와 사용자 모두가 새로운 가능성을 탐색해야 하는 시대를 열어가고 있는 것이다.

●●●

플랫폼의 트렌드 전략 4: 넷플릭스

넷플릭스는 스트리밍 플랫폼을 넘어 콘텐츠 생태계의 판도를 바꾸고 있다. 과거에는 주로 연예인과 배우 중심의 콘텐츠를 제작하며 전통적인 미디어와 유사한 방식으로 운영했지만 최근 들어 크리에이터와의 협업에 점점 더 많은 관심을 기울이고 있다. 이는 플랫폼 간 경계가 무너지고 시청자들의 콘텐츠 소비 방식이 변화하는 흐름과 맞물려 있다. 구독자와 조회수가 많은 크리에이터는 이제 단순히 소셜미디어에서만 활동하는 존재가 아니라 글로벌 플랫폼이 주목하는 중요한 파트너로 자리 잡고 있다.

그렇다면 왜 넷플릭스는 크리에이터를 주목하기 시작했을까? 넷플릭스는 단순히 자체 콘텐츠만으로 경쟁력을 유지하는 데 한계를 느끼고 있다. 다양한 플랫폼에서 활동하며 이미 팬덤을 구축한 크리에이터들은 넷플릭스에 새로운 시청자를 끌어들일 수 있는 강력한 자산이다. 이들의 참여는 개별 콘텐츠의 성공을 넘어 다른 플랫폼에 있던 구독자와 시청자를 함께 데려오는 효과를 만들어낸다. 이는 넷플릭스가 다른 플랫폼과 차별화된 경쟁력을 확보하는 데 중요한 전략적 수단이 되고 있다.

크리에이터 역시 넷플릭스를 활용할 필요성이 커지고 있다. 전통적인 레거시 미디어, 예를 들어 TV 프로그램에 출연하는 경우 콘텐츠 소비가 우리나라에 국한되는 경우가 많다. 물론 판권이 외국에 팔려 해외에서 방영되는 경우도 있지만 이는 드문 사례에 속한다. 반면 넷플릭스는 전 세계적으로 콘텐츠를 제공하며 국가 간 경계를 허물고 있다. 우리나라의 콘텐츠가 세계 곳곳에서 소비되고 있다는 점은 크리에이터에게도 큰 기회다. 넷플릭스를 통해 글로벌 시청자들에게 자신의 이름을 알릴 가능성이 열리기 때문이다.

넷플릭스의 이러한 움직임은 단순히 비즈니스 전략으로만 볼 수 없다. 이는 "콘텐츠란 누구를 위한 것인가?"라는 철학적 질문을 던진다. 과거에는 특정 국가나 문화권에 국한된 콘텐츠가 주류였다면 오늘날 넷플릭스는 전 세계 시청자를 대상으로 한 보편성과 다양성을 동시에 추구하고 있다. 그럼으로써 콘텐츠 제작자와 소비자 간에 경계를 허물며 창작의 의미를 재정립하고 있다. 크리에이터가 넷플릭스를 통해 글로벌 무대에 진출함으로써 유명세도 얻지만 자신만의 이야기를 전 세계 사람들과 공유할 기회도 얻는다.

넷플릭스가 크리에이터와 일반인을 주목하기 시작한 대표적인 사례로 「솔로지옥」을 들 수 있다. 이 프로그램은 우리나라에서 제작되고 넷플릭스를 통해 전 세계적으로 방영되며 큰 화제를 모았다. 특히 출연했던 일반인들이 단기간에 높은 인지도를 얻으며 글로벌 스타로 떠오른 것은 주목할 만하다. 이들은 프로그램 내에서 유명세를 얻는 데 그치지 않고 유튜브나 인스타그램 등 다양한 플랫폼으로 활동 영역을 확장하며 새로운 기회를 만들어냈다.

넷플릭스는 이러한 프로그램들을 통해 기존 미디어에서는 불가능했던 상호작용을 가능하게 한다. 예컨대 「솔로지옥」 출연자들이 인스타그램이나 틱톡에서 팬들과 소통하며 자신만의 브랜드를 구축하는 모습은 현대 미디어 환경의 변화를 잘 보여준다. 이는 성공이 한 번으로 끝나는 것이 아니라 지속가능한 개인 브랜드 형성으로 이어질 가능성을 열어준다.

크리에이터가 넷플릭스에 참여하면 여러 가지 긍정적인 효과를 기대할 수 있다. 첫째, 글로벌 시청자들에게 노출되면서 기존 소셜미디어 채널의 구독자와 조회수가 급격히 증가할 가능성이 크다. 둘째, 넷플릭스를 통해 얻게 되는 인지도는 단순히 국내 팬덤 형성을 넘어 국제적인 영향력을 확대하는 데 기여한다. 셋째, 이는 크리에이터가 새로운 형태의 협업과 프로젝트를 진행할 수 있는 발판이 될 수 있다.

넷플릭스는 또한 다양한 방식으로 크리에이터들이 자신들의 채널을 성장시킬 기회를 제공한다. 예컨대 넷플릭스 프로그램 클립이 유튜브나 틱톡 등 다른 플랫폼에서 공유되면서 추가적인 노출 효과를 만들어낸다. 이러한 상호 활용으로 크리에이터가 갑작스럽게 많은 구독자와 조회수를 얻을 수도 있다. 이는 곧 수익 증대로 이어질 가능성이 높다.

넷플릭스와 같은 글로벌 플랫폼이 성장하면서 또 다른 철학적 질문과 마주하게 된다. 기술 발전과 함께 콘텐츠 제작과 소비 방식이 급격히 변화하고 있지만 그 안에서 인간적인 이야기를 어떻게 유지할 수 있을까? 기술이 제공하는 무한한 가능성 속에서도 결국 사람들은 공감할 수 있는 이야기와 진정성 있는 표현을 원한다. 이는 크리에이터들이 콘텐츠 제작 과정에서 반드시 고민해야 할 부분이다.

결론적으로 넷플릭스는 크리에이터들에게 새로운 기회를 제공하는 동시에 창작자로서 더 큰 책임감을 요구하고 있다. 글로벌 무대에서 성공하기 위해서는 트렌드를 따르면서도 자신만의 독창성과 진정성을 담아야 한다. 이는 지속가능한 창작자로 성장하기 위한 필수 조건이다.

2.
협업과 분리를 통해 확장한다

1인 미디어의 대명사로 불리는 유튜브는 최근 들어 크리에이터 간 협업을 통해 새로운 가능성을 열어가고 있다. 각각 50만 명의 구독자를 가진 A와 B라는 크리에이터가 협업한다면 어떤 일이 벌어질까? 서로의 채널에 출연하며 콘텐츠를 제작하면 구독자들이 자연스럽게 상대방의 채널로 이동해 시청할 것이다. 이는 구독자를 빼앗는 것이 아니라 공유하는 효과가 있다. 결과적으로 두 채널 모두 신규 구독자가 유입되며 성장의 발판을 마련할 수 있다.

이러한 협업은 특히 조회수가 잘 나오지 않는 침체 시기에 효과적이다. 크리에이터들은 자신의 채널에 인플루언서로 알려진 다른 크리에이터를 초대해 그의 구독자를 끌어오는 전략을 자주 사용한다.

경계를 넘어 새로운 수요자를 찾아라

「신사임당」과 같은 경제 채널은 자기계발 분야에서 100만 명 이상의 구독자를 보유한 게스트를 초대해 그의 팬덤을 유입하는 방식으로 성공한 사례다. 게스트를 초대하는 방식은 콘텐츠의 질을 높이며 시청자들에게 새로운 가치를 제공한다. 게스트의 팬덤이 「신사임당」 채널로 유입되고 그 과정에서 콘텐츠가 마음에 든다면 자연스럽게 구독으로 이어질 가능성이 커진다. 이는 단기적인 조회수 증가와 장기적인 채널 성장으로 이어지는 선순환 구조를 만든다.

「삼프로TV」 역시 이러한 협업 전략의 대표적인 성공 사례로 꼽힌다. 「삼프로TV」는 주식 투자와 경제 시황 분석으로 시작했지만 현재는 지식 콘텐츠 채널로 자리 잡으며 다양한 분야의 전문가와 협업하고 있다. 이 채널은 대선 후보들과 인터뷰하여 경제 정책을 심층적으로 다루며 누적 조회수 1,000만 회를 기록하기도 했다. 또한 「슈카월드」와 같은 인기 경제 유튜버와 협력하거나 IT 전문 매체 「아웃스탠딩」을 인수하며 콘텐츠 영역을 확장했다. 이러한 협업 전략으로 경제, 국제, 역사, 교양 등 다양한 주제를 다루며 시청자들에게 폭넓은 가치를 제공하고 있다.

협업 전략은 플랫폼 간 경계를 넘어 더욱 확장되고 있다. 유튜브 채널 「가짜 사나이」는 콘텐츠에 SOOP 등 다른 플랫폼의 크리에이터까지 참여시키며 각 플랫폼의 시청자들이 새로운 채널로 이동하도록 유도했다. 이를 통해 서로 다른 플랫폼 간 융합이 이루어지며 크리에이터와 플랫폼 모두에게 긍정적인 효과를 가져왔다. SOOP 역시 다양한 크리에이터와 협업하며 게임, 예능, e스포츠 등 다양한 콘텐츠 장르에서 성공적인 사례를 만들어내고 있다. 이렇게 협업 전략은 서로 다른 플랫폼 간 연결을 통해 새로운 시청자를 발굴하고 기존 팬덤을 확장하는 데 기여하고 있다.

크리에이터 간 협업은 뉴미디어 환경에서만 나타나는 현상이 아니다. 레거시 미디어도 이미 협업의 원리를 활용하고 있었다. 예능 프로그램 「라디오스타」와 「런닝맨」은 다양한 게스트를 초대하여 팬덤을 유입하는 방식을 사용했다. 메인 진행자들의 팬덤이 이미 형성되어 있는 상태에서 게스트가 출연하면 그 게스트의 팬덤이 프로그램으로 유입된다. 자신이 좋아하는 인플루언서가 출연한 프로그램을 재미있게 본 팬들은 애청자가 될 가능성이 높아진다. 예능뿐만 아니라 음악, 경제, 자기계발 등 다양한 장르에서도 협업 전략을 적극적으로 활용하고 있다. 노래나 춤과 관련한 서바이벌 프로그램에서는 인지도가 높은 연예인과 인플루언서들이 심사위원이나 멘토로 참여해 프로그램에 대한 관심도를 높인다. 이들의 팬덤이나 구독자들이 프로그램으로 유입되면서 자연스럽게 시청률이 상승하는 것이다. 이러한 협업 방식은 레거시 미디어에서 오랜 기간 사용한 전략이다.

뉴미디어에서도 비슷한 방식으로 크리에이터들이 협업하고 있다. 이는 콘텐츠 제작과 소비 방식에 있어 새로운 트렌드를 형성하고 있다. 크리에이터들은 협업을 통해 새로운 콘텐츠를 제작하고 서로의 팬덤을 공유하며 시너지를 창출한다. 협업은 특히 뉴미디어 환경에서 중요한 전략으로 자리 잡고 있다. 유튜브와 같은 플랫폼에서는 서로 다른 채널들이 활발하게 교류하며 구독자와 조회수를 확대하는 데 성공한 사례가 점점 늘어나고 있다.

결론적으로 크리에이터 간 협업은 단순한 생존 전략이 아니라 콘텐츠 생태계를 풍요롭게 만드는 핵심 요소다. 「삼프로TV」와 같은 사례들은 이러한 흐름 속에서 어떻게 전문성과 대중성을 동시에 확보할 수 있는지를 보여준다. 협업의 가능성은 무궁무진하다. 조회수나 구독자가 증가하고 시청자들에게 더 나은 경험과 가치를 제공하며 플랫폼 간 경계를 허물고 다양한 형태로 확장될 것이다. 뉴미디어 시대에서 성공하기 위해서는 크리에이터들이 이러한 협업 기회를 적극적으로 활용하며 변화하는 환경에 적응해야 할 것이다.

●●●

채널 분리로 정체를 극복하라

채널 분리 전략은 유튜브 크리에이터가 정체를 극복하고 지속가능한 성장을 도모하기 위해 반드시 고려해야 할 중요한 전략이다. 채널이 어느 정도 성장하면 새로운 채널 전략이 필요해진다. 채널 분리, 콘텐츠 주제의 다각화, 정체성 강화를 통해 새로운 성장 동력을 확보해야 한다. 2021년에 유튜브 측에서 요청해 유튜브, 지상파 방송사, 케이블 방송사 직원과 관계자들을 대상으로 '효과적인 채널 분리 방안'이라는 주제로 강연을 했다. 많은 유튜브 채널이 성장하다가 어느 순간 정체를 경험하기에 채널 운영자들이 공감할 만한 내용이었다.

정체는 크리에이터들에게 큰 고민거리로 다가온다. 당연히 정체된 채널을 성장시키기 위한 돌파구를 찾으려 하지만 그 과정이 쉽지 않다. 이때 채널 분리를 돌파구로 삼으려는 경우가 많다. 하지만 모든 채널이 분리에 성공하는 것은 아니다. 나 역시 이러한 과정을 겪었다. 운동 채널에 패션 콘텐츠를 올리던 초기에는 두 주제가 혼재되어 있었고 조회수가 잘 나오는 듯했지만 점차 알고리즘이 혼란을 겪으면서 성장이 멈췄다. 결국 두 주제를 각각 독립된 채널로 분리했고 지금은 두 채널 모두 명확한 정체성을 갖추고 안정적으로 성장하고 있다.

채널 분리를 고민하게 되는 가장 큰 이유는 성장이 정체됐기 때문이다. 하지만 무조건 채널을 분리하는 것부터 고민할 것이 아니라 먼저 정체의 원인을 분석해야 한다. 왜 성장이 멈췄는지 이해하는 것이 중요하다. 보통 크리에이터들은 자신이 좋아하는 콘텐츠나 유행하는 주제를 올리거나 자신이 잘하는 것을 중심으로 콘텐츠를 제작한다. 문제는 이러한 콘텐츠들이 주제 면에서 일관성이 없을 때 발생한다.

유튜브는 소비자 데이터를 기반으로 추천 알고리즘을 작동시킨다. 그런데 하나의 채널에서 다양한 주제를 혼합해 올릴 경우 유튜브 알고리즘이 채널의 성격을 명확히 파악하지 못하게 된다. 예를 들어 내 운동 채널을 찾는 시청자들이 스포츠를 좋아한다는 데이터가 나오면 유튜브는 아직 내 채널을 모르는 스포츠 시청자들에게 내 콘텐츠를 추천한다. 스포츠를 좋아하는 만큼 시청과 더불어 좋아요를 누르거나 구독자가 될 확률이 높기 때문이다.

하지만 운동 채널에서 갑자기 요리 콘텐츠를 올린다면 알고리즘은 이를 누구에게 추천해야 할지 애매해진다. 무작위로 많은 사람에게 추천하지만 그 결과 시청자들의 반응은 저조할 가능성이 크다. 이는 시청자들의 취향에 부합하지 않기 때문이다. 다양한 주제를 한 채널에 올리면 유튜브 알고리즘은 결국 길을 잃게 된다. 채널의 성격을 명확히 정의할 수 없게 되고 일관성 없는 피드백으로 인해 크리에이터는 기획에 어려움을 겪는다.

여기에 더해 서로 다른 주제를 좋아하는 시청자들의 요구가 제각각 나타나게 된다. 예를 들어 여행과 운동 콘텐츠를 함께 올리는 채널에서는 여행 콘텐츠 팬들과 운동 콘텐츠 팬들이 각기 다른 요구를 하게 마련이다. 크리에이터는 이러한 요구들을 모두 만족시키기가 어렵고 결국 혼란스럽고 난감한 상황에 빠질 수밖에 없다.

어느 순간 이런 문제들이 쌓이면 크리에이터는 유행하는 주제를 이것저것 시도해보는데 오히려 문제를 악화할 수 있다. 이럴 때 가장 효과적인 해결책 중 하나가 바로 채널 분리다. 알고리즘을 제대로 활용하려면 새로운 주제를 다룰 신규 채널을 만드는 것이 좋다. 이렇게 하면 각 채널의 콘텐츠가 일관성을 유지할 수 있고 알고리즘도 명확하게 작동한다.

채널 분리는 단순히 알고리즘 최적화를 넘어 리스크 관리에도 효과적이다. 예를 들어 한 플랫폼에서 여러 개의 독립된 채널을 운영하면 주제별로 구독자를 세분화할 수 있다. 그러나 더 나아가 플랫폼 간 경계를 허물어야 한다. 유튜브뿐만 아니라 SOOP과 같은 다른 플랫폼에서도 새로운 콘텐츠를 개설하는 것이다. 그러면 특정 플랫폼에서 문제가 생겼을 때 다른 플랫폼에서 수익이나 조회수를 유지할 수 있는 안전망 역할을 할 수 있다.

물론 채널 분리를 실행하기 위해서는 몇 가지 선행 조건이 필요하다. 첫째, 팬덤이 충분히 형성되어 있어야 한다. 기존 구독자들이 새로운 채널로 자연스럽게 이동하도록 해야 하기 때문이다. 둘째, 기존 구독자들의 요구를 반영한 신규 채널을 만드는 것이 중요하다. 기존에 운영하던 채널의 콘텐츠와 다른 주제를 요구하는 목소리가 많다면 이를 기반으로 신규 채널을 개설하면 초반 조회수와 구독자를 확보하기 쉽다.

채널 분리는 자원의 문제도 동반한다. 두 개의 채널을 운영한다고 해서 작업량이 단순히 2배로 늘어나는 것이 아니다. 대개 작업량은 2배 이상으로 증가하며 촬영과 편집 등 제작 과정에서 추가적인 시간과 인력이 필요하다. 특히 서로 다른 주제를 다루는 경우에는 같은 날 촬영하더라도 각기 다른 준비 과정이 필요하기 때문에 효율성이 떨어질 수 있다.

나는 이러한 과정을 통해 운동과 패션을 주제로 두 개의 독립된 채널을 성공적으로 운영하고 있다. 초기에는 운동과 패션이라는 두 가지 전혀 다른 주제를 하나의 채널에 혼합해서 올렸다. 처음에는 조회수가 잘 나왔지만 시간이 지나면서 알고리즘이 혼란스러워졌고 내 콘텐츠를 좋아하는 사람들이 운동 팬인지 패션 팬인지조차 파악하기 어려워졌다. 결국 두 가지 주제를 각각 독립된 채널로 분리했다. 그 결과 두 채널 모두 명확한 정체성을 갖추며 안정적으로 성장했다.

결론적으로 크리에이터가 채널 분리를 효과적으로 하면 자신의 콘텐츠 생태계를 지속해서 성장시킬 수 있다. 채널 분리는 조회수와 구독자가 늘어나고 알고리즘 최적화와 시청자 만족도를 동시에 달성할 수 있는 강력한 도구다. 크리에이터가 채널 분리에 성공하기 위해서는 먼저 자신의 주요 콘텐츠와 타깃 시청자를 명확히 정의해야 하며 철저히 계획하고 자원을 충분히 확보해야 한다.

3.
데이터 세분화로 시장에 접근한다

디지털 시대의 콘텐츠 전략은 인간의 본질을 탐구하는 것이다. 우리는 데이터라는 렌즈를 통해 인간 행동의 패턴을 관찰하고 그 속에서 시대를 관통하는 욕망과 필요를 읽어내야 한다. 문화비평가 마샬 맥루한은 "우리는 도구를 만들고 그 도구가 다시 우리를 만든다."라고 말했다. 그는 콘텐츠가 우리의 삶을 어떻게 형성하고 있는지를 정확히 지적했다.

••• 소비자의 행동 패턴과 욕망을 읽어야 한다

온라인 시장조사 업체 틸리언 프로의 최신 보고서는 우리나라 콘텐츠 소비 행태에 대한 흥미로운 통찰을 제공한다. 30대가 출퇴근 시간에 생산적인 콘텐츠를 선호한다는 사실은 무엇을 의미하는가? 이는 단순히 시간 활용의 문제가 아니라 끊임없는 자기계발에 대한 현대인의 강박을 반영한다. 실제로 30대의 78%가 출퇴근 시간에 교육 콘텐츠를 시청한다고 한다. 영어 학습이나 전문 지식 관련 콘텐츠가 인기를 끄는 이유다.

연령대별 콘텐츠 소비 패턴의 차이는 세대 간 가치관과 생활 방식의 차이를 여실히 보여준다. 50대의 65%가 정보 검색을 위해 콘텐츠를 찾고 10대의 82%는 무의식적으로 자극적인 콘텐츠를 소비한다. 이는 단순한 취향의 차이가 아니라 디지털 기술이 우리의 인지 구조와 정보 처리 방식을 어떻게 변화시키는지를 보여주는 중요한 지표다.

20대와 30대가 주로 시간을 보내기 위해 콘텐츠를 소비한다는 사실은 현대 사회의 고독과 소외 문제를 반영한다. 콘텐츠가 단순한 오락거리를 넘어 정서적 공백을 메우는 수단이 되고 있는 것이다. 이는 콘텐츠 제작자에게 큰 책임을 부여한다. 우리는 단순히 시간을 때우는 콘텐츠가 아니라 시청자에게 진정한 위로와 성장의 기회를 제공하는 콘텐츠를 만들어야 한다.

성별에 따른 콘텐츠 선호도 차이도 주목할 만하다. 스포츠와 게임 콘텐츠는 남성 시청자가 압도적으로 많고 반려동물과 연예 콘텐츠는 여성 시청률이 높다. 구체적으로 보면 스포츠 콘텐츠의 경우 남성 시청률이 25.7%인 반면 여성은 4.7%에 불과하다. 이는 우리 사회의 성 역할과 기대에 관한 깊은 통찰을 제공한다.

유튜브의 주요 소비 콘텐츠를 분석하면 우리의 예상과 실제 데이터 사이에 상당한 괴리가 있음을 알 수 있다. 예를 들어 많은 사람이 예상하는 것과 달리 패션 콘텐츠의 인기는 상대적으로 낮으며 오히려 금융과 재테크 콘텐츠의 인기가 높다. 이는 개인의 경험이나 직관이 전체 집단의 선호도를 대변하지 못함을 보여준다. 따라서 콘텐츠 제작자는 자신의 주관적 판단에만 의존하지 말고 객관적 데이터를 종합적으로 분석해야 한다.

성공적인 콘텐츠 전략은 데이터 분석과 인문학적 통찰의 균형에서 나온다. 우리는 시청자의 행동 패턴을 분석하되 그 패턴 속에 숨겨진 욕망과 필요를 읽어내야 한다. 콘텐츠는 단순한 상품이 아니라 현대인의 삶을 반영하는 거울이며 동시에 그 삶을 변화시키는 힘을 가진 매체다. 이것이 바로 데이터 기반 콘텐츠 전략의 진정한 가치이자 목표일 것이다. 조회수나 구독자를 늘리는 것을 목표로 삼을 것이 아니라 의미 있는 변화를 만들어내는 콘텐츠를 제작해야 한다.

●●●
타깃 관련 데이터를 정확하게 이해해야 한다

콘텐츠 제작의 핵심은 데이터를 통해 타깃을 정확히 이해하는 것이다. 통계와 데이터 없이 콘텐츠를 만들면 수요가 없는 시장을 겨냥할 위험이 있다. 성공적인 콘텐츠 전략은 채널의 장점과 시청자의 성별과 연령대 등이 교집합을 이루는 지점을 찾는 것에서 시작한다. 이러한 접근 방식은 시청자의 삶과 욕구를 깊이 이해하려는 노력이다.

연령대별 콘텐츠 선호도를 살펴보면 흥미로운 패턴이 드러난다. 10대는 게임 콘텐츠를 가장 선호한다. 이는 디지털 네이티브 세대의 특성을 잘 보여준다. 20대는 음식과 요리 콘텐츠를 주로 소비하는데 이는 그들의 생활 패턴과 관심사를 반영한다. 40대가 음악 콘텐츠를 많이 소비한다는 점은 특히 주목할 만하다. 단순한 취향의 문제가 아니라 그 세대가 경험한 문화적 배경과 연관이 있을 것이다.

그렇다면 우리는 이러한 데이터를 어떻게 활용해야 할까? 단순히 인기 있는 주제를 따라가는 것만으로는 부족하다. 재미는 모든 연령대에서 중요하게 여겨지지만 재미만으로는 성공을 보장할 수 없다. 사람들은 자신에게 필요하거나 관심 있는 주제의 콘텐츠를 찾아본다. 때로는 재미가 다소 떨어지더라도 유용한 정보를 제공하는 콘텐츠를 선호한다.

콘텐츠의 전문성에 대한 인식도 연령대별로 차이가 있다. 10대는 전문성에 크게 신경 쓰지 않지만 30~50대는 중요하게 여긴다. 각 세대가 직면한 사회 경제적 상황과 인생 단계의 차이다. 30대가 화제성 있는 이슈 콘텐츠에 큰 관심을 보이지 않는다는 점도 주목할 만하다. 이는 그들이 단순한 화제성보다는 실질적인 가치를 추구한다는 것을 시사한다.

우리는 이러한 데이터를 바탕으로 어떤 질문을 던져야 할까? "어떤 콘텐츠가 인기 있을까?"가 아니라 "우리의 콘텐츠가 시청자의 삶에 어떤 가치를 더할 수 있을까?"를 고민해야 한다. 콘텐츠는 단순한 오락거리가 아니라 시청자의 삶을 풍요롭게 만드는 도구가 되어야 한다.

따라서 타깃과 관련한 데이터를 이해하는 것이 중요하다. 데이터를 적극적으로 활용하여 명확하게 타기팅해야 한다. 이를 통해 자신의 시청자에게 맞는 콘텐츠를 제공하고 그들의 니즈를 충족시킬 수 있다. 그러면 조회수, 좋아요, 댓글 등이 증가하고 알고리즘이 잘 작동해 콘텐츠가 더 많이 노출되며 조회수와 구독자가 늘어나는 선순환 구조를 만들 수 있다.

4.
콘텐츠 제작의 기준점을 활용한다

구글 트렌드는 디지털 시대의 콘텐츠 전략에서 중요한 역할을 한다. 전 세계의 실시간 검색 트렌드를 보여주며 대중의 관심사를 들여다볼 수 있는 창을 제공한다. 마치 우리가 세상의 집단 무의식을 들여다보는 것과 같다고 할 수 있다.

한 번은 내가 『슈퍼모닝』이라는 책을 쓰려고 했을 때의 일이다. 구글 트렌드를 확인해보니 '모닝 루틴'이나 '효율적인 아침 시간 활용'과 같은 키워드의 검색량이 꾸준히 증가하고 있었다. 나는 "왜 사람들이 갑자기 아침 루틴에 관심을 갖게 되었을까?"라는 질문을 던졌다. 이 트렌드는 현대 사회의 바쁜 생활 속에서 시간을 효율적으로 관리하고자 하는 욕구의 표현임을 깨달았다. 이러한 이해를 바탕으로 책을 썼을 때 독자들의 반응은 놀라웠다. 많은 독자가 아침 루틴을 통해 자신의 일상을 개선하고 더 많은 에너지를 얻었다고 이야기했다.

구글 트렌드는 단순한 검색 순위 제공 서비스가 아니라 광고와 밀접하게 연결된 마케팅 도구다. 특정 키워드를 통해 사용자가 정보에 접근할 때 광고주는 이를 타기팅의 기회로 활용할 수 있다. 마치 낚시꾼이 물고기가 모이는 곳을 찾아 낚싯대를 드리우는 것과 같다.

마케팅 구루 세스 고딘은 "마케팅은 더 이상 당신이 만드는 것에 관한 것이 아니라 당신이 만드는 이야기에 관한 것"이라고 말했다. 이는 콘텐츠 제작에도 그대로 적용된다. 우리의 콘텐츠가 적절히 노출된다면 바이럴 효과를 일으키고 알고리즘에 의해 더 널리 확산될 수 있다.

그러나 콘텐츠의 완성도가 높다고 해서 반드시 조회수가 높아지는 것은 아니다. 때로는 주변의 긍정적 피드백과 좋은 댓글 반응에도 불구하고 조회수가 저조할 수 있다. 이럴 때 우리는 합리적인 의심을 해야 한다. 마치 요리사가 맛있는 음식을 만들었지만 손님이 오지 않는 상황과 비슷하다. 음식의 맛은 좋지만 레스토랑의 위치가 적절하지 않거나 메뉴판이 눈에 띄지 않을 수 있다.

시간에 따른 데이터 변화도 주목해야 한다. 갑작스러운 검색량 증가나 감소는 중요한 인사이트를 제공할 수 있다. 예를 들어 코로나19 초기에 '집콕 운동'이라는 키워드의 검색량이 폭증했던 것을 기억한다. 이를 빠르게 포착하여 '집에서 할 수 있는 10분 운동' 시리즈를 제작했더니 예상 외로 큰 인기를 얻었다.

구글 트렌드를 활용한 정량적 분석은 우리의 콘텐츠 전략에 객관성을 부여한다. 마치 나침반과 같아서 우리가 올바른 방향으로 나아가는지 확인할 수 있다. 그러나 동시에 트렌드에 휩쓸리지 않고 자신만의 독특한 시각과 가치를 잃지 않아야 한다.

••• 창작과 유통을 함께 공략하는 기획을 한다

데이터 과학자 클라이브 험비는 "데이터는 새로운 석유다."라고 했다. 그 석유의 실체를 우리는 실시간으로 확인할 수 있다.

구글 트렌드를 구독하면 관심 있는 키워드의 검색 데이터를 분석한 자료를 이메일로 받을 수 있다. 수신 빈도는 일주일 또는 한 달 단위로 조정 가능하며 검색 지역 또한 전 세계 혹은 특정 국가로 설정할 수 있다. 이 데이터를 정기적으로 활용하면 원하는 검색 데이터를 지속적으로 확인할 수 있으며 이를 통해 시장의 수요량을 분석하고 콘텐츠 제작과 서비스 제공 시기를 효과적으로 조율할 수 있다.

예를 들어 '다이어트'라는 키워드를 살펴보자. 구글 트렌드의 자료를 보면 계절별로 검색량의 변동이 뚜렷하게 나타난다. 여름철을 대비해 많은 사람이 다이어트를 시도하기 때문에 봄(3~5월)에 검색량이 급증하는 패턴을 보인다. 이와 연관된 키워드는 '피트니스' '헬

스장' '식단 조절' 등이며 이러한 데이터를 기반으로 콘텐츠 제작 및 마케팅 전략을 세우면 높은 효과를 기대할 수 있다.

데이터 분석을 통해 콘텐츠 수요를 예측하는 것도 가능하다. 예를 들어 테일러 스위프트와 킴 카다시안을 주제로 콘텐츠를 제작한다고 가정해보자. 두 사람 모두 미국에서 매우 유명한 셀럽이므로 직관적으로 어느 쪽이 더 인기가 많을지 판단하기 어렵다. 그런데 구글 트렌드의 시계열 데이터를 살펴보면 테일러 스위프트의 검색량은 변동이 크지만 킴 카다시안은 상대적으로 꾸준히 높은 검색량을 유지하고 있다. 이를 통해 특정 시점에서 테일러 스위프트보다 킴 카다시안을 주제로 한 콘텐츠가 더 많은 관심을 받을 가능성이 높다는 결론을 내릴 수 있다.

그뿐만 아니라 구글 트렌드를 활용하면 검색량이 집중되는 시간대를 파악할 수 있다. 예를 들어 검색량이 급감하는 시간대는 대부분 수면 시간대와 일치하며 반대로 증가하는 시간대는 주로 하교 시간 이후부터 자기 전까지다. 이러한 정보를 바탕으로 콘텐츠 업로드 시간을 조정하면 검색량이 높은 시간대에 맞춰 노출될 가능성이 커진다. 즉 콘텐츠를 제작하는 것뿐만 아니라 최적의 유통 전략을 함께 고려해야 한다는 의미다.

콘텐츠를 효과적으로 유통하기 위해서는 제목과 섬네일도 중요한 역할을 한다. 이는 사용자가 콘텐츠를 클릭하도록 유도하는 전환율과 직결되기 때문이다. 따라서 구글 트렌드에서 제공하는 인기 키워드와 연관성이 높은 제목과 이미지를 활용하면 콘텐츠 노출 가능성을 더욱 높일 수 있다.

구글 트렌드는 단순한 키워드 분석을 넘어 시계열 데이터를 기반으로 특정 시점에서 어떤 키워드가 유행했으며 그 이유가 무엇인지까지 파악할 수 있도록 돕는다. 예를 들어 2021년 우리나라에서 인기 있었던 키워드를 살펴보면 '로블록스' '코로나 백신 예약' '오징어게임' '테슬라 주가' '비트코인' 등이 상위를 차지했다. 특히 '로블록스'는 메타버스의 연관 키워드로 10대 청소년들에게 유튜브보다 더 인기가 많은 플랫폼이다. 이러한 데이터를 기반으로 미래 콘텐츠 플랫폼의 방향성을 예측하는 것도 가능하다.

또한 특정 시기의 검색 트렌드를 분석하면 주요 사회적 이슈와 연관된 키워드도 발견할 수 있다. 예를 들어 코로나19 기간에는 '백신 예약' '재난 지원금' '자가 진단' 등의 검색량이 급증했다. 2022년에는 대통령 선거와 관련하여 '대선 후보' '사전투표' '소상공인 손실 보상' 등의 키워드가 주목받았다. 이처럼 구글 트렌드는 과거 데이터를 기반으로 사회적 트렌드를 분석하고 이를 바탕으로 향후 트렌드를 예측하는 데 유용하게 활용할 수 있다.

특히 구글 트렌드는 지역별 검색 데이터도 제공한다. 예를 들어 특정 키워드가 미국에서 인기가 많다고 해도 우리나라에서는 다르게 나타날 수 있다. 이는 글로벌 마케팅 전략을 세울 때 유용한 정보가 된다. 또한 검색량이 특정 도시나 지역에서 집중되는 패턴을 분석하면 지역 맞춤형 콘텐츠를 기획할 수 있다.

구글 트렌드는 단순히 트렌드를 파악하는 것에 그치지 않고 키워드 간 연관성을 분석하는 기능도 제공한다. 예를 들어 '비트코인'을 검색할 때 함께 검색하는 연관 키워드를 살펴보면 'NFT' '이더리움' '코인 투자' 등의 키워드가 나타날 수 있다. 이러한 연관성을 활용하면 보다 심층적인 콘텐츠를 기획하는 데 도움이 된다.

결국 구글 트렌드를 활용하는 것은 단순히 인기 키워드를 확인하는 것에서 그치지 않는다. 검색량 변화, 계절성, 시간대별 변동, 지역별 관심도, 사회적 이슈 등을 종합적으로 분석함으로써 보다 전략적인 콘텐츠 기획과 마케팅이 가능해진다. 성공적인 콘텐츠 제작을 위해서는 창의성도 필요하지만 데이터에 기반한 기획과 유통 전략이 필수적이다. 구글 트렌드는 이를 위한 강력한 도구가 될 수 있다.

구글 트렌드로 콘텐츠 기획과 평가를 한다

특정 주제를 정했을 때 보다 세부적으로 콘텐츠를 기획하는 데 구글 트렌드를 효과적으로 활용할 수 있다.

첫 번째, 구글 트렌드는 키워드 검색량 비교에 도움이 된다. 예를 들어 면 요리를 다루기로 했다면 쌀국수, 라면, 소바 등의 검색량을 비교하며 어떤 주제가 더 많은 관심을 받는지 분석할 수 있다. 만약 구글 트렌드에서 소바와 라면의 검색량이 증가하는 반면 쌀국수의 검색량은 일정하다면 그 배경을 분석해야 한다. 단순한 유행 때문인지, 특정 이벤트나 사회적 흐름 때문인지 파악하는 것이 중요하다. 수요가 증가하는 키워드를 활용하면 높은 조회수를 기대할 수 있지만 트렌드를 따라가는 것만이 능사는 아니다.

그렇다면 질문이 생긴다. 트렌드만 따르면 무조건 성공할까? 그렇지 않다. 쌀국수의 검색량이 적다고 해서 반드시 조회수가 낮은 것은 아니다. 오히려 독창적인 콘텐츠 기획과 차별화된 접근법으로 쌀국수 콘텐츠가 라면을 주제로 한 콘텐츠보다 더 많은 조회수를 기록할 수도 있다. 핵심은 단순한 수요 추종이 아니라 데이터 기반의 전략적 사고다.

두 번째, 구글 트렌드는 타기팅 전략을 구체화하는 데도 도움이 된다. 예를 들어 라면은 미국, 남미, 호주 등에서 많이 검색되고 쌀국수는 러시아, 동남아, 특히 베트남에서 많이 검색되는 패턴을 보일 수 있다. 만약 내가 미국 시장을 타깃으로 삼는다면 라면 콘텐츠가 더 효과적일 수 있지만 동남아 시장을 겨냥한다면 쌀국수 콘텐츠가 유리할 것이다. 이처럼 데이터를 활용하면 지역별 소비 성향을 고려한 콘텐츠를 기획할 수 있다.

또한 검색량 증가의 배경을 조사하는 과정에서 콘텐츠 기획의 깊이를 더할 수 있다. 핵심은 끊임없이 "왜?"라고 질문하는 것이다. 예를 들어 베트남에서 쌀국수 검색량이 급증했다면 단순한 수요 증가인지, 특정한 사회적 요인이 있는지 탐색해야 한다. 관련 데이터를 세부적으로 분석하면 검색량 증가의 원인을 파악할 수 있다. 만약 '베트남 텔레비전'이라는 키워드가 연관 검색어로 등장한다면 방송 콘텐츠와의 연관성을 조사해볼 수 있다. 실제로 특정 드라마가 방영된 시점에 쌀국수 검색량이 증가한 사례가 있다. 즉 쌀국수 자체의 인기보다 미디어의 영향이 중요한 역할을 한 것이다.

  세 번째, 구글 트렌드는 콘텐츠의 성과를 분석하는 데도 유용하다. 한 콘텐츠의 조회수가 높거나 낮은 이유를 단순히 품질로만 해석하는 것은 위험하다. 구글 트렌드를 활용하면 콘텐츠의 성과가 수요에 의해 결정된 것인지, 콘텐츠의 완성도 때문인지 좀 더 객관적으로 분석할 수 있다. 조회수가 저조하다고 해서 반드시 콘텐츠의 문제는 아닐 수 있다. 만약 유사한 주제의 다른 콘텐츠도 조회수가 낮다면 이는 콘텐츠 자체의 문제라기보다 수요 부족 때문일 가능성이 크다. 반대로 특정 콘텐츠가 예상보다 높은 조회수를 기록했다면 그것이 콘텐츠 기획이 성공해서인지, 단순히 그 주제의 시장 수요가 높았기 때문인지 구별해야 한다.

  이러한 데이터 기반 분석을 통해 크리에이터는 보다 전략적으로 콘텐츠를 제작할 수 있다. 단순히 직관에 의존하지 않고 트렌드와 시장 데이터를 바탕으로 기획하는 것은 장기적인 성과에도 긍정적인 영향을 미친다. "우리는 과거를 분석함으로써 미래를 예측할 수 있다."라는 피터 드러커의 말처럼 데이터는 단순한 숫자를 넘어 콘텐츠 기획과 마케팅의 나침반이 될 수 있다.

9장

콘텐츠 생태계와 포지셔닝을 이해한다

1.
구글 툴을 적극적으로 활용하라

구글에서 제공하는 툴은 무궁무진하다. 구글 트렌드, 구글 애즈와 같은 툴은 주로 광고 시장에서 활용되지만 콘텐츠 기획과 제작에서도 상당한 가치를 제공한다. 나는 크리에이터들이 구글의 다양한 툴을 적극적으로 사용하기 전부터 활용해왔다. 그 결과 주제 선정이나 콘텐츠 품질을 평가할 때 단순한 감이 아니라 수요 기반의 객관적 데이터를 활용할 수 있었다.

구글이 유튜브를 인수한 이후 이러한 툴들의 활용 효과는 더욱 극대화되었다. 원래 구글은 텍스트 기반 검색 데이터를 수집하고 정교하게 가공해 수익화하는 방식을 개발해왔다. 유튜브 역시 같은 방식으로 발전하고 있다. 최근 들어 사람들은 단순한 텍스트 검색

보다 유튜브에서 직접 영상을 검색하는 경우가 많아졌다. 제품 사용법을 찾거나 여행 정보를 검색할 때 텍스트보다는 영상이 직관적이고 효과적이기 때문이다. 구글은 이러한 변화를 예측하고 있었다. 텍스트 기반 검색이 음성 검색으로, 그리고 결국에는 영상 기반 검색으로 발전할 것이라는 점을 미리 내다보았다. 그 예상은 정확히 맞아떨어졌고 유튜브는 현재 세계에서 가장 강력한 검색 플랫폼 중 하나가 되었다.

협업 툴을 활용해 새로운 시장을 개척한다

구글 애즈는 구글이 개발한 광고 프로그램이다. 인터넷을 이용하다 보면 사용자 맞춤형 배너 광고가 뜨는 것을 자주 볼 수 있다. 바로 구글 애즈의 결과물이다. 이 광고는 광고주가 경매 방식으로 입찰해 특정 검색어나 페이지에 광고를 배치하는 방식으로 집행된다. 유튜브에서도 마찬가지다. 영상의 시작, 중간, 끝에 등장하는 광고는 모두 구글 애즈를 통해 집행된다. 이 광고 수익은 유튜브와 콘텐츠 크리에이터가 일정 비율로 나누어 갖는 구조다. 우리가 흔히 이야기하는 '조회수 기반 수익 모델'이 이러한 방식에서 비롯된다.

구글 애즈는 콘텐츠 기획에도 매우 유용한 도구가 될 수 있다. 나는 과거 회사에서 제품 판매를 위해 구글 애즈를 사용하면서 광고 집행보다 키워드 데이터가 제공하는 가치에 주목했다. 이 과정에서 구글 애즈가 키워드 추천 기능을 제공하며 사람들이 실제로 어떤 주제에 관심을 갖고 있는지를 파악할 수 있다는 점을 깨달았다. 이 정보를 콘텐츠 기획에 적용하면 보다 효과적인 콘텐츠 전략을 세울 수 있다.

구글 애즈를 사용하려면 먼저 회원 가입을 해야 한다. 가입 후에 다양한 설정 창과 툴을 활용할 수 있는데 특히 '키워드 플래너' 기능이 중요하다. 이 기능을 사용하면 새로운 키워드를 찾을 수 있을 뿐만 아니라 검색량과 예상 실적을 조회할 수 있다. 또한 특정 제품이나 서비스에 관심이 있는 사용자에게 적합한 키워드를 추천한다. 이를 통해 광고주들은 더 효과적인 광고 전략을 수립할 수 있으며 콘텐츠 제작자들은 어떤 주제가 사람들에게 주목받고 있는지를 명확히 파악할 수 있다.

구글 애즈가 제공하는 또 하나의 강점은 실제 검색량 데이터를 확인할 수 있다는 점이다. 예를 들어 구글 애즈에서 '삼일절'이라는 키워드를 검색하면 해당 키워드의 월간 평균 검색량이 표시된다. 또한 특정 시점을 기준으로 검색량이 증가하거나 감소한 추이를 파악할 수 있으며 전년도 대비 검색량 변동도 분석할 수 있다. 이는 콘텐츠 기획뿐만 아니라 마케팅 전략을 수립할 때도 매우 유용한 자료가 된다.

광고 시스템이 경매 방식으로 운영되는 것도 흥미로운 점이다. 특정 키워드에 대해 광고주들이 입찰 경쟁을 벌이며 높은 금액을 제시한 쪽이 광고권을 가져간다. 예를 들어 '삼일절'이라는 키워드에 대한 광고 입찰을 진행할 때 높은 입찰가를 책정한 기업의 광고가 '삼일절' 키워드를 검색하는 사용자들에게 우선적으로 노출된다. 이처럼 구글 애즈는 광고주 입장에서뿐만 아니라 콘텐츠 제작자들에게도 실질적인 데이터를 제공하는 유용한 도구다.

결국 콘텐츠 제작자라면 구글 애즈 시스템을 적극적으로 활용해 어떤 키워드가 주목받는지를 파악하고 데이터에 기반한 콘텐츠 기획을 시도해야 한다. 대중이 원하는 정보를 정확히 분석하고 이에 맞춘 콘텐츠를 제작하는 것이야말로 성공적인 채널 운영의 핵심 전략이 될 것이다.

●●●
구글 애즈가 콘텐츠 기획의 도구가 된다

구글 애즈의 메커니즘을 이해하면 콘텐츠 기획에서 구체적으로 활용할 수 있다. 첫 번째로 키워드 분석에 도움이 된다. 예를 들어 '다이어트 브이로그'라는 키워드를 1년 기간으로 분석하면 확장된 검색 범위를 확인할 수 있다. 연관 키워드로 '식단' '보디프로필' '보디빌딩' 등이 나오는데 몇 가지 중요한 인사이트를 얻을 수 있다. 첫째, 다이어트 브이로그에 보디프로필 연관 키워드를 포함하면 더 많은 관심을 끌 가능성이 크다. 둘째, 사람들이 운동 방법이나 식단 스케줄을 알고 싶어 한다는 점에서 이와 관련한 정보를 제공하면 더욱 효과적인 콘텐츠가 될 수 있다. 이렇게 정량적 데이터에 근거한 기획이 직관적 사고보다 정확하고 현실적이다.

반면 직관적인 방식으로 기획할 수도 있다. 예를 들어 '다이어트

하는 사람들은 아마도 달리기를 많이 할 것이다.'라고 생각할 수 있다. 하지만 연관 키워드로 검색했을 때 '달리기'가 주요 연관 키워드로 나타나지 않는다면 굳이 해당 내용을 포함할 필요가 없다. 데이터에서 확인한 키워드를 활용하는 것이 훨씬 전략적인 접근이다. 시장의 수요를 반영하는 콘텐츠 기획 방식이어서 보다 높은 조회수를 확보할 가능성이 크기 때문이다.

콘텐츠 아이디어가 떠올랐다면 유튜브에서 연관 키워드를 검색해보는 것이 좋다. 검색 결과가 예상과 다르거나 계획한 콘텐츠 방향과 맞지 않는다면 다시 고민해볼 필요가 있다. 조회수가 낮다면 해당 아이디어는 현재 시장에서 큰 관심을 받지 못하는 주제일 수도 있다. 따라서 키워드 검색을 통해 확신을 얻은 후 세부적인 기획을 진행하는 것이 바람직하다. 브레인스토밍과 같은 창의적인 아이디어 도출 과정도 중요하지만 검색 툴은 내가 생각하지 못했던 키워드를 발굴하는 데 결정적인 역할을 한다.

두 번째로 구글 애즈는 시장의 수요를 구체적으로 파악하는 데도 도움이 된다. 예를 들어 '배달 음식'이라는 키워드를 검색하면 '배달 음식 추천' '배달 음식 종류' '점심 배달' '저녁 배달' '가성비 배달' 등의 연관 키워드가 나온다. 이러한 키워드는 브이로그의 아이디어나 키워드로 활용할 수 있다. 또한 구글 애즈에서는 각 키워드에 대한 입찰 가격 정보를 제공하므로 최저 입찰가가 높은 키워드는 시장에서 인기가 높다고 해석할 수 있다. 이런 분석을 바탕으로 콘텐츠를 기획하면 직관적인 아이디어보다 경쟁력이 훨씬 높아진다.

이러한 데이터 분석은 콘텐츠 기획뿐만 아니라 향후 제품이나 서비스를 출시할 때도 활용할 수 있다. 예를 들어 크리에이터가 미디어 커머스를 운영하려 한다면 구글 애즈의 입찰 데이터를 참고해 어떤 제품이 높은 관심을 받고 있는지 파악할 수 있다. 또한 자신의 채널을 홍보할 때도 배너나 영상 삽입 광고 등을 활용해 효과적인 마케팅 전략을 세울 수 있다. 예를 들어 게임을 다루는 유튜브 채널이라면 최근 리뷰한 게임의 광고를 큐알코드로 삽입해 서로 홍보 효과를 극대화할 수 있다.

유튜브는 크리에이터가 최적의 제작 환경을 구축할 수 있도록 다양한 기능을 제공한다. 유튜브를 운영할 때는 이러한 환경을 최대한 활용하는 것이 중요하다. 또한 기술 발전에 따라 콘텐츠 제작 방식도 변화하고 있다. 3D 영상 제작이 대표적이다. 가상현실로 제작된 영상은 360도로 시청할 수 있어 더욱 몰입감 있다. 유튜브는 이러한 변화를 적극적으로 수용하며 크리에이터들이 새로운 방식의 스토리텔링을 실험할 수 있도록 지원하고 있다.

이처럼 데이터에 기반한 콘텐츠 기획은 감각에 의존하는 기획보다 훨씬 강력한 효과를 발휘한다. 유튜브에서 사람들이 선호하는 콘텐츠를 데이터로 분석해 기획을 최적화하면 보다 효과적인 콘텐츠 전략을 세울 수 있다. 감각이나 트렌드에 의존하는 것이 아니라 시장의 흐름을 명확히 파악해서 반영하는 것이야말로 성공적인 크리에이터가 되는 길이다.

2.
숏폼을 활용해 구독자를 늘려라

최근 영상 콘텐츠 시장에서 가장 두드러지는 트렌드는 숏폼이다. 숏폼은 길이가 짧고 대체로 세로 형식의 영상이 많다. 스마트폰을 활용해 손쉽게 제작할 수 있으며 앱을 통해 즉각적으로 공유할 수 있다는 점에서 폭발적인 성장세를 보이고 있다. 특히 틱톡, 인스타그램 릴스, 유튜브 쇼츠 등이 숏폼 경쟁을 주도하고 있다.

숏폼 콘텐츠에서 특히 인기 있는 형식 중 하나가 듀엣이다. 듀엣은 누군가가 만든 콘텐츠를 그대로 따라 하거나 변형하여 새롭게 연출하는 방식이다. 이러한 참여형 콘텐츠는 사용자들의 적극적인 참여를 유도한다. 또한 상황극도 숏폼 콘텐츠의 주요 트렌드 중 하나다. 크리에이터들은 보다 정교한 연출을 위해 자체적인 제작 스튜디오를 운영하기도 한다. 하지만 숏폼의 특징상 개인이 스마트폰으로 촬영한 자연스러운 영상이 더욱 친근하게 다가온다.

최근 들어 챌린지 콘텐츠도 폭발적인 인기를 끌고 있다. 예를 들어 특정 안무를 따라 하거나 특정 트렌드에 맞춰 영상을 제작하는 방식이다. 틱톡과 인스타그램에서는 챌린지 콘텐츠가 바이럴되면서 수많은 사용자가 적극적으로 참여하고 있다. 정보성 숏폼 콘텐츠도 각광받고 있다. 간단한 생활 꿀팁, 요리 레시피, 운동 방법, 심리학 개념 등을 30초~1분 내에 전달하는 형식인데 유튜브 쇼츠와 인스타그램 릴스에서 특히 많이 소비된다.

숏폼 트렌드는 플랫폼마다 차이가 있다. 인스타그램은 릴스를 통해 숏폼 콘텐츠를 적극적으로 밀고 있다. 현재 인스타그램에서 이미지를 업로드하는 것보다 릴스를 게시했을 때 추천과 노출이 훨씬 많아진다. 이는 인스타그램이 알고리즘을 통해 릴스 콘텐츠를 활성화하려는 전략의 일환이다. 즉 인스타그램 계정을 성장시키고 인플루언서로 활동하고 싶다면 릴스를 적극적으로 활용하는 것이 효과적이다.

인스타그램은 릴스의 노출 알고리즘과 관련하여 몇 가지 기준을 밝힌 바 있다. 크리에이터가 릴스를 게시할 경우 팔로어에게만 노출되는 것이 아니라 무작위로 더 많은 사용자들에게 추천될 수 있도록 설계되어 있다. 이는 새로운 계정이 더 빠르게 성장할 수 있는 기회를 제공하는 동시에 사용자들이 더 많은 콘텐츠를 접할 수 있도록 한다. 하지만 저해상도 콘텐츠나 틱톡 워터마크가 찍힌 콘텐츠는 노출 빈도가 낮아질 가능성이 크다. 또한 정치적 내용을 담은 릴스는 추천하지 않겠다는 방침도 밝혔다. 이러한 사항을 고려해 릴스를 기획한다면 보다 효과적으로 계정을 성장시킬 수 있다.

유튜브 역시 쇼츠를 통해 숏폼 시장에 적극적으로 대응하고 있다. 구독자를 더욱 빠르게 늘리고 싶다면 쇼츠를 활용하는 것도 좋은 전략이 될 수 있다. 하지만 쇼츠에는 아직 몇 가지 고민할 요소가 있다. 유튜브는 기본적으로 가로 영상이 주를 이루는 플랫폼이다. 따라서 기존 유튜브 사용자들은 세로 형식의 쇼츠 영상에 다소 이질감을 느낄 수 있으며 피드 정렬에서도 일관성이 부족한 느낌을 줄 수 있다. 이러한 점들을 고려해 크리에이터는 자신의 콘텐츠 스타일과 타깃층을 분석한 후 숏폼 활용 전략을 결정하는 것이 중요하다.

숏폼 콘텐츠의 인기는 앞으로도 지속될 가능성이 높다. 크리에이터들은 플랫폼별 특성을 이해하고 어떤 형식이 자신의 채널에 적합한지를 고민하며 전략적으로 접근해야 한다. 숏폼을 잘 활용하면 단기간에 구독자를 확보하고 보다 빠르게 브랜드를 성장시킬 수 있을 것이다.

●●●
누구라도 갑자기 유명해질 수 있다

유튜브에서 활동하는 크리에이터들은 쇼츠를 만들 때 롱폼 영상과의 차이를 인식할 수밖에 없다. 쇼츠는 짧고 강렬한 인상을 주어야 하는데 이는 롱폼 콘텐츠와는 전개 방식과 주제가 완전히 다르기 때문이다. 유튜브 알고리즘은 쇼츠와 롱폼을 동시에 올리는 크리에이터는 별개의 캐릭터로 인식할 가능성이 높다. 또한 쇼츠는 불특정 다수에게 대량으로 노출되기 때문에 구독자가 아닌 사람들의 유입이 많아져 채널의 정체성을 새롭게 구성하는 요인이 될 수도 있다. 이러한 특성 때문에 쇼츠는 기존 알고리즘 구조 안에서 다소 독립적인 흐름을 보인다.

유튜브는 콘텐츠 품질을 평가하기 위해 자체적인 방법을 활용한다. 롱폼과 숏폼을 포함해 영상 만족도를 조사하고 '좋아요' '싫어요' '선택 안 함' 등의 데이터를 분석해 콘텐츠의 질을 판단한다. 인스타그램 릴스와 유튜브 쇼츠는 기본적으로 알고리즘 기반으로 추천되는 반면 틱톡은 알고리즘과는 다소 다른 방식으로 작동하는 특징이 있다. 틱톡에서는 지정한 몇 개의 에이전시가 홈 화면에 노출할 콘텐츠를 선정하는 권한을 갖고 있다. 즉 틱톡의 인기 콘텐츠는 알고리즘에 따라 자동 배치되기보다는 사람이 직접 선정하는 방식으로 운영된다.

이러한 방식을 따르면 누구라도 갑자기 유명해질 수 있다. 구독자 수나 업로드 수와 상관없이 특정 영상이 단순히 체류 시간이 길고 사용자 반응이 좋다면 담당자가 이를 노출 콘텐츠로 선정할 수 있기 때문이다. 실제로 현재 틱톡 팔로어 수 1억 명을 돌파한 상위 크리에이터는 단 1년 만에 이러한 성과를 이뤘다. 그런데 그가 유명해진 이유에 대한 명확한 설명은 부족했다. 단순한 춤 동작과 일상적인 콘텐츠였을 뿐인데 사람들은 "유명해서 유명해졌다."라는 표현을 사용했다.

과거에는 명확한 이유가 있어서 유명해지는 것이 일반적이었다. 가수, 배우, 기업가 등 뛰어난 능력이나 업적이 있어야 대중적인 인기를 얻었다. 그러나 지금은 특정 알고리즘이 작동하고 플랫폼이 특정 콘텐츠를 노출하는 것 자체가 유명세의 이유가 될 수 있다.

체류 시간을 늘릴 콘텐츠 전략이 필요하다

오늘날 누구라도 갑자기 유명해질 가능성이 있지만 지속적인 인기를 유지하려면 체류 시간을 늘리는 콘텐츠 전략이 필수적이다. 틱톡을 비롯한 대부분의 플랫폼은 콘텐츠당 평균 시청 시간을 추적하여 체류 시간이 길수록 좋은 품질의 콘텐츠로 판단하고 더 많은 사람에게 노출한다. 따라서 크리에이터들은 사람들이 오래 머물면서 끝까지 시청하고 싶어 하는 요소를 연구해야 한다.

틱톡은 체류 시간을 늘리기 위해 음원을 미리 제공하는 전략을 사용한다. 특정 음원을 활용해 크리에이터가 콘텐츠를 제작하도록 유도하고 이후 해당 음원의 콘텐츠를 많이 본 사용자들에게 유사한 영상을 추천한다. 이러한 전략을 활용한 대표적인 사례가 최근 유행한 'NPC 챌린지'다. 크리에이터들이 특정한 움직임이나 대사를 반복하는 콘텐츠를 만들어 올리면 이를 본 사용자들이 비슷한 형식으로 따라 하며 바이럴 효과가 발생한다. 이처럼 하나의 포맷이 대중화되면 알고리즘은 해당 트렌드를 더욱 강화하여 더 많은 사용자들에게 노출한다.

플랫폼에서 유명해지면 자연스럽게 광고가 유입된다. 유튜브 쇼츠는 최근 광고를 삽입하여 조회수에 따라 수익을 창출할 수 있도록 했다. 해외에서는 유튜브가 1억 달러 규모의 쇼츠 펀드를 조성했고 틱톡 역시 비슷한 방식으로 펀드를 운영하고 있다. 이러한 펀드 지원 시스템 덕분에 크리에이터들이 광고를 따로 유치하지 않아도 조회수가 많으면 수익을 얻을 수 있게 되었다.

틱톡은 리워드 지급 방식에서도 크리에이터 친화적인 정책을 펼치고 있다. 틱톡에서는 크리에이터들이 동영상을 업로드하고 이벤트에 참가할 수 있으며 리워드 지급 기준으로 독창성, 재생 시간, 검색 가치, 시청자 참여 등의 핵심 지표를 평가한다. 특히 1분 이상의 고품질 오리지널 콘텐츠를 지속적으로 제작하는 크리에이터들에게 리워드를 제공한다. 단 이러한 리워드 프로그램에 참여하려면 18세 이상(한국은 19세 이상)이어야 하고 팔로어 수 5만 명 이상, 최근 30일간 최소 조회수 10만 회 이상 등의 요건을 충족해야 한다.

결과적으로 숏폼 콘텐츠 제작 환경은 빠르게 변화하고 있으며 크리에이터들은 이러한 변화를 적극적으로 활용해야 한다. 체류 시간을 늘리고 플랫폼의 알고리즘을 분석하며 적절한 리워드 프로그램을 활용하는 전략이 필수적이다. 콘텐츠를 어떻게 제작하느냐에 따라 누구나 갑자기 유명해질 수 있는 시대가 도래한 것이다.

3.
지식 정보 콘텐츠는 롱폼이 유리하다

유튜브 브이로그 콘텐츠는 어떻게 변화하고 있을까? 최근 트렌드를 보면 재생 시간이 점점 길어지고 있다. 초기에는 5~10분 정도의 짧은 영상이 주류였지만 지금은 30분에서 1시간을 넘는 영상도 흔하다. 특히 화장하는 모습을 실시간으로 보여주거나 밥을 먹고 공부하고 일하는 모습을 별다른 편집 없이 그대로 송출하는 방식이 인기다. 이러한 영상은 마치 온종일 라디오를 틀어놓고 백색 소음처럼 활용하는 것과 비슷하다. 시청자들은 영상 속 일상을 관찰하면서도 특별히 집중하지 않아도 된다는 점에서 안정감을 느낀다.

그렇다면 사람들은 왜 이런 긴 영상을 시청하는 것일까? 과거에는 브이로그가 특정 인물의 흥미로운 삶을 들여다보는 방식으로 소비되었지만 이제는 관찰을 넘어 감성적인 휴식과 배경 콘텐츠로 활용된다. 일례로 '공부 브이로그'는 집중력을 높이려는 학생들에게 인기가 많다. 이러한 백색 소음만 들리는 '노토킹no-talking 브이로그'는 시청자가 마치 조용한 공간에서 함께 공부하는 듯한 몰입감을 제공한다.

유튜브에서는 정보성 콘텐츠도 지속적으로 증가하는 추세다. 건축, 인문학, 경제, 역사 등 다양한 분야의 지식 콘텐츠가 각광받고 있다. TV 프로그램 「알쓸신잡」처럼 인문학적 호기심을 자극하는 콘텐츠가 유튜브에서도 높은 조회수를 기록하며 보다 깊이 있는 정보 채널들이 성장하고 있다. 과거에는 이런 콘텐츠를 제작하려면 대규모 제작팀과 방송국의 지원이 필요했지만 이제는 1인 크리에이터도 충분히 경쟁력 있는 콘텐츠를 만들 수 있다.

●●●
깊이 있는 콘텐츠는 여전히 필요하다

그렇다면 깊이 있는 콘텐츠가 필요한 이유는 무엇인지 궁금해진다. 정보 콘텐츠는 오락을 넘어 교육적 역할을 수행한다. 예를 들어 팟캐스트와 유튜브를 결합한 형태의 콘텐츠는 이동 중이거나 다른 작업을 하면서도 학습할 수 있다. 한 연구에 따르면 2023년 기준으로 팟캐스트 청취자의 62%가 운전 중이나 출퇴근 시간에 오디오 콘텐츠를 소비하는 것으로 나타났다. 반면 유튜브는 시각적 자료를 활용하여 보다 직관적으로 정보를 전달할 수 있는 강점이 있다. 이러한 특징 때문에 경제나 역사 콘텐츠에서는 차트를 삽입하거나 판서를 활용한 강의 형식의 영상이 효과적이다.

한편 재테크 콘텐츠도 급속도로 성장하고 있다. 주식, 부동산, 환율, 금, 암호화폐 등 다양한 투자 분야에 대한 관심이 높아지면서 관련 유튜브 채널의 조회수가 급증했다. 유튜브의 금융 콘텐츠 조회 수치는 2019년 대비 2023년에 2배 이상 증가했다는 통계가 있다. 과거에는 전문가들의 분석을 TV에서 시청해야 했다. 하지만 이제는 개인 투자자들도 직접 경험을 공유하며 실시간으로 시장 동향을 분석하는 등 다양한 방식의 재테크 콘텐츠를 제작하고 있다.

그렇다면 유튜브가 취미 플랫폼에서 수익 창출의 장으로 변화한 이유는 무엇일까? 과거에는 유튜브가 개인의 추억이나 가족과의 경험을 영상으로 기록하는 용도로 사용되었다. 하지만 이제는 '어떻게 하면 돈을 벌 수 있을까'라는 질문이 중심이 되는 시대다. 크리에이터들은 유튜브를 통해 광고 수익을 얻거나 브랜드 협업, 멤버십, 후원 시스템을 활용하여 수익 모델을 확장하고 있다.

경쟁이 치열할수록 콘텐츠의 질은 높아진다

유튜브에서 콘텐츠 경쟁이 치열할수록 품질이 향상된다는 점도 흥미롭다. 한 조사에 따르면 우리나라의 유튜버 수는 인구 대비 가장 높은 수준이며 약 10만 명이 수익을 창출하고 있다. 일반적으로 유튜버 수가 많으면 경쟁이 심해지고 자연스럽게 콘텐츠의 질이 향상된다. 이는 스포츠에서도 동일하게 나타나는 현상이다. 강팀이 많을수록 경기 수준이 올라가듯 유튜브에서도 크리에이터 간 경쟁이 콘텐츠 발전을 이끄는 것이다.

우리나라가 콘텐츠 강국으로 성장한 것은 단순한 우연이 아니다. 좁은 국토에서 빠르게 트렌드를 흡수하고 서로 영향을 주고받는 환경이 조성되었기 때문이다. 이런 배경 덕분에 「오징어 게임」과 같은 드라마가 글로벌 시장에서 큰 성공을 거둘 수 있었다.

이제는 국내 유튜브 채널들이 국내 시장에서 글로벌 시장으로 확장하고 있다. 한류 콘텐츠의 영향력이 커지면서 유튜브 제작도 국내 시청자로 국한하지 않고 해외 시청자를 겨냥해야 한다. 특히 영어 자막을 추가하는 것만으로도 해외 구독자를 유입할 가능성이 크다. 유튜브는 다국어 자막을 지원하는 크리에이터들에게 추가적인 노출 기회를 제공하는 알고리즘을 운영하고 있다. 따라서 글로벌 시장을 염두에 둔 콘텐츠 전략을 마련하는 것이 앞으로 더욱 중요해질 것이다.

"성공한 사람과 그렇지 않은 사람의 차이는 단순하다. 성공한 사람은 기회를 기다리지 않고 만들어낸다."

조지 버나드 쇼가 한 말이다. 유튜브에서 성공하는 것도 마찬가지다. 트렌드를 따라가기만 할 것이 아니라 변화하는 환경 속에서 새로운 기회를 만들어나가는 것이 핵심이다. 경쟁이 치열한 환경에서 살아남고 더 나아가 글로벌 시장을 선점하기 위해서는 콘텐츠의 질을 지속적으로 개선하고 변화에 유연하게 대응해야 한다.

4.
이키가이로 포지셔닝 전략을 구축한다

지금 이 순간에도 수많은 영상이 쏟아져 나오고 있다. 전 세계적으로 1분마다 500시간 이상의 동영상이 유튜브에 업로드되고 있다고 하니 이 엄청난 홍수 속에서 내 콘텐츠가 눈에 띄기란 쉽지 않다. 그렇다면 어떻게 해야 이 거대한 바다에서 길을 잃지 않고 나만의 색깔을 유지할 수 있을까? 답은 자신만의 콘텐츠 포지셔닝을 명확히 하는 데 있다. 이는 곧 누구를 위해, 어떤 가치를 전하며, 어떤 분야에서 활동할지를 분명히 정하는 것이다. 포지셔닝이 뚜렷할수록 콘텐츠에 일관성이 생기고 시청자들은 채널을 찾는 이유를 분명히 인식하게 된다. 하지만 단순히 '조회수가 잘 나오는 주제'를 좇는 것만으로는 장기적인 성공을 보장하기 어렵다. 콘텐츠에도 방향

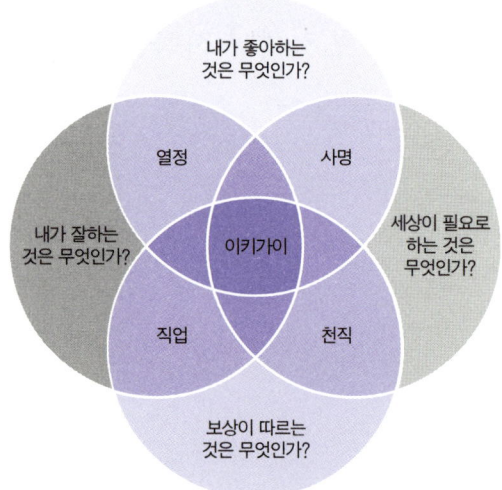

이키가이 벤다이어그램

성과 철학이 필요하기 때문이다. 여기서 한 가지 열쇠가 되는 개념이 있는데 바로 일본의 철학 '이키가이'다.

••• 이키가이로 콘텐츠 방향성을 찾아라

"위대한 일을 하는 유일한 방법은 당신이 하는 일을 사랑하는 것이다."라는 스티브 잡스의 이 유명한 말처럼 결국 열정은 훌륭한 콘텐츠의 출발점이다. 이키가이는 이러한 열정을 포함해 네 가지 요소의 교집합에서 삶의 의미를 찾는 개념으로 잘 알려져 있다. 이를 콘텐츠 기획에 적용하면 창작자로서 무엇을 만들고 왜 만드는지에 대한 분명한 기준을 세울 수 있다.

이키가이의 네 가지 핵심 질문은 다음과 같다. 첫째, 내가 좋아하는 것은 무엇인가? 둘째, 내가 잘하는 것은 무엇인가? 셋째, 세상이 필요로 하는 것은 무엇인가? 넷째, 보상이 따르는 것은 무엇인가? 이 질문을 여러분의 콘텐츠에 비춰 스스로에게 던져보자. 첫째, 내가 만드는 콘텐츠 주제나 형식 중 특히 열정을 느끼는 것은 무엇인가? 둘째, 콘텐츠 제작에 내게 강점이 되는 재능이나 전문성은 무엇인가? 셋째, 시청자들이 진정으로 필요로 하거나 가치 있게 여기는 콘텐츠는 무엇인가? 넷째, 이런 콘텐츠로 경제적 수익을 꾸준히 얻을 방법은 무엇인가?

예를 들어 여행을 좋아하고 영상 편집에 재능이 있는 한 창작자를 생각해보자. 그는 세계 곳곳의 숨은 명소를 탐험하는 것을 즐기고(좋아하는 것), 수준 높은 드론 촬영과 편집 기술을 갖추고 있으며(잘하는 것), 많은 사람이 새로운 여행지 정보를 원하고 있어서(세상이 필요로 하는 것), 새로운 여행지 콘텐츠로 광고 수익이나 협찬을 얻을 수 있다면(보상이 따르는 것) 이 창작자의 이키가이는 '오지 여행 영상 콘텐츠'가 될 수 있을 것이다.

이처럼 네 가지 요소가 겹치는 지점을 찾으면 그것이 바로 나만의 콘텐츠 방향성이 된다. 이키가이를 토대로 한 콘텐츠는 창작자 본인에게도 큰 의미가 있다. 인기나 유행을 쫓는 것이 아니라 자신이 왜 이 콘텐츠를 만드는가에 대한 분명한 이유가 되기 때문이다. 이런 철학적 기반이 있으면 일시적으로 성과가 저조하거나 환경이 변해도 쉽게 흔들리지 않고 꾸준히 나아갈 힘을 얻는다. 콘텐츠 제작 과정에서 좌절하거나 번아웃이 올 때 다시 처음 마음으로 돌아가 "내 이키가이는 무엇이었지?"라고 자문해보자. 그 답 속에 꾸준히 나아갈 원동력이 숨어 있다.

••• 최신 유튜브 트렌드에서도 나만의 길을 찾아라

그렇다면 이렇게 정한 나만의 방향성은 빠르게 변하는 유튜브 트렌드 속에서 어떻게 지켜나갈 수 있을까? 요즘 유튜브에서는 짧은 영상이 대세이고 알고리즘도 노출을 주는 추세다. 유튜브 쇼츠는 하루 조회수만 700억 회를 넘을 정도로 폭발적인 인기를 얻고 있다. 또한 우리나라에서는 유튜브가 국민 대다수가 사용하는 플랫폼으로 자리 잡았다. 한 조사에 따르면 스마트폰 사용자 1인당 유튜브 앱 이용 시간이 2019년 기준 월평균 21시간에서 2024년 기준 1월에는 40시간으로 2배 가까이 늘었다고 한다. 2023년 말 기준으로는 월간 활성 이용자가 약 4,565만 명에 달해 우리나라 인구의 거의 90%가 매달 유튜브를 이용하는 셈이다. 이처럼 콘텐츠 소비가 폭발적으로 증가하는 환경에서는 새로운 트렌드들이 쉴 새 없이 등장한다. 이런 흐름 속에서 크리에이터들은 흔히 딜레마에 빠진다. '유행을 따라갈 것인가, 아니면 내 길을 고수할 것인가?'라는 고민이다. 정답은 둘 중 하나가 아니라 균형에 있다. 트렌드를 놓치면 시대에 뒤처질 수 있지만 반대로 트렌드만 좇다가 보면 자신의 색깔을 잃고 금세 지치고 말 것이다. 핵심은 현재의 트렌드를 내 콘텐츠에 맞게 해석하고 활용하는 것이다. 예를 들어 짧은 영상이 유행이라 해도 내가 다루는 주제가 깊이 있는 설명이 필요하다면 주요 콘텐츠는 길게 가져가되 핵심 요약본을 쇼츠로 만들어보는 식의 전략을 취할 수 있다. 반대로 가벼운 일상 브이로그가 주 콘텐츠라면 최신 유행 밈이나 효과를 적절히 녹여 재미를 더할 수도 있다. 중요한 것은 어떤 경우든 내가 포지셔닝한 영역을 벗어나지 않으면서 시대의 흐름을 접목하는 것이다. 또한 데이터 분석을 통해 트렌드를 파악하는 습관도 필요하다. 유튜브 애널리틱스, 구글 트렌드를 활용하면 시청자들이 어떤 주제에 반응하는지 알 수 있다. 예를 들어 최근 시청자 연령대나 선호 콘텐츠 형태의 변화, 댓글 반응 등을 살펴보면 '내가 꾸준히 전달하려는 메시지와 시청자들의 관심사 사이에 간극은 없는가?'를 점검할 수 있다.

트렌드를 무조건 따르기보다는 나만의 관점으로 재해석해 콘텐츠로 풀어내면 오히려 차별화된 매력을 발휘할 수 있다. 결국 지속적인 성장을 위해서는 변화에 열린 마음과 동시에 나만의 철학을 고수하는 태도가 모두 중요하다.

●●●
콘텐츠 비즈니스는 장거리 마라톤이다

콘텐츠 세계에서 성공은 단거리 경주가 아니라 마라톤에 가깝다. 눈앞의 조회수에 일희일비하기보다 장기적으로 꾸준히 성장하는 채널을 만드는 것이 중요하다. 그렇다면 어떻게 해야 오랫동안 지치지 않고 창작을 지속할 수 있을까? 몇 가지 지속가능한 콘텐츠 제작 전략을 정리하면 다음과 같다.

첫째, 일정한 업로드 주기 유지다. 꾸준함은 신뢰와 직결된다. 무리해서 하루아침에 대성공을 거두려 하기보다 자신이 감당할 수 있는 주기로 규칙적으로 업로드하는 것이 좋다. 일정한 리듬은 알고리즘에도 유리하게 작용하고 무엇보다도 시청자들에게 약속을 지키는 것이 된다.

둘째, 현실적인 목표 설정이다. '이번 달에 무조건 구독자 10만 달성!'과 같은 무리한 목표보다는 콘텐츠 품질 향상이나 시청자 피드백 100개 모으기처럼 자신이 노력해서 달성할 수 있는 목표를 세우자. 작은 성취를 이뤄나가면 동기부여가 지속되고 심리적인 압박감도 줄어들어 번아웃을 예방하는 데 도움이 된다.

셋째, 커뮤니티와 소통한다. 시청자와의 소통은 채널의 장기적 성장에 필수다. 댓글에 답하거나 커뮤니티 탭이나 SNS를 통해 이야기를 나누며 팬덤을 구축하자. 충성도 높은 시청자층은 콘텐츠 제작을 멈추지 않도록 힘이 되어주고 어려울 때 큰 응원이 된다. 내 콘텐츠를 진심으로 아껴주는 사람들이 있다는 것은 큰 의미이자 동시에 책임감으로 작용한다.

넷째, 자기만의 휴식과 성장이다. 꾸준함이 중요하지만 휴식도 전략의 일부다. 크리에이티브한 작업일수록 번아웃을 피하려면 재충전하는 시간이 필요하다. 한 설문에 따르면 콘텐츠 크리에이터의 43%가 한 달에 한 번 이상 번아웃을 느끼고 29%는 거의 매주 겪는다고 한다. 결국 장기전을 위해서는 자기 페이스를 지키며 건강을 챙기는 것이 우선이다. 때로는 잠시 속도를 늦추고 새로운 아이디어를 얻기 위해 독서, 여행, 다른 크리에이터들의 콘텐츠 감상 등을 통해 영감을 충전하자. 또한 새로운 기술과 트렌드를 학습하며 계속 성장하는 것도 꾸준한 동력이 된다.

여기까지 살펴본 것처럼 자신의 이키가이에 뿌리를 둔 분명한 콘텐츠 포지셔닝, 시대 흐름을 읽는 감각, 꾸준함과 균형 잡힌 창작 태도가 어우러질 때 지속가능한 성공에 한걸음 더 다가설 수 있다. 결국 콘텐츠를 만드는 여정에서 가장 중요한 질문은 이것이다. '나는 왜 이 콘텐츠를 만드는가?' 그리고 '이 콘텐츠로 어떤 가치를 남길 것인가?' 이 물음에 대한 자신의 답을 항상 가슴에 품고 있다면 변화무쌍한 미디어 환경 속에서도 흔들리지 않을 나침반이 되어줄 것이다.

10장

차별화와 지속가능성을 동시에 달성한다

1.
각 플랫폼의 특성을 이해하고 공략하자

나에게 가장 적합한 플랫폼은 어디일까? 콘텐츠를 제작하기 전에 먼저 각 플랫폼의 특성을 이해하는 것이 중요하다. 최근 MZ세대를 중심으로 숏폼 콘텐츠가 큰 인기를 끌며 짧고 직관적인 영상이 주목받고 있다. 기존에는 스마트폰을 가로로 돌려 영상을 촬영하는 방식이 일반적이었지만 세로형 영상이 대세로 자리 잡으며 새로운 시청 방식이 형성되었다. 세로형 숏폼 콘텐츠는 빠르게 소비되고 스크롤 한 번으로 넘겨지는 스낵컬처Snack Culture의 대표적인 예다. 이러한 트렌드는 이제 중장년층까지 확산되어 짧고 간결한 시청 방식이 대중적인 문화로 자리 잡고 있다.

디지털 마케팅 기업 나스미디어의 「2021 숏폼 콘텐츠 플랫폼 보고서」에 따르면 OTT 서비스 이용자들은 평균적으로 10분 이내의 짧은 영상을 선호한다. 넷플릭스에서도 재미가 없으면 바로 시청을 중단하거나 1.5배속으로 감상하는 문화가 이미 정착된 상태다. 즉 평균 시청 시간이 짧아지고 있으며 시청자가 흥미를 느끼지 못하면 즉각적으로 이탈한다.

이런 변화 속에서 플랫폼별 특성을 제대로 이해해야 한다. 예를 들어 숏폼 콘텐츠 시장에서 틱톡은 가장 강력한 영향력을 가진 플랫폼이다. 해외 팝스타, 스포츠 스타, 사회적 이슈를 주도하는 인플루언서들은 틱톡을 활용해 대중과 소통하며 인지도를 높이고 있다. 또한 틱톡의 듀엣 기능, 이어 찍기 기능 등은 사용자 참여를 성공적으로 유도하고 있다.

플랫폼의 문법을 이해하고 대응해야 한다

틱톡은 코로나19 기간 동안 급성장하며 글로벌 플랫폼 중 가장 많은 다운로드 수를 기록했다. 해시태그 챌린지를 활용한 바이럴 마케팅이 효과를 발휘하며 기업과 B2B 비즈니스에서도 이를 적극적으로 도입하고 있다. 특히 틱톡의 콘텐츠는 재미 요소가 가미된 광고 형태여서 소비자들에게 자연스럽게 받아들여진다.

틱톡의 성공적인 바이럴 전략을 보면 해시태그 챌린지를 적극적으로 활용하는 것이 중요하다. 크리에이터들이 해시태그를 달아 챌린지에 참여하면 부담 없이 콘텐츠를 공유할 수 있으며 플랫폼의 알고리즘이 이를 추천하여 노출 효과를 극대화한다. 하지만 단순히 노출이 많다고 해서 성공하는 것은 아니다. 클릭률이 중요하며 섬네일, 제목, 해시태그 등을 전략적으로 설정해야 한다. 플랫폼의 알고리즘은 클릭률이 높은 콘텐츠를 더 많이 추천한다. 그리고 이러한 반복적인 피드백을 통해 조회수가 자연스럽게 상승하는 구조를 형성한다.

공유 기능도 적극적으로 활용해야 한다. 틱톡의 콘텐츠를 인스타그램, 카카오톡, 블로그, 페이스북 등에 공유하면 알고리즘이 이를 고품질 콘텐츠로 인식하고 추가로 노출한다. 즉 공유가 많이 될수록 플랫폼이 콘텐츠의 가치를 인정하는 셈이다. 콘텐츠를 노출함으로써 바이럴 효과를 극대화하는 전략을 고려해야 한다.

틱톡에서 찰리 더밀리오Charlie D'Amelio가 대표적인 사례다. 그는 16세 때 틱톡을 시작해 1년 만에 1억 명의 팔로어를 확보했다. 특출한 연기력이나 뛰어난 재능이 있는 것은 아니지만 인기 있는 챌린지에 참여하고 해시태그를 꾸준히 활용하며 틱톡의 알고리즘이 선호하는 방식으로 콘텐츠를 제작했기 때문이다. 그 결과 틱톡에서 자연스럽게 바이럴 효과를 얻었고 결국 세계적인 인플루언서로 자리 잡았다. 이후 그는 브랜드 협업과 광고로 연간 40억 원 이상의 수익을 창출하고 있으며 게시물 하나당 1억 원에 가까운 광고비를 받는 것으로 알려졌다.

틱톡의 알고리즘은 '유명해서 유명하다.'라는 공식이 작용한다. 한 번 인기를 얻기 시작하면 알고리즘이 이를 더 자주 추천하며 유명세가 쌓일수록 브랜드와 기업들의 협업 제안이 이어진다. 저스틴 비버가 더밀리오의 라이브 방송에 직접 메시지를 남기며 협업을 요청했던 사례는 이러한 선순환 구조를 보여주는 대표적인 예다.

콘텐츠의 형식과 내용을 동시에 신경 써라

영상 콘텐츠의 기준은 계속해서 변하고 있다. 과거에는 TV 규격에 맞춘 16:9 화면 비율이 주류였다. 이제는 다양한 디바이스에서 활용할 수 있도록 여러 형태로 제작되고 있다. 특히 360도 어라운드 뷰와 같은 신기술이 등장하며 콘텐츠 소비 방식 자체가 근본적으로 변화하고 있다.

메타버스 시대가 본격화되면서 콘텐츠의 형식 또한 중요한 요소가 되었다. 기존에는 TV나 스마트폰의 화면 크기에 맞춰 제작되었지만 이제는 공간 전체가 콘텐츠가 되는 환경이 조성되고 있다. 이는 콘텐츠 제작자들에게 새로운 기회이자 도전이 될 것이다. 예를 들어 가상현실이나 증강현실 기술을 접목한 콘텐츠는 이제 향후 콘텐츠 시장의 주요한 흐름이 될 가능성이 크다.

또한 스마트폰의 형태도 계속해서 변화하고 있다. 접는 방식의 폴더블 디바이스가 상용화되었고 구부리거나 둘둘 말 수 있는 디스플레이 기술도 개발 중이다. 이러한 변화 속에서 콘텐츠의 형식이 어떻게 발전할지 예측하고 준비하는 것이 중요하다. 형식과 내용이 균형을 이루어야 한다는 점을 잊어서는 안 된다. 좋은 음식이 훌륭한 그릇에 담겨야 더 가치 있어 보이듯 콘텐츠도 마찬가지다. 시청자가 몰입할 수 있도록 형식과 내용 모두에 신경 써야 한다.

오늘날 콘텐츠 시장은 빠르게 변화하며 경쟁이 치열하다. 조회수 증가를 목표로 하기보다 장기적으로 지속가능한 전략을 고민해야 한다. 플랫폼별 특성을 이해하고 숏폼 콘텐츠의 강점을 활용하며 변화하는 트렌드에 대응하는 유연성을 갖추는 것이 핵심이다.

또한 콘텐츠의 형식과 본질을 모두 고려하는 전략을 세워야 한다. 형식이 변한다고 해서 본질이 사라지는 것은 아니다. 시청자의 관심을 끌기 위해 트렌드를 반영하되 본질적인 스토리텔링과 메시지를 유지해야 한다. 콘텐츠가 흥미를 넘어서 가치와 의미를 전달할 수 있을 때 비로소 차별화와 지속가능성을 동시에 달성할 수 있다.

2.
콘텐츠 원 소스 멀티유즈 전략을 세우자

콘텐츠 제작에서 원 소스 멀티유즈One Source Multi-Use 전략은 필수다. 하나의 콘텐츠를 다양한 방식으로 활용하면 더 적은 노력으로 더 큰 효과를 낼 수 있다. 반면 이 개념을 제대로 이해하지 못하면 유튜브, 틱톡, 인스타그램 등 여러 플랫폼에서 비효율적으로 활동하게 되어 시간과 자원을 불필요하게 소모할 수 있다.

예를 들어 디즈니의 대표 캐릭터 미키마우스는 처음에 애니메이션으로 제작되었지만 이후 완구, 영화, 패션, 광고 등으로 확장되면서 거대한 라이선스 사업을 형성했다. 유튜브 크리에이터도 이러한 방식으로 하나의 콘텐츠를 다양한 형태로 가공하여 여러 플랫폼에서 수익을 창출할 수 있다.

원 소스 멀티유즈 전략은 크게 두 가지 방식으로 적용할 수 있다. 첫째, 라이선스 사업 모델이다. 제작한 콘텐츠를 방송사나 다른 미디어 플랫폼에 제공하여 라이선스 수익을 창출하는 방식이다. 하나의 콘텐츠를 여러 채널에서 활용하면서도 추가적인 제작 비용 없이 부가 수익을 창출할 수 있다.

둘째, 콘텐츠의 파생 및 재활용이다. 2차, 3차 콘텐츠를 만들어 새로운 가치를 창출하는 방법이다. 예를 들어 유튜브 롱폼 콘텐츠에서 하이라이트만 편집해 숏폼으로 만들거나 영화나 드라마처럼 리뷰, 감독판, 비하인드 스토리 등 여러 파생 콘텐츠를 제작하는 것이 이에 해당한다.

원 소스 멀티유즈를 다양한 플랫폼에서 활용하자

원 소스 멀티유즈를 효과적으로 활용하면 채널이 지속해서 성장하고 부가가치를 창출할 수 있다. 주요 전략은 다음과 같다. 첫째, 멀티플랫폼 전략이다. 유튜브 롱폼 콘텐츠의 하이라이트만 편집해 숏폼으로 변환하여 틱톡, 인스타그램, 페이스북 등에 업로드한다.

둘째, 숏폼 트렌드의 적용이다. 10대에게 익숙했던 숏폼 트렌드가 30~60대까지 확산되고 있다. 이에 따라 유튜브 크리에이터들도 롱폼 콘텐츠의 하이라이트를 쇼츠로 재가공하여 새로운 시청층을 확보할 수 있다.

셋째, 선순환 구조 형성이다. SOOP, 트위치에서 스트리밍한 콘텐츠를 유튜브에 업로드하고 이를 다시 숏폼으로 편집하여 각 플랫폼 간 시너지 효과를 극대화한다.

••• 원 소스 멀티유즈를 전략적으로 배포하고 활용하자

원 소스 멀티유즈는 단순히 콘텐츠를 복사하는 것이 아니다. 각 플랫폼의 특성에 맞춰 전략적으로 활용해야 한다. 첫째, 콘텐츠 소비 패턴을 고려해 순차적 업로드를 한다. 숏폼을 먼저 올려 관심을 끈 후 롱폼을 업로드하고 이후 무편집본을 제공하는 등 콘텐츠 소비 패턴을 고려한 배포 전략이 필요하다.

둘째, 채널 간 연계를 강화한다. 유튜브 쇼츠나 틱톡 영상에 유튜브 롱폼 링크를 삽입하거나 인스타그램 프로필에 롱폼과 숏폼 링크를 각각 배치하여 구독과 유입을 유도한다.

셋째, 브랜드 사례를 연구한다. 「올블랑TV」는 30분짜리 운동 영상을 제작한 후 이를 세로형 숏폼으로 변환해 유튜브, 틱톡, 인스타그램에 업로드한다. 동시에 SK브로드밴드에도 콘텐츠를 공급하는 라이선스 사업을 운영하여 원 소스 멀티유즈 전략을 실현하고 있다.

콘텐츠를 하나만 제작하고 활용하지 않는다면 스스로 바이럴 가능성을 포기하는 것이나 다름없다. 원 소스 멀티유즈 전략은 경제적 수익 창출뿐만 아니라 다양한 플랫폼을 통한 브랜드 인지도 확장에도 기여할 수 있다. 플랫폼 간 연계 효과를 극대화하면 어느 한 곳에서 반응이 터질 경우 다른 플랫폼으로도 파급될 수 있다.

유의할 점도 있다. 첫째, 단순 복제는 지양한다. 각 플랫폼의 특성에 맞춰 콘텐츠를 맞춤 제작해야 한다. 예를 들어 유튜브 롱폼을 틱톡이나 인스타그램에 그대로 올리는 것이 아니라 해당 플랫폼의 감성, 폰트, 텍스트 활용 등 문법에 맞춰 편집해야 한다.

둘째, 구독자 참여형 콘텐츠를 활용한다. 구독자가 내 콘텐츠를 리뷰하는 영상을 올리도록 유도하고 이를 다시 크리에이터가 리뷰하는 형태로 발전시키면 시청자와의 교감을 높이고 콘텐츠의 파급력을 극대화할 수 있다.

셋째, 듀엣 기능과 댓글을 활용한다. 틱톡의 듀엣 기능이나 유튜브의 댓글을 활용한 반응 콘텐츠 제작도 원 소스 멀티유즈의 일환이다. 시청자와의 소통을 극대화할 수 있는 요소를 적극 활용해야 한다.

다시 말하지만 원 소스 멀티유즈 전략은 같은 콘텐츠를 여러 곳에 올리는 것이 아니다. 각 플랫폼의 문법과 소비 패턴을 이해하고 최적화하여 활용하는 전략이다. 유튜브, 틱톡, 인스타그램, 페이스북 등 다양한 플랫폼에서 콘텐츠를 효과적으로 배포하고 활용할 수 있다면 콘텐츠의 생명력을 연장하고 지속해서 성장할 수 있다.

중요한 것은 콘텐츠의 확장성과 지속성이다. 내가 만든 콘텐츠를 어떻게 활용하고 어떤 방식으로 더 많은 사람에게 다가갈지 고민하는 것이 크리에이터로서의 경쟁력을 좌우한다. 원 소스 멀티유즈 전략을 적절히 활용하면 콘텐츠 하나로도 무한한 가능성을 열어갈 수 있다.

3.
숏폼은 채널 활성화의 트리거가 돼야 한다

숏폼 콘텐츠의 등장으로 플랫폼 간 경쟁이 더 치열해졌다. 틱톡이 MZ세대 사이에서 폭발적인 인기를 끌자 유튜브도 쇼츠로 대응했다. 롱폼 콘텐츠를 제작하던 크리에이터들도 숏폼을 제작할 수 있는 능력을 갖추고 있다. 하지만 유튜브에서 숏폼을 소비하려면 틱톡으로 이동해야 하는 번거로움이 있었다. 이러한 불편함 때문에 플랫폼을 이탈할 가능성이 높았다.

이제 숏폼은 이러한 문제를 해결하고 채널 활성화를 이끄는 중요한 요소로 작용해야 한다. 콘텐츠의 특성에 따라 시청자가 여러 플랫폼으로 흩어지는 것이 아니라 하나의 채널 내에서 자연스럽게 소비할 수 있도록 유도해야 한다. 특히 숏폼은 단순한 홍보용 콘텐츠가 아니라 채널의 성장을 촉진하고 비즈니스로 연결할 수 있는 핵심 도구가 되어야 한다.

••• 숏폼의 등장은 비즈니스 가치 때문이다

유튜브는 최신 트렌드를 반영하면서도 크리에이터와 소비자의 편의성을 고려해 숏폼을 도입했다. 초기에는 틱톡에 비해 유튜브 쇼츠의 품질이 다소 부족했지만 시간이 지나며 개선되었다. 모든 서비스가 그렇듯 초기에 완벽한 품질을 제공하는 것은 어렵다. 틱톡도 수년간 개선을 거듭하며 지금의 영향력을 갖추게 되었다.

유튜브의 강점은 방대한 사용자 기반과 구글의 인공지능 알고리즘이다. 이 경쟁력을 바탕으로 롱폼 콘텐츠를 편집하여 쇼츠로 올리는 전략이 가능해졌다. 시청자들은 쇼츠를 통해 하이라이트를 접한 뒤 원본인 롱폼 콘텐츠를 찾아보는 방식으로 유입될 수 있다. 또한 기존 롱폼에서 볼 수 없었던 비하인드 콘텐츠를 쇼츠로 제공하면 더욱 효과적이다. 대표적인 사례로 인터넷 방송인 침착맨이 기존 영상들을 특정 키워드로 하이라이트 편집하여 쇼츠로 올리는 방식을 들 수 있다.

이미 많은 크리에이터가 롱폼 콘텐츠에서 핵심 요소를 추려 숏폼으로 가공하는 전략을 활용하고 있다. 예를 들어 한 크리에이터가 몰래카메라 콘텐츠를 제작한다면 주요 장면만 모아 짧은 영상으로 만들 수 있다. 이렇게 기존 롱폼을 재가공해 새로운 콘텐츠를 제작하는 것은 숏폼 활용의 대표적인 예시다.

최근 유튜브뿐만 아니라 인스타그램 릴스도 알고리즘에서 중요한 역할을 차지하고 있다. 쇼츠와 릴스를 많이 올릴수록 노출이 증가하는 구조다. 이는 틱톡이 시장을 선점하는 것을 방어하기 위해 유튜브와 인스타그램이 전략적으로 알고리즘을 조정한 결과다. 유튜브에서도 쇼츠를 적극적으로 활용하는 것이 유리한 이유다.

숏폼을 콘텐츠 형식의 하나로만 볼 것이 아니라 채널 활성화를 위한 효과적인 도구로 인식해야 한다. 조회수를 높이는 것에서 그치지 말고 시청자 참여율과 상업적 가치를 극대화하는 전략적 접근을 해야 한다.

●●●
진입장벽이 낮은 숏폼을 공략하라

숏폼 제작은 롱폼보다 훨씬 쉽고 접근성이 높다. 이제 롱폼은 스마트폰만으로 제작하기 어려운 시대가 되었다. 스마트폰으로 기본적인 영상을 촬영할 수는 있지만 경쟁력을 갖추려면 고사양 카메라와 컴퓨터 편집이 필수적이다. 반면 숏폼은 스마트폰 하나로도 충분히 제작하고 빠르게 업로드할 수 있어 제작 부담이 낮다. 이러한 장점 덕분에 숏폼은 콘텐츠 채널의 지속성을 보장하는 역할을 한다. 제작 과정이 어렵거나 번거롭다면 지속해서 업로드하기가 어려울 수밖에 없다. 하지만 숏폼은 짧은 시간 안에 쉽게 제작할 수 있어 꾸준한 콘텐츠 생산이 가능하다.

또한 숏폼은 원 소스 멀티유즈 전략에도 유리하다. 유튜브는 기존 콘텐츠를 그대로 재업로드하는 것을 원칙적으로 허용하지 않는다. 하지만 기존 롱폼 콘텐츠를 적절히 가공하여 새로운 가치를 창출하는 것은 긍정적으로 평가한다. 예를 들어 연예인 영상을 편집해 쇼츠로 제작하면 원저작자가 이를 승인할 가능성이 높아지고 바이럴 가능성도 커진다. 영화 리뷰 콘텐츠가 대표적이다.

숏폼의 보급은 유튜버가 되는 데 진입장벽을 낮추는 역할도 한다. 인스타그램 릴스를 자주 제작한 경험이 있는 사람이라면 유튜브 쇼츠 제작에도 쉽게 적응할 수 있다. 과거에는 유튜버로 활동하기 위해 카메라와 편집 장비 등 초기 투자 비용이 필요했지만 릴스와 쇼츠는 비용 부담이 없다. 이러한 특성을 활용하면 인스타그램 릴스에서 시작해 틱톡과 유튜브 쇼츠로 확장하는 것도 전략적으로 유리하다.

인스타그램 릴스는 기존 사용자들이 쉽게 접근할 수 있도록 설계되었다. 사진을 자주 올리던 사용자가 릴스를 이용하면 조회수와 팔로어가 증가하면서 시너지 효과를 경험할 수 있다. 여기에 알고리즘이 노출을 적극적으로 지원하면서 빠르게 성장할 기회를 제공한다. 이러한 경험을 한 사용자들은 유튜브 쇼츠 제작에 부담을 덜 느낀다.

인스타그램과 틱톡은 콘텐츠 노출 방식에서 차이가 있다. 인스타그램은 기존 팔로어를 중심으로 콘텐츠를 노출하는 반면 틱톡은 사용자가 모르는 사람들의 콘텐츠까지 적극적으로 노출한다. 이러한 차이는 페이스북의 콘텐츠 공유 방식에서 비롯되었다. 페이스북은 지인 네트워크를 기반으로 콘텐츠를 공유하는 구조여서 인스타그램 역시 이 방식을 따랐다. 반면 틱톡은 해시태그와 트렌드를 기반으로 유행하는 콘텐츠를 빠르게 확산하는 방식이다.

따라서 인스타그램 릴스는 개인적인 관계망 속에서 콘텐츠를 공유하고 피드백을 받는 데 적합하다. 틱톡은 빠른 확산과 트렌드 반영에 유리하다. 이러한 플랫폼별 특성을 이해하고 각 플랫폼에 맞는 전략을 수립해야 한다.

숏폼 콘텐츠는 크리에이터가 지속적으로 성장하고 비즈니스 모델을 확장하는 데 중요한 역할을 한다. 플랫폼 간 차이를 고려하고 숏폼을 활용한 채널 활성화 전략을 수립하는 것이 성공의 열쇠다.

4.
크리에이티브한 콘텐츠가 브랜딩을 만든다

 모든 비즈니스는 브랜딩이 필요하다. 브랜딩은 소비자의 기억 속에 특정 이미지를 각인시키는 과정이다. 소비자는 브랜드가 제공하는 가치를 인식하고 그것이 자신의 라이프스타일과 부합할 때 구매를 결정한다.
 최근 아마존을 비롯한 여러 기업이 PB 상품을 대거 출시하며 브랜드 없는 제품 판매 전략을 펼치고 있다. 하지만 이러한 방식조차도 '최저가'라는 브랜드 아이덴티티를 구축하는 과정이다. 우리나라에서도 쿠팡과 마켓컬리가 '새벽배송'이라는 강력한 차별화 요소를 통해 소비자에게 브랜드 가치를 각인시키며 시장을 장악했다.
 브랜딩에 성공하면 소비자는 개별 제품을 비교할 필요 없이 브랜드를 신뢰하고 구매한다. 이렇게 되면 마케팅 비용을 절감할 뿐만 아니라 충성 고객도 확보할 수 있다. 브랜드를 이름이나 로고로만 인식할 게 아니라 소비자와 관계를 형성하는 도구로 인식해야 한다. 과거에는 대규모 광고와 프로모션이 브랜딩의 핵심이었다면 오늘날에는 콘텐츠와 스토리텔링이 브랜딩의 중심이 되고 있다.

스토리텔링이 강한 브랜드가 성공한다

많은 소비자가 최저가를 선호한다. 하지만 가격보다 품질과 브랜드 가치를 우선시하는 고객층도 존재한다. 이를 럭셔리 마켓이라고 한다. 시장에서 매출의 80%를 차지하는 대중적인 제품군(B2C 시장)이 있는가 하면 소비자는 적지만 높은 수익을 창출하는 럭셔리 시장(20%)도 상당한 영향력을 발휘한다.

아마존은 '최저가'라는 브랜드 아이덴티티를 구축하여 대중 시장을 장악했다. 반면 「올블랑TV」는 '짧고 효과적인 홈트'라는 브랜드 이미지를 형성하여 차별화를 이루었다. '타바타' 운동과 같은 짧고 효과적인 운동 콘텐츠를 통해 소비자가 직접 체험할 수 있도록 유도하는 것이 핵심이다. 브랜드가 성공하려면 기능적 특성뿐만 아니라 소비자의 감성을 자극하는 스토리를 만들어야 한다.

좋은 콘텐츠는 조회수 증가에만 초점을 맞추는 것이 아니라 소비자가 직접 체험하고 만족도를 느낄 수 있도록 유도해야 한다. 실제로 효과가 검증된 운동 콘텐츠를 제공하는 「올블랑TV」처럼 소비자가 직접 경험하고 가치를 느낄 때 브랜딩 효과는 극대화된다.

모든 콘텐츠는 브랜딩을 위한 도구다. 브랜딩은 콘텐츠 없이는 불가능하다. 광고도 하나의 콘텐츠이며 길거리에 붙어 있는 포스터조차 브랜드의 메시지를 전달하는 콘텐츠의 일부다. 디지털 시대에 콘텐츠의 중요성은 더욱 커졌다. 따라서 일방적인 홍보가 아니라 소비자가 브랜드와 자연스럽게 연결될 수 있도록 전략적으로 기획해야 한다. 브랜딩을 잘하는 기업은 단순한 정보 전달을 넘어 브랜드의 가치를 스토리로 풀어낸다. 예를 들어 넷플릭스는 영상 스트리밍 서비스가 아니라 '어디서든 몰입할 수 있는 최고의 엔터테인먼트 경험'이라는 브랜드 이미지를 구축했다.

스토리텔링이 지루하면 브랜드의 영향력도 줄어든다. 방송 업계에서는 '3초 법칙'이라는 개념이 있다. 3초마다 새로운 정보를 제공해야 시청자의 이탈을 막을 수 있다. 유튜브에서도 3초 안에 시청자의 관심을 사로잡지 못하면 영상은 스크롤 뒤로 사라진다. 스토리텔링이 탄탄해야 편집과 시각적 효과도 그 가치를 더욱 높일 수 있다.

최근 유튜브에서 성공한 예로「숏박스」를 들 수 있다.「숏박스」는 짧고 강렬한 스토리텔링이 담긴 코미디 콘텐츠로 급성장했다. 빠른 전개와 공감 가는 상황 설정으로 짧은 시간 안에 강한 인상을 남긴다. 반면 편집 기술에 의존하는 콘텐츠는 성장에 한계를 맞는다.

••• 대중성과 개성의 균형을 맞춰야 한다

유튜브는 누구나 콘텐츠를 제작할 수 있는 개방적인 플랫폼이지만 성공적인 크리에이터가 되기 위해서는 대중성과 개성을 조화롭게 유지하는 전략이 필요하다. 인기 있는 주제를 반복하는 것만으로는 지속적인 성장을 기대하기 어렵고 반대로 너무 독특한 콘텐츠만 고집하면 대중과의 접점을 놓칠 수 있다.

어떻게 해야 대중과의 접점을 찾을 수 있을까? 첫째, 눈높이를 맞춘 콘텐츠가 주목받는다. 유튜브에서 너무 어렵거나 반대로 지나치게 단순한 콘텐츠는 대중의 관심을 유지하기 어렵다. 중요한 것은 시청자의 수준에 맞춘 적절한 정보를 제공하고 전달하는 방식이다. 예를 들어 「지식해적단」은 역사, 사회, 경제 등 다양한 분야의 지식을 흥미롭게 전달하는 채널이다. 학문적으로 깊이 있는 내용을 다루지만 어려운 개념을 알기 쉽게 설명한 덕분에 대중적으로 인기를 끌고 있다. 반면 「닥터프렌즈」는 의사들이 운영하는 채널로 일반인이 궁금해하는 건강과 의학 정보를 전문적인 지식을 바탕으로 쉽게 풀어낸다. 이처럼 전문적인 주제라도 대중이 이해하기 쉬운 방식으로 전달하면 누구나 관심을 가지는 콘텐츠가 된다.

둘째, 대중성과 개성을 조화롭게 유지한다. 유튜브에서 성공하는 크리에이터들은 보편적인 관심사를 다루면서도 자신만의 차별화된 스타일을 구축한다. 예를 들어 「빠더너스」는 한국 사회의 다양한 모습과 외국인의 시선을 유쾌한 패러디 형식으로 풀어내면서 개성을 확립했다. 코미디 콘텐츠에 사회적 공감 요소와 현실적인 유머를 적절히 배합하여 차별화된 정체성을 만들었다. 또한 요리 리뷰 콘텐츠 분야에서도 개성은 중요한 차별화 요소다. 「맛상무」는 기존의 요리 리뷰 채널과 달리 전직 군인의 시각에서 맛집을 분석하고 독특한 설명 방식과 직설적인 화법으로 차별화했다. 같은 요리 리뷰 콘텐츠라도 전달 방식과 연출 방식에 따라 전혀 다른 개성이 생길 수 있음을 보여주는 사례다. 이처럼 자신만의 스타일과 접근 방식을 확립하는 것이 장기적인 브랜드 구축의 핵심이다.

셋째, 단순한 정보 제공을 넘어 '스토리'를 만든다. 많은 크리에이터들이 정보를 전달하는 데 집중하지만 단순한 정보 제공만으로는 지속적인 성장을 기대하기 어렵다. 성공적인 콘텐츠는 정보를 전달하면서도 감정적으로 연결되는 요소를 포함해야 한다. 예를 들어 「침착맨」은 게임 방송에 독특한 화법과 연출을 더해 '웹툰 작가의 유머 감각'이라는 브랜드를 확립했다. 게임과 예능 요소를 적절히 결합해 시청자들과 소통하는 방식이 단순한 정보 전달을 넘어서 하나의 서사로 이어지게 한다. 또한 「장삐쭈」는 애니메이션 콘텐츠를 기반으로 짧은 개그 영상을 제작하는데 특정 캐릭터와 세계관을 지속적으로 구축하며 스토리텔링을 강화했다. 이처럼 개성이 강한 채널도 지속적인 스토리텔링을 통해 대중적인 인기를 유지할 수 있다.

넷째, 브랜딩과 콘텐츠 기획의 핵심은 대중성과 개성의 균형이다. 유튜브에서 차별화된 브랜드를 만들기 위해서는 대중성과 개성을 조화롭게 유지하는 전략이 필요하다. 눈높이를 맞춘 콘텐츠는 대중이 쉽게 이해할 수 있으면서도 깊이 있는 내용을 제공해야 한다. 그리고 대중성과 개성의 균형을 유지하려면 인기 있는 주제를 다루되 자신만의 스타일과 차별화된 접근 방식을 설정해야 한다.

스토리텔링 중심의 콘텐츠는 단순한 정보를 넘어 감정적으로 연결할 수 있는 이야기를 구성해야 한다. 이러한 요소를 잘 활용하면 조회수가 높아지는 것은 물론 장기적으로 신뢰받는 브랜드를 구축할 수 있다.

5.
라이브 방송도 전략적으로 활용해야 한다

영상 콘텐츠는 크게 라이브 방송과 녹화 방송으로 나뉜다. 기존에는 유튜브, SOOP, 트위치가 라이브 방송 플랫폼의 대표주자로 자리 잡았다. 최근 인스타그램과 틱톡이 라이브 기능을 강화하면서 시장이 더욱 경쟁적으로 변했다. 한편 트위치는 국내에서 철수했고 네이버의 치지직이 새롭게 등장하는 등 라이브 방송 플랫폼 시장은 지속적으로 변화하고 있다.

라이브 방송은 실시간 소통도 하고 콘텐츠를 재활용할 수 있다는 장점이 있다. 크리에이터들은 라이브 방송을 진행한 후 이를 편집해 유튜브에 업로드함으로써 하나의 콘텐츠를 여러 방식으로 활용할 수 있다. 하지만 유튜브 크리에이터들은 트위치와 SOOP처럼 라이브 방송을 자주 하지 않는다. 이는 플랫폼별 문화의 차이 때문이다.

예를 들어 트위치와 SOOP에서는 시청자 후원 시스템이 발달해 있다. SOOP의 별풍선, 트위치의 비트와 같은 후원 시스템이 라이브 방송의 중요한 수익원으로 자리 잡으면서 크리에이터들이 지속적으로 라이브 방송을 진행하는 동기를 부여한다. 반면 유튜브는 후원 기능이 상대적으로 제한적이며 플랫폼 특성상 편집된 영상이 중심이 되는 환경이어서 라이브 방송 빈도가 낮은 편이다.

••• 라이브 방송은 새로운 수익 창출의 기회다

라이브 방송의 강점 중 하나는 충성도 높은 시청자를 확보할 수 있다는 점이다. 유튜브의 분석 툴을 활용하면 어떤 주제의 라이브에 누가 유입되는지, 시청자의 평균 시청 시간과 참여도는 어떤지 구체적인 데이터를 확인할 수 있다. 또한 라이브 방송은 일반 영상보다 실시간 상호작용이 가능하기 때문에 구독자의 충성도를 높이는 데 효과적이다. 정기적으로 라이브 방송을 진행하면 고정 시청자층이 형성된다. 이들은 향후 유료 멤버십 가입, 후원, 상품 구매 등을 통해 크리에이터의 수익화 모델에 기여할 가능성이 크다.

유튜브에서는 크게 세 가지 방식으로 라이브 방송을 진행할 수 있다. 첫째, 웹캠을 활용한 간단한 라이브 방송이다. 둘째, 스마트폰을 이용한 모바일 라이브 방송이다. 셋째, OBS와 같은 개인 인터넷 방송을 위한 무료 송출 소프트웨어를 활용한 방송이다. 이 중 OBS 와 같은 무료 방송 송출 소프트웨어를 활용하면 유튜브, SOOP, 트위치 등의 플랫폼에 동시 송출이 가능하며 화면을 원하는 대로 조정할 수도 있다. 즉 여러 플랫폼에서 동일한 라이브 방송을 진행하면서도 플랫폼별 차별화된 접근 전략을 세울 수 있다.

플랫폼별 라이브 방송 전략의 차이를 알아라

각 라이브 플랫폼은 고유한 시스템과 문화를 가지고 있으므로 이를 이해하고 전략적으로 접근해야 한다. 먼저 유튜브 라이브는 단기적인 수익보다는 장기적인 구독자 확보와 브랜드 이미지 구축에 효과적이다. 특히 Q&A 세션, 전문가 인터뷰, 강의 콘텐츠 등 교육적인 요소를 포함한 라이브 방송이 좋은 반응을 얻는다. 예를 들어 「닥터프렌즈」는 의학 정보를 쉽게 전달하는 유튜브 채널로 라이브 방송을 통해 시청자들의 질문에 실시간으로 답변하며 신뢰도를 높이고 있다. 이처럼 정보성이 강한 채널은 라이브 방송을 통해 전문성을 강조할 수 있다.

SOOP은 실시간 소통과 엔터테인먼트 중심이다. 그에 따라 BJ(스트리머) 문화가 정착되어 있다. 게임, 먹방, 토크 방송 등 다양한 분야에서 '별풍선'이라고 하는 후원 기능을 활용한 수익화 모델이 활성화되어 있으며 시청자들과 직접적인 상호작용이 중요한 플랫폼이다. 예를 들어 '철구형'은 SOOP에서 활동하는 대표적인 BJ로 시청자와 실시간 소통을 극대화하며 높은 후원 수익을 기록하고 있다. 라이브 방송을 통해 팬들과 직접적인 관계를 형성하면서 꾸준한 성장세를 유지하는 사례다.

틱톡과 인스타그램의 라이브 방송은 긴 호흡의 콘텐츠보다는 짧고 즉흥적인 소통에 초점을 맞춘다. 예를 들어 뷰티 인플루언서들이 실시간 메이크업 튜토리얼을 진행하거나 패션 브랜드가 라이브 커머스를 활용해 제품을 판매하는 방식이 인기를 끌고 있다. 대표적으로 '씬님'은 뷰티 크리에이터로 인스타그램 라이브를 활용해 구독자들과 실시간으로 소통하며 제품 추천과 리뷰를 한다. 라이브 방송을 통해 브랜드 협업을 진행하고 구독자들과 친밀감을 높이는 데 성공한 사례다.

라이브 방송을 전략적으로 활용하면 구독자와의 관계를 강화하고 새로운 수익 모델을 구축할 수 있다. 브랜드 구축과 커뮤니티 형성을 위한 핵심 도구로 라이브 방송을 적극 활용해야 한다.

유튜브 수업 4

콘텐츠 수익과 비즈니스 모델

11장

크리에이터도 기업가정신이
필요하다

1.
수익을 내는 단계를 밟아야 한다

나는 유튜브를 스타트업처럼 접근했다. 스타트업의 궁극적인 목표는 수익 창출이다. 하지만 수익을 내기 위해서는 단계를 밟아야 한다. 먼저 조회수를 확보하고 이를 기반으로 구독자를 늘린 후 점진적으로 수익 모델을 추가하는 방식이다. 이러한 단계를 충실히 이행해야 투자 유치도 가능하다. 예를 들어 쿠팡은 오랜 기간 적자를 감수하면서도 명확한 성장 전략을 실행했기 때문에 대규모 투자를 받을 수 있었다. 사업이 단계별로 계획대로 진행된다는 점을 투자자들에게 입증했기에 추가적인 자금 조달이 가능했던 것이다.

나도 「올블랑TV」를 운영하면서 같은 방식으로 접근했다. 단기간에 큰 매출을 달성하기 어렵다는 점을 명확히 인식하고 스타트업의 공식을 따르며 외부 자본을 유치했다. 콘텐츠 제작 환경을 안정적으로 구축하기 위해서는 불안정한 광고 수익에만 의존할 수 없다. 처음부터 자본을 조달해 제작 환경을 정비한 덕분에 네트워크를 확장하고 다양한 협업 기회를 만들 수 있었다. 특히 커머스 분야에서 빠르게 성장했는데 만약 초기부터 매출 목표만을 고집했다면 이러한 기회를 놓쳤을 것이다.

● ● ●

조회수뿐 아니라 브랜드 이미지도 구축해야 한다

    비즈니스는 단순하지 않다. 어떤 시점에서는 브랜드 인지도를 높이는 것이 중요하고 또 다른 시점에서는 구매 전환을 유도해야 한다. 때로는 투자자들에게 성과지표를 제시해야 할 때도 있다. 콘텐츠를 만드는 과정에서 매출이 즉각 발생하지 않는다면 이걸 계속해야 하는지 의문이 들 수도 있다. 하지만 이 과정이 브랜드 구축을 위한 필수적인 단계라면 장기적인 성장 가능성을 염두에 두고 꾸준히 진행해야 한다. 예를 들어 특정 브랜드의 제품을 소개하거나 광고주가 원하는 콘텐츠를 기획하는 방식으로 방향을 설정할 수 있다.

    특히 대기업과 협업하는 경우 콘텐츠 기획에 더욱 신중해야 한다. 최종 의사결정권자인 기업 임원들은 기존 미디어 중심의 사고방식에 익숙한 경우가 많다. 이들은 브랜드 이미지를 조회수 몇백만을 위해 변형하는 것을 우려한다. 그래서 유튜버와 협업하기보다 보도자료 배포와 같은 기존 PR 방식을 선호하는 기업도 있다.

이럴 때 크리에이터는 기업이 원하는 브랜드 이미지와 유튜브의 콘텐츠 스타일을 어떻게 조화시킬 것인지 전략적으로 접근해야 한다. 예를 들어 나는 대기업과 협업할 때 "젊은 층에게 다가가기 위해서는 유튜버와 협업하는 것이 브랜드 이미지에 긍정적 영향을 줄 수 있다."라는 논리를 제시했다. 조회수 확보만이 아니라 젊고 트렌디한 브랜드 이미지를 강조할 수 있는 기회라는 점을 부각한 것이다. 크리에이터가 비즈니스 감각 없이 기업과 협업을 시도하면 기업의 내부 논리에 휘둘려 원하는 결과를 얻지 못할 가능성이 크다. 나는 운동 콘텐츠로 알려진 크리에이터지만 결국 본질적으로는 스토리텔링을 통해 가치를 전달하는 콘텐츠 제작자다. 따라서 내가 만든 콘텐츠가 시청자들에게 어떤 의미를 갖고 어떤 방식으로 확산될지를 고려하면서 비즈니스 기회를 창출하고 있다.

콘텐츠 소비 방식의 변화도 전략적으로 고려해야 한다. 크리에이터뿐만 아니라 기업의 임원진도 콘텐츠 시장의 변화에 맞춰 시각을 조정하고 있다. 예전에는 전통적인 매스미디어의 기준에 맞춰 콘텐츠를 기획했다면 지금은 유튜브의 특성을 고려하는 기업이 늘어나고 있다. 예를 들어 관료 사회의 보수적인 특성상 유튜브에서 파격적인 콘텐츠를 제작하는 것은 과거에는 상상하기 어려웠다. 그러나 충주시 공무원이 운영하는 유튜브 채널의 사례를 보면 공공기관조차도 콘텐츠 전략을 변화시키고 있다는 것을 알 수 있다. 또한 '다나카' 같은 캐릭터가 지상파 방송까지 진출한 사례도 흥미롭다. 과거에는 특정 직업이나 캐릭터는 방송에서 다루기 어려운 소재였다.

하지만 이제는 유튜브를 통해 대중적인 관심을 끌면서 기존 미디어의 틀을 깨고 있다.

사람들은 과거와 달리 도파민 분출을 극대화하는 콘텐츠를 선호한다. 예전에는 명문대생이 공부법을 소개하는 콘텐츠가 인기가 많았다면 지금은 '처음 접하는 이야기'나 '금기시되던 주제'를 더 궁금해하는 경향이 강하다. 가령 호스트바 출신 '다나카' 캐릭터가 등장하는 콘텐츠는 과거라면 큰 주목을 받지 못했을 것이다. 하지만 이제는 많은 사람이 '이 콘텐츠가 왜 화제인지' 궁금해하며 찾아보는 것이 일반적인 현상이 되었다. 이러한 변화는 유행이 아니라 콘텐츠 소비 방식 자체가 바뀌고 있음을 의미한다. 과거에는 대중이 성공의 기준을 명문대 졸업이나 대기업 취업과 같은 모델로 정의했다면 지금은 각양각색의 성공 모델이 존재한다.

변화하는 미디어 환경도 잘 살펴봐야 한다. 콘텐츠의 기준이 변화하면서 전통적인 미디어의 심의 기준도 위태로워지고 있다. 과거에는 방송심의위원회 규정을 따라야만 했지만 이제는 온라인 플랫폼에서의 인기가 더 중요한 지표가 되고 있다. 유튜브, 인스타그램, 틱톡 등에서는 심의 기준이 거의 적용되지 않기 때문에 더 자유롭게 콘텐츠를 제작할 수 있다. 이러한 흐름 속에서 지상파 방송조차도 온라인 콘텐츠의 방식을 따라가기 시작했다. 신문 역시 발행 부수보다 온라인 조회수가 더 중요한 기준이 되었다. 결국 미디어 환경이 바뀌면서 크리에이터의 역할과 콘텐츠의 형식도 변화하고 있다. 전통적인 성공 모델을 답습할 것이 아니라 변화하는 트렌드를 읽고 새로운 방식으로 접근하는 것이 중요하다.

지금의 콘텐츠 시장에서는 더 이상 '과거의 잣대'로 콘텐츠를 평가할 수 없다. 어떤 콘텐츠가 사람들의 관심을 끌고 어떻게 확산되는지를 분석하는 것이 크리에이터와 기업 모두에게 필수적인 전략이 되었다.

••• 콘텐츠 비즈니스 생태계를 이해하고 활용하라

유튜브, 넷플릭스, SOOP 등 다양한 플랫폼은 저마다 뉴미디어의 정체성을 강조하며 콘텐츠가 조회수를 통해 가치를 증명한다고 주장한다. 이와 함께 콘텐츠 소비에 대한 사회적 인식도 변화하고 있다. 일부 선정적인 콘텐츠가 높은 조회수를 기록하기도 하지만 이는 크리에이터들이 조심해야 할 부분이다. 단기적인 조회수 증가에 집착하다 보면 장기적으로 브랜드 가치를 훼손할 수 있기 때문이다.

틱톡과 같은 플랫폼에서 조회수가 높은 콘텐츠 중에는 선정성이 강조된 것들도 포함되어 있다. 이를 단순히 "사람들이 많이 보니까 효과적인 콘텐츠 전략이다."라고 받아들이는 것은 위험하다. 선정적인 요소를 콘텐츠의 경쟁력으로 오해할 경우 지속해서 성장하기 어렵다. 비즈니스에서도 단기적인 이익을 좇다가 장기적으로 성장하지 못하는 기업들이 많다. 콘텐츠 제작 역시 같은 원리가 적용된다.

콘텐츠의 질과 지속가능성을 고려하는 것은 필수다. 콘텐츠의 질과 선정성에 대한 메타인지를 갖추는 것이 중요하다. 크리에이터는 자신의 기준이 무엇인지 명확히 이해하고 있어야 하며 동시에 대중이 받아들이는 기준이 어느 정도 변화했는지도 파악해야 한다. 특정 콘텐츠를 이해할 수 없다며 무시하는 것은 적절한 태도가 아니다. 콘텐츠 소비자의 니즈를 간과하는 것은 데이터를 무시한 채 콘텐츠를 제작하는 것과 다름없다.

또한 '적당한 선을 지킨다.'라는 개념을 명확히 정의하는 것이 중요하다. 일부 크리에이터들은 주관적인 기준에 따라 '이 정도는 괜찮겠지.'라고 생각하지만 대중이 포용할 수 있는 범위를 넘어서는 콘텐츠는 장기적으로 소비되지 않는다. 지나치게 선정적이거나 혐오적인 콘텐츠는 플랫폼에서 제재할 가능성이 크며 광고 수익에도 부정적인 영향을 미친다. 콘텐츠 전략을 수립할 때는 사회적 가이드라인과 트렌드를 종합적으로 고려해야 한다.

조회수와 구독자 수가 일정 수준에 도달하면 그다음 단계는 수익 모델을 확립하는 것이다. 유튜브는 멤버십, 슈퍼챗, 브랜드 협찬, 자체 커머스 등의 다양한 수익 모델이 있다. 현재 유튜브는 10여 년 전과 비교했을 때 고급 콘텐츠 플랫폼으로 자리 잡아가고 있다. 일시적으로 인기를 얻는 바이럴 영상이 아니라 브랜드 정체성이 명확한 콘텐츠가 장기적인 성공을 거두는 시대가 되었다.

콘텐츠와 비즈니스의 연결도 적극적으로 생각해야 한다. 유튜브의 발전과 함께 개인이 비즈니스를 운영하는 방식도 변화하고 있다. 과거에는 전업 사업자가 아니라면 제품을 판매할 기회가 많지 않았다. 하지만 유튜브와 같은 플랫폼에서는 콘텐츠 제작 자체가 곧 비즈니스 기회가 된다.

많은 크리에이터가 자신의 콘텐츠를 기반으로 다양한 사업을 확장하고 있다. 유튜브에서 영향력을 쌓은 후 출판을 하거나 멤버십을 운영하며 유료 프로그램을 제공할 수 있다. 또한 브랜드 협업을 통해 커머스로 확장할 수도 있다. 유튜브 크리에이터가 스타트업을 설립하고 기업 규모로 성장하는 사례도 늘어나고 있다. 유튜브 비즈니스 생태계는 오프라인 상권과도 유사하다. 성공적인 콘텐츠는 하나의 중심지가 되어 주변 콘텐츠까지 활성화한다. 마치 인기 있는 음식점이 상권을 활성화하는 것처럼 유튜브에서도 성공적인 콘텐츠가 새로운 트렌드를 만들어낸다.

크리에이터의 역량이 곧 경쟁력이다. 최근 몇 년 동안 유튜브, 크리에이터 관련 서적이 출판되면서 이제 대중도 유튜브는 재능보다 체계적인 학습과 전략이 필요하다는 사실을 인식하고 있다. 성공적인 유튜버가 되기 위해서는 콘텐츠 제작뿐만 아니라 비즈니스 감각도 갖춰야 한다. 또한 연령대에 관계없이 누구나 크리에이터가 될 수 있다. 나이는 콘텐츠 제작의 제약이 되기보다 오히려 강력한 차별점이 될 수 있다. MZ세대는 자신의 세대적 감각을 살려 콘텐츠를 제작하고 중장년층은 자신만의 경험과 통찰력을 살려 차별화할 수 있다. 결국 '자신만의 경험과 개성'이 콘텐츠의 가장 큰 자산이 된다.

성공적인 크리에이터는 유행을 따라가기만 하지 않는다. 자신만의 콘텐츠 전략을 수립하고 지속적으로 성장할 수 있는 방향을 모색한다. 변화하는 미디어 환경 속에서 단기적인 조회수보다는 장기적인 브랜드 구축을 목표로 하는 것이 크리에이터가 생존하는 핵심 전략이 될 것이다.

2.
커머스 플랫폼으로의 진화에 대비한다

최근 유튜브는 지속적으로 기능을 개선하며 비즈니스 모델을 확장하고 있다. 2023년 세계 최대 크리에이터 행사인 비드콘VidCon에 참가했을 때 이전과는 확연히 달라진 분위기를 느낄 수 있었다. 과거에는 협업 툴과 관련된 기업들이 행사에서 두각을 나타냈다. 최근에는 유튜브 자체 기능의 업그레이드와 이에 따른 비즈니스 모델 변화가 주요 주제가 되고 있다.

유튜브의 쇼핑 기능은 이러한 변화를 잘 보여준다. 초기 쇼핑 기능은 제품을 전시하고 외부 사이트로 연결하는 수준이었다. 최근에 업그레이드한 유튜브 알고리즘은 직접 구매를 유도하는 방식으로 진화하고 있다. 향후에는 크리에이터가 일일이 제품을 큐레이션하지 않아도 유튜브 알고리즘이 적절한 제품을 자동 추천할 가능성이 높다. 콘텐츠를 소비하는 동시에 자연스럽게 구매까지 연결되는 구조다.

이러한 변화는 유튜브만의 현상이 아니다. 전반적인 콘텐츠 시장이 커머스 플랫폼으로 진화하고 있다. 크리에이터들이 이 흐름을 적극적으로 활용해야 하는 시점이 왔다.

••• 커머스와 연결된 콘텐츠 전략을 구축하라

과거에는 취미나 기록용으로 유튜브를 운영하는 경우가 많았다. 지금은 좋은 콘텐츠가 곧 수익으로 연결될 수 있다는 인식이 확산되면서 콘텐츠를 비즈니스 관점에서 접근하는 크리에이터들이 늘어나고 있다. 특히 유튜브가 점점 커머스 플랫폼화되는 흐름을 보이고 있기 때문에 크리에이터들은 콘텐츠와 커머스를 연결할 수 있는 전략을 마련해야 한다. 이를 위해 가장 중요한 것은 지속가능성을 확보하는 것이다. 유튜브 크리에이터는 재미있는 콘텐츠를 제공하는 스토리텔러이면서도 동시에 장기적인 콘텐츠 운영을 위한 전략가여야 한다. 콘텐츠를 많이 만드는 것이 아니라 양질의 콘텐츠를 꾸준히 제공하는 시스템을 구축해야 한다는 것을 의미한다.

이제 콘텐츠 제작 과정에서 크리에이터의 인풋이 더욱 중요해지고 있다. 생성형 인공지능과 협업 툴이 등장했지만 콘텐츠의 고유한 가치와 창의성을 유지하려면 크리에이터의 개입이 필수다. 콘텐츠를 빠르게 생산하는 것보다 더 많은 시간과 자원을 투입하여 높은 완성도를 갖춘 콘텐츠를 만들어야 한다.

문제는 콘텐츠만으로 지속가능성을 확보하기 어렵다는 것이다. 유튜브 광고 수익만으로는 제작비를 감당하기 어려운 경우가 많다. 반면 넷플릭스, 왓챠, 챗GPT 같은 플랫폼은 월 구독료를 기반으로 지속적인 수익을 창출한다. 유튜브도 프리미엄 서비스를 운영하고 있지만 이는 광고 제거와 같은 기능적 혜택일 뿐 크리에이터 개개인이 콘텐츠 판매로 직접적인 수익을 얻는 모델은 아니다. 따라서 부가적인 수익 모델을 고려해야 한다. 대표적인 예로는 책 출간, 강의, 멤버십 프로그램, 브랜드 협업 등이 있다. 또한 방송이나 신문 등 레거시 미디어에 출연해 자신의 브랜드를 확장하고 신뢰도를 높이는 것도 좋은 방법이다.

콘텐츠 플랫폼의 커머스 전략도 적극적으로 활용해야 한다. 앞으로 콘텐츠 플랫폼은 더 적극적으로 수익화 모델을 도입할 것이다. 유튜브는 이미 영상 전후에 광고를 삽입하고 있으며 최근에는 쇼핑 기능을 추가하여 커머스와의 연결성을 강화하고 있다. 과거에는 PPL 형태로 제품을 노출하는 것이 일반적이었다. 이제는 콘텐츠에서 소개한 상품을 시청자가 즉시 구매할 수 있도록 연결하는 방식으로 발전하고 있다. 이는 기존의 홈쇼핑과도 유사한 모델이지만 훨씬 자연스럽고 개인맞춤형으로 운영된다는 점에서 차별화된다.

특히 유튜브는 '커머스 라이브' 형태로 변모하고 있다. 대표적인 예가 쿠팡 라이브다. 쿠팡은 크리에이터들이 자신의 채널에서 상품을 소개하고 이를 실시간으로 판매할 수 있도록 플랫폼을 제공한다. 유튜브 역시 이와 유사한 방식으로 쇼핑 기능을 강화하고 있으며 크리에이터가 단순한 콘텐츠 제작자가 아니라 하나의 '중개 플랫폼' 역할을 수행할 수 있도록 유도하고 있다.

이러한 변화는 우연이 아니다. 플랫폼들은 크리에이터들에게 더 많은 수익 기회를 제공해야 지속가능성을 확보할 수 있다는 사실을 잘 알고 있다. 크리에이터들이 유튜브에서 경제적 보상을 충분히 얻을 수 있어야 장기적으로도 좋은 콘텐츠가 계속 만들어지고 플랫폼의 생태계도 유지될 수 있기 때문이다. 또한 콘텐츠 수익 모델의 다각화가 필수다. 콘텐츠로 수익을 창출하는 것을 더 이상 유튜브 광고 수익에만 의존해서는 안 된다. 다양한 방식의 수익 모델이 등장하고 있으므로 크리에이터들은 이에 맞춰 자신만의 전략을 세워야 한다. 몇 가지를 소개한다.

첫째, 광고 수익이다. 여전히 유튜브의 주요 수익 모델이지만 알고리즘 변화에 따라 광고 수익이 불안정할 수 있다. 둘째, 멤버십과 구독 모델이다. 유튜브 멤버십, 패트리온Patreon 등을 활용하면 충성도 높은 팬층을 확보하고 지속적인 수익을 창출할 수 있다. 셋째, 라이브 커머스다. 라이브 방송을 통해 제품을 소개하고 직접 판매하는 방식으로 최근 유튜브가 강조하는 분야다. 넷째, 콘텐츠 확장이다. 책, 강연, 방송 출연 등 유튜브에서 쌓은 브랜드 가치를 기반으로 다른 미디어 플랫폼으로 확장하는 전략이다. 다섯째, 브랜드 협업과 PPL이다. 기업과 협업해 제품을 홍보하고 브랜드 스폰서십을 받는 방식이다.

결국 크리에이터는 자신의 콘텐츠를 하나의 브랜드로 구축해야 한다. 단기적인 조회수에 의존하지 말고 장기적인 수익 모델을 고려하면서 콘텐츠를 기획할 수 있어야 한다. 이러한 변화 속에서 중요한 것은 콘텐츠의 본질을 유지하면서도 비즈니스 모델과 자연스럽게 연결하는 것이다. 지나치게 상업적인 요소를 강조하면 오히려 구독자들의 신뢰를 잃을 수 있기 때문에 콘텐츠의 가치와 정체성을 유지하면서도 지속가능한 수익 구조를 마련하는 전략을 세워야 한다.

미래의 콘텐츠 시장은 더욱 복잡하고 다층적인 구조로 변화할 것이다. 크리에이터들은 콘텐츠 제작자이면서도 비즈니스 전략가로서의 역량도 갖춰야 한다.

•••
차별화된 비즈니스 모델로 승부하라

콘텐츠 트렌드는 빠르게 변화하므로 이에 얼마나 민감하게 대응하는지가 지속가능성을 결정짓는다. 트렌드는 기본적으로 자본의 흐름과 밀접하게 연결되어 있다. 애플이 아이폰을 출시하며 스마트폰 시장을 개척했듯이 플랫폼 기업들은 자신들이 원하는 방향으로 트렌드를 주도한다. 틱톡, 인스타그램 릴스, 유튜브 쇼츠 모두 이러한 흐름 속에서 탄생했다. 최근 숏폼 콘텐츠가 강세를 보이면서 롱폼 중심 크리에이터들도 새로운 전략을 고민해야 하는 상황이 되었다. 특히 유튜브 쇼츠의 알고리즘이 개선되면서 롱폼과 숏폼 콘텐츠 간 상호작용이 중요해지고 있다.

숏폼은 짧고 강렬한 인상을 남기는 데 초점을 맞춘다. 짧은 영상 하나로 재미를 주거나 참여를 유도하는 것이 핵심이다. 반면 롱폼은 깊이 있는 스토리텔링과 정보를 제공하며 충성도 높은 팬층을 구축하는 데 유리하다. 따라서 크리에이터는 단순히 숏폼을 따라가기보다는 숏폼과 롱폼을 조화롭게 활용하는 콘텐츠 전략을 세우는 것이 중요하다.

콘텐츠 전략을 세울 때는 비즈니스 모델을 고려해야 한다. 롱폼 콘텐츠는 여전히 깊이 있는 정보와 강한 스토리텔링이 필요하다. 따라서 브랜드 협업, 강연, 교육 콘텐츠 등으로 확장할 가능성이 크다. 반면에 숏폼 콘텐츠는 빠르게 소비되는 특성상 트렌드에 민감하게 반응하며 실시간성을 강조하는 것이 중요하다. 이러한 롱폼과 숏폼의 방향성 차이를 이해하고 비즈니스 모델을 찾아야 한다.

숏폼과 롱폼은 기본적인 수익 모델에서도 차이를 보인다. 롱폼 콘텐츠가 많은 유튜브의 기본적인 수익 모델은 광고 수익이다. 조회수가 많을수록 광고 노출이 증가하며 이에 따라 크리에이터 수익도 커진다. 여기에 더해 슈퍼챗, 멤버십과 같은 후원 기능과 브랜드 협업을 통한 PPL 광고 등이 주요 수익원이다. 숏폼 콘텐츠는 광고 수익보다 브랜드 협업과 브랜드 마케팅이 주된 수익원이다. 예를 들어 틱톡은 크리에이터에게 광고 수익을 직접 배분하지 않고 기업이 챌린지를 기획해 사용자 참여를 유도하는 방식으로 수익을 창출한다. 인스타그램 릴스 역시 브랜드 협업과 쇼핑 기능을 활용한 마케팅이 중요한 역할을 한다.

이러한 차이 때문에 롱폼과 숏폼을 단순 비교하는 것은 의미가 없다. 오히려 크리에이터는 각 플랫폼의 특성을 이해하고 자신의 콘텐츠를 최적화하는 방향으로 접근해야 한다. 숏폼의 핵심 전략은 트렌드 활용과 참여 유도다. 숏폼에서 성공하려면 단순히 창의적인 아이디어를 내는 것만으로는 부족하다. 현재 유행하는 트렌드를 빠르게 파악하고 이를 적절히 변형해 복제하는 것이 핵심이다.

복제와 변형이 중요한 이유가 있다. 숏폼의 기본 메커니즘은 참여를 유도하는 복제 문화에 있다. 틱톡, 릴스, 쇼츠 모두 인기 있는 챌린지, 사운드, 효과를 활용해 쉽게 콘텐츠를 만들 수 있도록 지원한다. 예를 들어 특정 음악이 유행하면 이를 활용한 영상이 급격히 증가하며 동일한 포맷의 콘텐츠가 자연스럽게 확산한다. 참여형 콘텐츠의 성공 사례도 참고해야 한다. 연예기획사들은 숏폼 플랫폼을 적극적으로 활용하고 있다. 아이돌 그룹의 신곡을 홍보하기 위해 댄스 챌린지를 기획하거나 유튜브 쇼츠와 인스타그램 릴스를 통해 팬들의 참여를 유도하는 방식이다. 과거에는 방송 프로그램과 대형 광고가 주요 홍보 수단이었다면 이제는 숏폼 플랫폼이 그 역할을 대체하고 있다.

결국 숏폼 콘텐츠의 성공은 참여를 얼마나 효과적으로 유도할 수 있는가에 달려 있다. 이를 위해 크리에이터는 트렌드를 빠르게 파악하고 이를 자신만의 방식으로 재해석하는 능력을 길러야 한다.

롱폼과 숏폼의 조화로운 활용도 전략적으로 해야 한다. 롱폼과 숏폼은 각기 다른 성격을 가지고 있지만 효과적으로 조합하면 시너지 효과가 커진다. 숏폼을 활용한 롱폼 홍보를 보자. 유튜브 크리에이터들은 롱폼 콘텐츠의 하이라이트를 뽑아 숏폼으로 편집하는 전략을 많이 사용한다. 예를 들어 한 시간짜리 인터뷰 영상에서 가장 흥미로운 부분을 30초짜리 쇼츠로 편집해 올리면 더 많은 사람이 전체 영상을 찾아볼 가능성이 높아진다. 최근에는 롱폼 콘텐츠에 숏폼의 감각을 적용하는 편집 방식이 증가하고 있다. 예를 들어 10분짜리 영상에서도 30초마다 새로운 장면 전환이나 핵심 메시지를 강조하는 방식으로 제작하면 시청자의 집중도를 높일 수 있다. 이렇게 숏폼을 통해 새로운 시청자를 유입시키고 롱폼을 통해 깊이 있는 콘텐츠를 제공하는 방식은 크리에이터의 영향력을 극대화하는 전략이 될 수 있다.

콘텐츠 제작자의 역할 변화도 알아야 한다. 미디어 플랫폼 운영자로서의 사고방식이 필요하다. 과거와는 달리 이제는 크리에이터가 브랜드를 운영하고 제품을 직접 판매하는 방식으로 발전하고 있다. 유튜브는 플랫폼 내 쇼핑 기능을 강화하고 인스타그램과 틱톡은 커머스 연계 기능을 확대하면서 크리에이터의 역할이 콘텐츠 제작자에서 벗어나 비즈니스 운영자로 확장되고 있다.

결국 지속가능한 콘텐츠 전략을 수립해야 한다. 크리에이터가 지속적으로 성장하려면 무작정 유행을 따라갈 것이 아니라 어떻게 차별화된 가치를 제공할 것인가를 고민해야 한다.

3.
트래픽 중심의 비즈니스 모델을 만든다

플랫폼은 사용자들의 도파민 반응을 수치화하여 콘텐츠를 추천하는 알고리즘을 설계한다. 대표적인 지표가 조회수와 구독자 수다. 플랫폼은 사용자가 이전에 본 콘텐츠보다 더 강한 자극을 줄 수 있는 영상을 우선적으로 노출하며 상대적으로 낮은 자극을 주는 콘텐츠는 점차 배제한다. 이는 엔터테인먼트뿐만 아니라 교육, 뉴스, 심지어 쇼핑 콘텐츠에도 적용된다. 만약 사용자가 만족하지 못한다면 더 자극적인 콘텐츠를 찾으려 계속 스크롤하게 되고 결국 플랫폼을 이탈할 가능성이 높아진다.

사람들은 단순히 강한 자극을 원하는 것이 아니라 기대와 보상이 적절히 균형을 이루는 콘텐츠를 선호한다. 2016년 도파민에 관한 세계적인 권위자 볼프람 슐츠 영국 케임브리지대학교 신경과학과 교수의 연구에 따르면 도파민은 즐거움 자체에서 나오는 것이 아니라 기대와 실제 보상의 차이에서 나온다고 한다. 즉 콘텐츠가 시청자에게 일정한 기대를 심어주고 이를 충족하거나 초과했을 때 가장 강한 만족감을 제공할 수 있다.

이러한 도파민 반응을 활용해 콘텐츠를 설계할 수 있다. 가장 효과적으로 도파민을 유발하는 방식 중 하나는 긴장과 해소의 리듬을 만드는 것이다. 예를 들어 심리 전문가 오은영 박사의 콘텐츠는 문제를 보여주고 긴장감을 조성하고 이후 해결책을 제시하면서 안도감을 제공한다. 이는 시청자의 몰입도를 높이는 효과적인 전략이다. 법률 콘텐츠를 다루는 한문철 변호사의 채널도 같은 원리를 적용한다. 블랙박스 영상을 통해 충격적인 사고 장면을 먼저 보여주고 나서 법적 해석을 제공하며 시청자들에게 불안감을 해소할 수 있는 정보를 준다. '위기 → 해결'이라는 구조는 도파민 분비를 자극하는 가장 강력한 요소 중 하나다.

이러한 방식은 인간이 미래에 대한 불확실성을 줄이고자 하는 본능적 욕구와 맞닿아 있다. 공포와 불안을 자극하는 콘텐츠가 인기 있는 이유는 사람들이 불안을 경험하면서도 동시에 해결책을 찾고 싶어 하기 때문이다. 예를 들어 운동 콘텐츠에서 운동의 어려움과 고통을 강조하고 나서 이를 극복하는 방법을 제시하는 방식도 유사한 원리로 작동한다. 「올블랑TV」에서도 '짧지만 강도 높은 운동법'을 제공하면서 힘든 과정을 견디면 몸이 변화한다는 기대감을 심어준다. 이는 엔터테인먼트 콘텐츠뿐만 아니라 자기계발과 학습 콘텐츠에도 적용할 수 있는 전략이다.

••• 명분 없는 콘텐츠 비즈니스는 실패한다

콘텐츠의 도파민 자극이 '강한 자극'에만 집중하면 지속가능성을 확보하기 어렵다. 명분과 콘텐츠가 서로 맞아떨어지는지가 핵심이다. 불안을 조성하는 것은 나쁜 것이 아니다. 그러나 불안을 해소할 수 있는 정보와 해결책을 제공해야 한다.

그렇다면 유튜브 이후의 시대는 어떻게 변할까? 현재 콘텐츠 비즈니스 플랫폼은 콘텐츠 소비를 넘어 커머스 기능을 강화하는 방향으로 발전하고 있다. 예를 들어 쿠팡은 쿠팡플레이와 쿠팡라이브 등의 서비스를 도입하며 커머스와 콘텐츠를 결합했다. 유튜브 역시 쇼핑 기능을 추가하며 플랫폼에서 바로 제품을 구매할 수 있도록 하고 있다. 중국에서는 인플루언서를 뜻하는 '왕훙'이라는 개념이 보편화되어 콘텐츠 크리에이터들이 영상 제작자에서 '물건을 가장 효과적으로 판매하는 사람'으로 자리 잡았다. 이러한 흐름을 보면 앞으로 등장할 새로운 플랫폼도 콘텐츠 비즈니스 플랫폼으로 발전할 가능성이 크다.

글로벌 관점에서 명분과 비즈니스를 조화시킨다

국가나 문화권별로 콘텐츠 소비 성향이 다른 점도 명분과 콘텐츠의 상관관계를 이해하는 데 중요한 요소다. 자막 활용을 예로 들면 한국, 일본, 중국은 영상에서 자막을 적극적으로 활용한다. 일본에서 시작된 예능 자막 문화가 한국 유튜브에도 그대로 반영되었다. 반면 미국은 리터러시보다는 시각적 정보에 익숙한 환경이어서 미국 콘텐츠는 자막보다 컷 편집과 빠른 영상 전환을 선호한다.

해외 시장을 공략할 때도 그 시장을 이해하는 것부터 시작해야 한다. 미국을 타깃으로 한 콘텐츠를 제작할 때는 텍스트보다 색감과 영상미를 강조하는 것이 효과적이다. 예를 들어 강한 색상 대비, 빠른 편집, 몰입감을 높이는 음향 효과 등이 중요하다. 인도 시장을 공략을 할 때는 또 다르다. 인도는 음악과 춤을 강조하는 콘텐츠가 강세다. 볼리우드 영화의 특성을 보면 강렬한 색감과 화려한 춤이 주요 요소로 등장한다. 만약 인도를 타깃으로 콘텐츠를 만든다면 이러한 요소를 적극 활용할 수 있다.

문화적 차이를 고려한 콘텐츠 전략도 중요하다. 콘텐츠 비즈니스의 명분은 트렌드뿐만 아니라 지역성, 문화, 경제적 배경에 맞춰 최적화될 때 가장 큰 효과를 발휘한다. 예를 들어 일본에서는 극단적으로 공손한 표현과 형식을 갖춘 콘텐츠를 선호한다. 반면 한국에서는 좀 더 직설적이고 감정적인 콘텐츠가 인기가 많다. 유럽은 다큐멘터리 스타일의 정보 중심 콘텐츠가 강세를 보이는 경우가 많다.

이러한 차이를 고려하지 않고 동일한 방식으로 콘텐츠를 기획하면 오히려 문화적 저항을 받을 가능성이 있다. 대표적인 사례가 일본 관련 콘텐츠에 대한 반응이다. 한동안 일본 제품과 콘텐츠가 한국에서 소비 거부 운동의 대상이 되었던 것처럼 문화적 배경을 고려하지 않은 콘텐츠는 오히려 역풍을 맞을 수 있다.

콘텐츠가 도파민 자극만을 목표로 한다면 일시적인 조회수 상승은 가능하지만 장기적인 성장은 어렵다. 지속가능한 콘텐츠 비즈니스 모델을 구축하려면 다음과 같은 요소가 필요하다. 첫째, 도파민을 활용하되 기대와 보상의 균형을 맞춰 설계한다. 불안을 조성하더라도 해결책을 제시해야 한다. 둘째, 커머스와 콘텐츠의 결합이 콘텐츠 비즈니스의 핵심 트렌드가 될 것이다. 단순히 조회수를 높이는 것이 아니라 비즈니스 모델과 명확하게 연결되는 콘텐츠 전략이 필요하다. 셋째, 각 국가와 문화의 콘텐츠 소비 패턴을 이해하고 맞춤형 전략을 적용해야 한다. 예능 자막이 강한 아시아, 영상미를 강조하는 미국, 춤과 색감이 중요한 인도 등 시장별 최적화가 필수다. 넷째, 명분 없는 콘텐츠는 오래가지 못한다. 트렌드를 따르되 자신의 브랜드와 철학을 콘텐츠에 반영해야 장기적인 경쟁력을 확보할 수 있다.

콘텐츠의 지속가능성은 단순한 자극에 있지 않고 명확한 가치와 해결책을 제공하는 데 있다. 플랫폼의 알고리즘을 이해하고 콘텐츠의 명분과 비즈니스를 조화시키는 것이야말로 크리에이터가 장기적으로 성장하는 핵심 전략이다.

4.
콘텐츠 비즈니스는 트래픽이 중심이다

 과거에는 시장에서 손님이 찾아오길 기다리며 물건을 팔았다. 하지만 오늘날의 비즈니스 환경은 완전히 달라졌다. 사람들이 모여 있는 곳에서 주목을 받아야만 수익을 창출할 수 있다. 플랫폼 기업들은 이를 누구보다 잘 이해하고 있으며 사용자 편의성을 내세우면서도 결국 더 많은 트래픽을 확보하는 데 집중하고 있다.

 대표적인 플랫폼 비즈니스들은 철저하게 트래픽 중심의 비즈니스 모델을 따른다. 예를 들어 배달의민족은 광고비를 지불한 업소를 상위에 노출하는 구조를 통해 매출을 극대화한다. 울트라콜, 오픈리스트 같은 광고 상품을 활용해 트래픽이 몰리는 곳에 노출 기회를 더 많이 제공하는 것이다. 결국 경쟁에서 살아남으려면 더 많은 광고비를 지불해야 하고 그 과정에서 플랫폼은 안정적인 수익을 창출한다.

유튜브 역시 마찬가지다. 유튜브는 사용자들이 안정적으로 영상을 시청할 수 있도록 시스템을 최적화하는 한편 크리에이터들이 더욱 쉽게 콘텐츠를 제작하고 업로드할 수 있도록 환경을 조성하고 있다. 크리에이터가 성장하면 유튜브의 광고 수익도 증가하기 때문이다.

•••
자신만의 확실한 콘텐츠로 트래픽을 창출하라

트래픽을 확보하려면 결국 사람들이 지속적으로 찾고 싶어 하는 콘텐츠가 있어야 한다. 유튜브는 크리에이터들이 이를 실현할 수 있도록 다양한 기능을 지원한다. 예를 들어 유튜브의 크리에이터 스튜디오는 콘텐츠 제작의 효율성을 높이는 다양한 기능을 제공한다. 자동 자막 생성, 자동 모자이크 처리, 간편한 편집 툴 등이 있다. 이러한 기능을 활용하면 콘텐츠 제작에 소요되는 시간이 줄어들어 크리에이터가 창의적인 콘텐츠 기획에 더 집중할 수 있다.

또한 유튜브는 크리에이터가 수익을 창출할 수 있는 다양한 방식을 마련했다. 광고 수익뿐만 아니라 유료 멤버십, 슈퍼챗, 쇼핑 기능 등을 통해 다각적으로 수익 모델을 구축할 수 있도록 지원하고 있다. 이러한 시스템을 활용하면 크리에이터들은 광고 의존도를 줄이고 지속가능한 콘텐츠 비즈니스 모델을 만들 수 있다.

유튜브의 수익 구조와 크리에이터 생태계를 알고 있어야 한다. 유튜브의 핵심 수익 모델은 광고 수익 배분 구조다. 크리에이터와 플랫폼이 약 4:6의 비율로 광고 수익을 나눈다. 크리에이터가 100억 원의 매출을 올린다면 유튜브는 150억 원 이상의 수익을 가져가는 구조다.

국내 유튜버들의 수익도 상당하다. 『포브스』에 따르면 2023년 한국에서 가장 많은 유튜브 수익을 올린 크리에이터는 '계향쓰'로 연간 52억 원 이상의 수익을 기록했다. 2위 역시 50억 원대, 그리고 6위부터 10위까지는 연간 20억 원 이상의 수익을 올렸다. 이를 보면 유튜브 크리에이터가 1인 미디어를 넘어 하나의 거대한 비즈니스 모델로 자리 잡았음을 확인할 수 있다. 미국에서는 이 규모가 더욱 크다. 게임 유튜버 '대니얼 미들턴'은 2017년 기준 연간 180억 원 이상의 수익을 올렸고 인기 브이로그 유튜버 역시 연간 140억 원 이상의 수익을 기록했다. 특히 스포츠 챌린지 콘텐츠를 운영하는 유튜버는 연간 150억 원 이상의 수익을 창출하며 유명 스포츠 브랜드 및 선수들과 협업하는 수준까지 성장했다.

유튜브에서 성공한 많은 크리에이터가 모방이 아니라 자신만의 확실한 색깔을 가진 콘텐츠를 지속적으로 제공하는 전략을 선택했다. 트렌드만 따라가서는 장기적인 성공을 보장할 수 없다. 기존에 없던 새로운 형식의 콘텐츠를 개발하거나 특정 장르에서 독보적인 포지션을 확보해야 한다.

광고와 저작권 시스템을 이해하라

유튜브에서 광고 수익을 얻으려면 일정 조건을 충족해야 한다. 2024년 4월 기준 광고 수익을 창출할 수 있는 크리에이터의 조건은 다음과 같다.

- 구독자 1,000명 이상
- 최근 1년간 공개 롱폼 동영상 총 시청 시간 4,000시간 이상
- 또는 최근 90일간 쇼츠 조회수 1,000만 회 이상

이 조건을 충족해야만 유튜브 파트너 프로그램YPP에 지원할 수 있으며 이후에도 유튜브의 콘텐츠 품질 심사를 통과해야 한다. 유튜브는 심사 과정에서 구독자를 부정한 방법으로 모았는지, 콘텐츠 품질이 일정 수준 이상을 유지하는지 등을 확인한다.

저작권 문제도 중요한 요소다. 유튜브의 저작권 정책은 음원에 대한 보호를 영상보다 강하게 적용하는 특징이 있다. 예를 들어 크리에이터가 자신의 토론 영상을 제작했는데 배경 음악으로 특정 가수의 곡을 삽입했다고 가정하자. 이 경우 유튜브의 저작권 정책에 따라 광고 수익의 100%를 음원 저작권자가 가져간다. 이는 영상 제작자의 노력과 기여도를 고려할 때 다소 불합리한 정책일 수 있다. 또한 무단 도용된 영상이 조회수를 올려도 원 제작자는 수익을 받을 수 없다. 크리에이터는 삭제 요청만 할 수 있을 뿐 수익은 보전되지

않는다. 이러한 저작권 문제는 유튜브뿐만 아니라 다른 플랫폼에서도 주요한 이슈다. 크리에이터가 자신의 창작물을 보호하려면 저작권을 철저하게 이해하고 관리해야 한다.

유튜브는 크리에이터가 더 자주 더 쉽게 콘텐츠를 제작하도록 유도하는 시스템을 구축하고 있다. 크리에이터들은 이를 최대한 활용해야 한다. 콘텐츠 비즈니스의 핵심은 트래픽을 어떻게 확보하고 유지할 것인가에 달려 있다. 트래픽을 기반으로 광고 수익을 올리는 것은 물론 쇼핑, 멤버십, PPL 등의 다양한 수익 모델을 결합해 지속가능한 비즈니스 모델을 구축하는 것이 중요하다. 독창적인 콘텐츠를 통해 사람들의 이목을 끌고 이를 장기적으로 유지하는 전략을 세우는 것이야말로 콘텐츠 비즈니스의 본질이다.

5.
크리에이터는 사업가가 돼야 한다

크리에이터가 성장하면 콘텐츠 제작자, 영향력을 가진 인플루언서, 더 나아가 사업가로 전환되는 과정이 자연스럽게 이루어진다. 처음에는 취미나 관심사로 시작한 채널이 일정 규모 이상 성장하면 콘텐츠 제작과 운영이 비즈니스가 된다.

구독자와 조회수가 증가하면서 수익이 발생하면 크리에이터는 자연스럽게 사업적 감각을 갖추어야 하는 상황에 직면하게 된다. 1인 크리에이터를 넘어선다면 개인사업자로 전환하거나 법인을 설립해 더 큰 규모의 사업으로 발전할 수도 있다. 그렇기 때문에 콘텐츠를 기획할 때부터 사업적 확장 가능성까지 염두에 두어야 한다.

하지만 사업가로서의 성장 시점은 예상하지 못한 순간에 찾아오기도 한다. 예를 들어 어떤 크리에이터는 별다른 기획 없이 재미로 업로드한 영상이 갑자기 수백만 조회수를 기록하며 예상치 못한 성장을 경험한다. 이처럼 채널이 갑자기 성장하게 되면 세금 문제, 제작비 조달, 인력 확보, 협업 기회 등의 다양한 경영 이슈가 동시에 발생하게 된다. 사전에 사업적 마인드를 갖추지 않으면 이러한 기회를 제대로 활용하지 못하고 성장의 동력을 잃을 수도 있다. 그래서 콘텐츠 사업계획서가 필요하다. 성공적인 크리에이터가 되기 위해서는 사업계획서가 있어야 한다. 콘텐츠를 올리는 것만으로는 지속적인 성장을 보장할 수 없기 때문이다.

일반적인 사업계획서에는 산업 규모 분석, 경쟁 시장 조사, 문제점 진단, 해결 방안, 수익 모델 등이 포함된다. 콘텐츠 비즈니스도 마찬가지다. 콘텐츠 사업계획서를 작성하는 과정에서 내가 다루려는 주제의 시장성을 분석하고 어떤 차별화를 둘 것인지 고민해야 한다. 특히 채널의 성장 가능성을 높이기 위해서는 경쟁 분석과 차별화 전략이 중요하다. 예를 들어 단순한 브이로그 채널을 운영하는 것과 차별화된 스토리텔링을 적용한 브이로그를 운영하는 것은 완전히 다른 전략이다. 차별화를 통해 브랜드 가치를 높이고 장기적으로 채널 확장과 수익 모델 다각화를 계획할 수 있어야 한다.

콘텐츠 사업계획서가 있으면 채널을 더 체계적으로 운영할 수 있다. 이를 바탕으로 크리에이터는 1인 미디어에서 하나의 브랜드로 성장할 수 있는 발판을 마련하게 된다. 「삼프로TV」와 같은 경제 채널이 대표적인 사례다. 일반적인 유튜브 채널에서 출발했지만 이후 다양한 수익 모델을 개발하며 법인이 되고 주식시장 상장까지 도전하는 수준으로 성장했다.

해외에서는 크리에이터가 회사를 설립해 주식시장에 상장하는 사례도 증가하고 있다. 콘텐츠 산업이 개별 채널 운영을 넘어 하나의 미디어 기업으로 확장되는 방향으로 발전하고 있음을 보여준다.

●●● 시장의 흐름을 읽고 기회를 포착하라

크리에이터는 시장의 흐름과 변화에 민감해야 한다. 성공적인 콘텐츠 전략을 수립하려면 소셜미디어 이용 패턴과 변화 추이를 꾸준히 분석하는 습관을 들여야 한다.

최근 몇 년간의 데이터를 보면 유튜브는 여전히 가장 강력한 콘텐츠 플랫폼으로 자리 잡고 있다. 인스타그램과 틱톡은 젊은 층을 중심으로 빠르게 성장했으며 네이버 블로그와 페이스북 사용자는 점차 감소하는 추세다. 특히 틱톡의 성장세는 크리에이터에게 새로운 기회를 제공한다. 틱톡과 같은 신규 플랫폼이 부상할 때는 초기 시장을 선점하는 것이 매우 중요하다. 새로운 플랫폼에 빠르게 진입해 충성도 높은 시청자층을 확보하면 이후 해당 플랫폼이 성장할 때 자연스럽게 함께 성장할 가능성이 크다.

연령별 플랫폼 이용 특성도 고려해야 한다. 먼저 10~20대는 틱톡, 인스타그램, 유튜브 쇼츠를 선호하며 짧은 형식의 콘텐츠에 익숙하다. 30대 이상은 네이버 블로그와 유튜브 롱폼 콘텐츠를 통해 정보를 얻고 소비 결정에 활용하는 경향이 있다. 40~50대 이상은 유튜브의 경제 시사 콘텐츠나 페이스북을 통해 정보를 접하는 경우가 많다.

이러한 데이터를 활용하면 콘텐츠 기획 방향을 보다 정교하게 설정할 수 있다. 예를 들어 제품 리뷰 콘텐츠를 제작하려는 크리에이터라면 30대 이상이 주로 이용하는 네이버 블로그와 유튜브 롱폼을 전략적으로 활용하는 것이 효과적이다. MZ세대와 소통하고 싶다면 틱톡, 인스타그램 릴스, 유튜브 쇼츠를 적극 활용하는 것이 더 적합하다.

콘텐츠 소비 패턴도 분석하고 기획에 반영해야 한다. 어떤 플랫폼이 인기가 많은지를 아는 것만으로는 부족하다. 사람들이 왜 그 플랫폼을 이용하는지, 어떤 콘텐츠를 선호하는지까지 분석해야 한다. 예를 들어 유튜브의 주요 콘텐츠 소비 목적을 살펴보면 흥미와 재미를 위한 콘텐츠 소비가 압도적으로 많다. 그다음으로는 정보를 얻기 위한 콘텐츠 소비가 높다. 인스타그램은 유튜브와는 다소 다른 양상을 보인다. 사용자의 상당수가 다른 사람들과 교류하고 공유하기 위한 목적으로 콘텐츠를 소비한다. 유튜브가 일방적인 콘텐츠 소비 중심이라면 인스타그램은 상호작용이 핵심이다. 이러한 차이를 이해하면 플랫폼별로 어떤 콘텐츠를 기획해야 할지가 명확해진다. 예를 들어 인스타그램에서는 정보만 전달하는 콘텐츠보다는 팔로어와 적극적으로 소통할 수 있는 포맷이 더 효과적이다.

또한 카테고리별 인기 콘텐츠 트렌드도 파악해야 한다. 유튜브에서는 경제, 시사, 스포츠, 게임, 먹방 등의 콘텐츠가 꾸준히 인기를 끌고 있다. 틱톡과 인스타그램 릴스에서는 챌린지, 댄스, 코미디 콘텐츠가 지속적으로 화제를 모은다. 이처럼 각 플랫폼에서 어떤 콘텐츠가 인기를 끌고 있는지, 내가 제작할 콘텐츠가 그 트렌드에 어떻게 맞을 것인지를 고민해야 한다.

결과적으로 크리에이터는 콘텐츠 제작자에서 사업가가 되어야 한다. 채널을 체계적으로 관리하려면 사업계획서가 필요하다. 또한 시장 트렌드를 파악하고 타깃 시청자의 이용 패턴을 분석해야 한다. 그리고 각 플랫폼의 특성에 맞는 콘텐츠 전략을 수립해야 한다.

유튜브에서 시작한 콘텐츠 비즈니스가 커머스, 출판, 교육, 이벤트, 투자 유치 등으로 확장되는 사례는 이미 많다. 이처럼 크리에이터는 콘텐츠의 힘을 활용해 하나의 브랜드를 구축하고 이를 지속 가능한 수익 모델로 연결하는 것을 목표로 삼아야 한다. 단순히 콘텐츠를 만들기만 하는 시대는 지났다. 크리에이터는 하나의 미디어 기업을 운영하는 CEO라는 마인드를 가져야 한다.

주관적인 감각으로 시장을 판단하지 마라

콘텐츠 시장을 분석할 때는 주관적인 감각만으로 판단하는 실수를 피해야 한다. 종종 우리가 알고 있는 인기 채널이 시장 전체를 대변한다고 착각하기 쉽다. 하지만 데이터를 기반으로 분석해보면 전혀 예상치 못한 채널이 상위권에 위치하는 경우가 많다.

예를 들어 소셜블레이드Social Blade에서 유튜브의 인기 채널을 분석해보면 우리가 익숙한 채널이 아니라 의외의 채널이 높은 순위를 차지하는 경우가 있다. 한국 시장에서조차 상위 10개 채널 중 모든 채널을 아는 사람이 거의 없을 정도다. 이처럼 우리가 모르는 채널이 상위권에 위치하고 있다는 사실은 개인의 주관적인 인식이 콘텐츠 시장 전체를 반영하지 못한다는 점을 시사한다. 따라서 크리에이터는 데이터에 기반한 시장 조사를 통해 콘텐츠 기획을 전략적으로 접근해야 한다.

데이터를 활용한 시장 분석 방법은 부동산을 조사하는 과정과 유사하다. 새로운 집을 구할 때 느낌으로 결정하지 않을 것이다. 먼저 관심 지역을 선정한 다음 시세와 주변 환경을 조사한다. 그리고 최종 후보지를 직접 방문해 판단하는 단계를 거친다. 콘텐츠 기획도 마찬가지다.

먼저 소셜블레이드 등 데이터 분석 사이트에서 인기 채널을 조사하고 플랫폼 트렌드와 인기 카테고리를 분석한다. 그런 다음 직접 채널을 방문해 콘텐츠 스타일과 흥행 요소를 파악해야 한다. 예를 들어 소셜블레이드에서 국가를 한국으로 설정하고 '음악' 카테고리로 검색해보면 「블랙핑크」「방탄소년단TV」「원밀리언댄스스튜디오」「원더케이」 등 대형 연예기획사와 아티스트 채널이 상위권을 차지하는 것을 확인할 수 있다. 그런데 그 아래를 보면 의외의 채널들이 높은 순위를 차지하는 경우가 많다. 특히 노래 커버 채널, ASMR 콘텐츠, 특정 장르를 다루는 음악 채널 등이 유명 연예인 채널보다 더 많은 조회수를 기록하는 경우도 있다. 이러한 데이터는 대형 연예기획사의 콘텐츠만이 성공하는 것이 아니라 개인이 운영하는 특정 스타일의 음악 채널도 충분히 성장 가능성이 있다는 점을 시사한다.

해외 시장 분석을 통해 기회를 발견할 수도 있다. 글로벌 시장에서도 비슷한 패턴을 볼 수 있다. 예를 들어「오징어 게임」이 넷플릭스에서 글로벌 히트를 기록했을 때 유튜브에는 리뷰, 분석, 패러디 콘텐츠 등이 폭발적으로 증가했다. 이 콘텐츠들은 한국뿐만 아니라 해외에서도 높은 조회수를 기록했다. 이후 한국 유튜버들이 이를 참고해 국내 시청자들이 좋아할 만한 방식으로 리뷰 콘텐츠를 제작하는 사례가 많았다.

이처럼 해외에서 인기를 끈 콘텐츠의 트렌드를 분석하고 국내 시장에 맞게 차별화하는 전략은 새로운 가치를 창출할 수 있는 기회가 된다. 즉 글로벌 인기 콘텐츠의 패턴을 연구하면 새로운 콘텐츠 아이디어를 도출할 수 있으며 한국 시장뿐만 아니라 해외 시장까지 타깃으로 삼을 수 있다.

수익 예측과 성장 가능성 분석도 해야 한다. 소셜블레이드에서는 단순히 채널 순위뿐만 아니라 예상 수익도 제공한다. 이를 통해 내가 운영하는 채널이 특정 수준까지 성장했을 때 얼마나 수익을 창출할 수 있을지 대략적인 전망을 세울 수 있다. 다만 이 예상 수익 데이터는 절대적인 기준이 아니다. 특히 저작권이 있는 음악을 사용한 콘텐츠는 수익화가 제한될 수 있다. 그리고 광고 수익을 창출하지 않는 특정 콘텐츠 형식은 추정 수익과 실제 수익이 다를 수 있다. 따라서 소셜블레이드에서 제공하는 데이터를 참고 자료로 활용하되 이를 절대적인 지표로 받아들이지는 말아야 한다.

이 외에도 채널의 성장 과정을 추적할 수도 있다. 예를 들어 각 채널이 업로드한 콘텐츠의 시점과 주제, 각 영상의 조회수와 구독자 증가 추이, 성장 속도가 빠른 콘텐츠의 특징 등을 데이터로 분석할 수 있다. 국내에도 데이터 분석 사이트들이 많이 등장하고 있어 이를 활용해 보다 정밀한 콘텐츠 기획이 가능하다.

이제 콘텐츠 기획은 주관적인 감각이 아니라 데이터와 시장 분석을 기반으로 전략적으로 접근하는 방식이 필수적인 시대가 되었다. 콘텐츠 시장은 감각과 창의성만으로 접근하기에는 너무 복잡해졌다. 데이터 분석을 기반으로 전략적으로 접근해야 지속적인 성장과 성공이 가능하다. 주관적인 판단에 의존하지 말고 객관적인 데이터를 활용해야 한다. 또한 인기 콘텐츠의 패턴을 분석하고 새로운 성장 가능성을 발견할 수 있어야 한다. 그리고 해외 시장의 트렌드를 연구하고 국내 시장에 맞게 차별화할 줄도 알아야 한다. 데이터를 활용해 수익 모델과 성장 전략을 구체적으로 설계하는 것도 염두에 둬야 한다.

12장

브랜디드 콘텐츠로 수익을
극대화한다

1.
브랜디드 콘텐츠는 스토리로 승부한다

 크리에이터가 안정적인 수익을 창출하는 방법 중 가장 대표적인 것이 브랜디드 콘텐츠Branded Contents다. 브랜디드 콘텐츠를 수주하면 기존의 광고 모델보다 높은 수익을 올릴 수 있다. 또한 크리에이터의 채널 색깔과 조화를 이루는 자연스러운 방식으로 광고를 제작할 수 있다.

 과거의 광고는 TV나 라디오에서 30초 내외로 짧고 강렬하게 노출하는 방식이었다. "우리 제품은 이런 점이 뛰어납니다."라는 선전형 문구를 내세우는 직설적인 방식이 대부분이었다. 이와 달리 브랜디드 콘텐츠는 스토리를 중심으로 제품이나 서비스를 자연스럽게 녹여내는 방식이다.

이러한 방식이 효과적인 이유는 소비자가 광고에 감정적으로 공감하고 몰입하게 만들기 때문이다. 기발한 아이디어나 편견을 깨는 방식으로 접근하면 소비자는 광고라고 인지하지 않고 콘텐츠를 즐기게 된다. 결국 감정적인 연결이 구매로 이어진다. 이것이 브랜디드 콘텐츠의 핵심 성공 요인이다.

브랜디드 콘텐츠는 기존 광고와 다르다

성공적인 브랜디드 콘텐츠는 광고라는 사실을 쉽게 눈치챌 수 없을 정도로 자연스럽게 연출된다. TV 광고는 몇 초만 봐도 즉각 광고라는 사실을 알아차릴 수 있다. 초보 크리에이터들은 브랜디드 콘텐츠를 수주하면 기존 광고처럼 노골적으로 제품을 강조해야 한다고 오해하는 경우가 많다.

예를 들어 한 크리에이터가 맥주 브랜드로부터 브랜디드 콘텐츠 의뢰를 받았다고 가정하자. 그런데 제품을 들고 거품의 양을 언급하거나 시원한 맛을 강조하는 방식으로 콘텐츠를 제작한다면 기존 광고와 다를 바 없다. 브랜디드 콘텐츠라고 부르기 어려운 수준이다. 앞에서 말했지만 브랜디드 콘텐츠는 광고라는 것을 잊고 콘텐츠를 즐기게 만들어야 한다. 스토리를 활용해 맥주 브랜드를 자연스럽게 녹여낸다면 효과적인 브랜디드 콘텐츠가 된다. 예를 들어 집들이를 배경으로 한 스토리를 구성해보자.

주인공은 친구들과 함께할 때 늘 맥주를 마셨고 그 기억을 떠올리며 집들이 선물 대신 각자 좋아하는 맥주를 가져오기로 한다. 그런데 모두가 우연히 같은 브랜드의 맥주를 들고 와서 웃음을 터뜨린다. 이 장면을 통해 제품이 노출되지만 소비자는 이를 광고로 인식하지 않고 자연스럽게 브랜드에 호감을 갖게 된다.

이처럼 브랜디드 콘텐츠의 핵심은 브랜드를 직접적으로 홍보하지 않고 감정을 자극하는 방식으로 스토리에 자연스럽게 녹여내는 것이다.

••• 스토리 중심의 맞춤식 마케팅 전략이어야 한다

브랜디드 콘텐츠가 효과적인 이유는 크리에이터의 개성과 채널의 색깔을 유지하면서도 광고주의 메시지를 전달할 수 있기 때문이다. 기존 광고는 대형 광고제작사가 프로덕션을 맡아 일괄적으로 제작하는 방식이었다. 하지만 브랜디드 콘텐츠는 다양한 크리에이터들이 각자의 채널 특성에 맞게 제품을 소개하는 방식으로 제작된다.

광고주가 크리에이터에게 브랜디드 콘텐츠를 의뢰하는 이유는 각 크리에이터의 채널이 가진 팬층과 스토리텔링 방식이 다르기 때문이다. 크리에이터별로 맞춤형 마케팅을 진행하면 소비자에게 더욱 자연스럽고 신뢰감 있는 방식으로 브랜드 메시지를 전달할 수 있다.

물론 브랜디드 콘텐츠라고 해서 제품을 자연스럽게 노출하는 것만으로는 부족하다. 광고주가 원하는 핵심 메시지를 콘텐츠의 스토리에 녹여내는 것이 크리에이터의 역량이다. 예를 들어 맥주의 브랜디드 콘텐츠를 제작할 때 "이 맥주는 색깔이 독특하다."라고 말하기보다 맥주의 색깔이 특별하게 보이도록 연출하거나 인물들이 대화 속에서 자연스럽게 색깔을 언급하는 방식으로 스토리를 구성할 수 있다. 이러한 연출을 통해 소비자는 제품의 특성을 자연스럽게 받아들이게 된다.

브랜디드 콘텐츠를 제작할 때 사전 기획은 필수다. 현실적인 상황을 연출해야 한다고 해서 즉흥적으로 촬영하지 않는다. 오히려 철저히 기획해 자연스러워 보이도록 만들어야 한다. 유튜브에서 브랜디드 콘텐츠의 대표적인 성공 사례로 '빠니보틀'의 '스파이시 맥앤치즈 버거' 영상을 들 수 있다. 이 콘텐츠는 짧은 시간 안에 100만 조회수를 돌파했으며 광고주와 시청자 모두가 만족하는 사례로 평가받았다. 빠니보틀의 영상이 특별했던 점은 광고라는 느낌을 최소화하면서도 자연스럽게 제품을 홍보했다는 것이다. 영상 초반부는 마치 평소의 여행 브이로그와 같이 시작된다. 그러다가 예상치 못한 순간에 스파이시 맥앤치즈 버거가 등장한다. 빠니보틀은 이 버거를 먹으며 자연스럽게 맛을 설명한다. 그런데 기존 광고처럼 "이 버거가 이렇게 맛있습니다."라고 강조하는 대신 자연스럽게 반응하는 모습을 보여준다. 주변 사람들과 함께 버거를 먹으며 다양한 의견을 나눔에 따라 제품에 대한 호기심이 증폭된다. 특히 "이 버거, 진짜 예상 밖인데?"와 같은 대사는 소비자로 하여금 직접 경험해보고 싶도록 욕구를 자극한다.

이 영상이 성공한 이유는 다음과 같다. 첫째, 광고 같지 않게 자연스럽게 스토리에 녹아들었다. 브랜디드 콘텐츠는 브랜드를 직접 홍보하지 않고도 메시지를 전달해야 한다. 여행이라는 맥락에서 자연스럽게 제품을 등장시켰고 광고처럼 보이지 않도록 연출했다. 둘째, 시청자가 공감할 수 있는 방식으로 제품을 소개했다. 광고 모델처럼 제품을 설명하는 것이 아니라 시청자와 같은 시선에서 맛을 평가했다. 이 방식은 소비자에게 신뢰를 주며 마치 친구의 추천을 받는 듯한 느낌을 준다. 셋째, 스토리텔링을 활용해 흥미를 유발했다. 예상치 못한 상황에서 제품이 등장하고 그에 대한 반응을 유머러스하게 표현했다. 이는 시청자의 몰입도를 높여 영상이 끝난 후에도 제품에 대한 인상이 강하게 남았다.

이처럼 크리에이터가 스토리를 활용하지 않고 기존 광고처럼 제작한다면 광고주는 효과가 떨어진다고 판단해 다른 크리에이터를 찾게 되고 시청자들은 광고성 콘텐츠에 피로감을 느껴 조회수가 감소하게 된다. 그뿐만 아니라 알고리즘에도 부정적인 영향을 미쳐 채널 성장에 악영향을 미칠 수 있다. 결국 브랜디드 콘텐츠를 제작할 때는 광고처럼 보이지 않도록 철저한 기획과 스토리텔링이 필수다. 크리에이터가 광고주의 요구만 충족시켜서는 안 되고 자신의 채널과 콘텐츠 스타일을 유지하면서도 자연스럽게 브랜드를 녹여낼 수 있어야 한다. 브랜딩과 마케팅을 이해하는 기획자이자 스토리텔러가 되어야 브랜디드 콘텐츠를 성공적으로 제작할 수 있을 것이다.

2.
MCN을 활용해 새로운 기회를 창출한다

브랜디드 콘텐츠를 수주하는 과정은 단순하지 않다. 광고주가 직접 크리에이터에게 연락하기보다는 광고대행사를 통해 접근하는 경우가 많다. 때로는 이메일이나 인스타그램 DM을 통해 크리에이터에게 직접 연락하기도 한다. 하지만 계약 절차를 잘 모르는 크리에이터들이 협상을 제대로 진행하지 못해 기회가 무산되거나 불리한 조건을 수락하는 경우도 많다.

나는 계약 경험이 많아 광고주와 직접 소통하는 것을 선호한다. 광고주가 원하는 메시지를 정확히 파악할 수 있고 내 채널의 정체성을 지키면서도 브랜드 메시지를 자연스럽게 녹여낼 수 있기 때문이다. 또한 계약 조건을 직접 조율할 수 있는 점도 중요한 부분이다.

예를 들어 나는 보통 2차 저작물 사용 기한을 1년으로 제한하고 콘텐츠 업로드는 내 채널 외에 광고주 채널 1곳에만 가능하도록 제한한다. 광고주가 콘텐츠를 박람회나 전시회 등의 오프라인 이벤트에서 활용하고 싶다면 추가 협의를 거치도록 한다.

이러한 조건을 명확히 설정하지 않으면 크리에이터의 콘텐츠가 예상치 못한 방식으로 활용되거나 무단 사용될 위험이 있다. 하지만 모든 크리에이터가 이런 협상을 직접 진행하는 것은 현실적으로 어렵다. 특히 초보 크리에이터들은 계약의 세부 조항을 정확히 이해하지 못해 불리한 조건을 받아들이는 경우가 많다. 이때 MCN이 중요한 역할을 한다.

••• MCN을 통한 비즈니스 확장 전략을 가져라

MCN은 광고 계약을 중개하는 역할과 광고주와 크리에이터 간의 조율자 역할을 한다. 특히 브랜디드 콘텐츠를 진행할 때 MCN이 크리에이터의 콘텐츠 스타일과 브랜드 가치를 고려해 광고주와 협상하는 것이 핵심이다.

MCN을 활용하면 크리에이터는 광고 계약과 소통에 대한 부담을 덜고 콘텐츠 제작에 집중할 수 있다. 예를 들어 광고주가 노골적인 광고 표현을 요구하거나 크리에이터의 기존 콘텐츠 스타일과 맞지 않는 연출을 강요할 때가 있다. MCN은 이를 조율해 크리에이터의 브랜드를 보호하면서도 광고주의 마케팅 목표를 충족하는 방안을 찾는다.

나는 광고주와 직접 협의하는 방식을 선호하지만 크리에이터마다 접근 방식이 다르다. MCN을 활용해 자신의 콘텐츠 방향성과 광고주의 요구 사이에서 균형을 맞추는 것도 좋은 방법이 될 수 있다. MCN이 제대로 역할을 하지 않으면 광고주와 크리에이터 간에 혼선이 발생할 수 있다. 예를 들어 광고주가 의도한 방향과 다르게 콘텐츠가 제작될 수도 있고 크리에이터가 광고주의 핵심 메시지를 충분히 반영하지 못할 수도 있다.

광고주가 브랜디드 콘텐츠를 일반 광고처럼 만들려는 실수를 방지하는 역할도 MCN이 맡는다. 브랜드 측이 "우리 제품을 영상의 중심에 두고 특정 문구를 강조해주세요."라고 요구하면 브랜디드 콘텐츠가 아니라 기존 광고처럼 보이게 된다. 이는 크리에이터와 브랜드 모두에게 좋지 않은 결과를 가져올 수 있다. 이런 문제를 방지하기 위해 MCN은 광고주가 크리에이터의 채널 스타일을 존중하도록 조율하고 콘텐츠가 자연스러운 스토리텔링을 유지할 수 있도록 관리한다.

또한 MCN은 비용 지급 일정과 최종 납품 일정을 조율하는 역할도 한다. 크리에이터가 광고주와 직접 협의하는 과정에서 비용 지급이 늦어지는 경우가 종종 발생하는데 MCN이 이를 조정해 안정적인 수익 흐름을 유지할 수 있도록 돕는다. 광고주는 콘텐츠 납품 일정이 중요한 경우가 많기 때문에 MCN이 크리에이터와 일정을 잘 조율하면서 원활한 진행을 보장한다.

결국 MCN은 계약 중개자인 동시에 크리에이터의 지속적인 비즈니스 성장을 도울 수 있는 파트너가 되어야 한다.

●●●
브랜디드 콘텐츠는 창의적 스토리텔링이 핵심이다

MCN이 계약과 운영을 조율한다고 해도 브랜디드 콘텐츠의 성패는 크리에이터의 스토리텔링 능력에 달려 있다. 콘텐츠에 브랜드의 메시지를 자연스럽게 녹여내야 한다. 브랜디드 콘텐츠에서 가장 흔한 실수는 광고 같아 보이는 연출을 하는 것이다. 예를 들어 운동 크리에이터가 단백질 보충제를 홍보한다고 가정하자. "이 제품은 단백질이 풍부하고 맛도 좋습니다."라고 직접 설명하는 것보다 운동 후 단백질 섭취가 중요한 이유를 자연스럽게 보여주면서 제품을 노출하는 것이 훨씬 효과적이다.

이와 같은 스토리텔링 방식은 연애 웹드라마에서도 효과적으로 활용할 수 있다. 예를 들어 연애 웹드라마 채널에서 사진 보정 앱을 활용한 브랜디드 콘텐츠를 제작한다고 가정해보자. 기존 광고처럼 "이 앱은 사진을 깨끗하게 보정할 수 있습니다."라고 직접 홍보하는 방식은 지양해야 한다. 스토리를 중심으로 앱의 기능을 자연스럽게 노출하는 방식이 효과적이다. 예를 들어 여자친구와 이별한 주인공이 있다. 과거 연애의 흔적을 지우고 싶지만 스마트폰 갤러리에 남아 있는 사진들을 보며 고민한다. 예전 드라마에서는 이별 후 사진을 찢는 장면이 자주 등장했다. 그런데 이 콘텐츠에서는 사진 보정 앱의 '인물 삭제' 기능을 활용해 전 여자친구를 지우는 장면을 연출한다. 처음에는 과거를 잊으려 했지만 결국 소중했던 순간들을 완전히 지우는 것이 아쉽다는 감정을 느끼며 스토리를 전개한다. 이렇게 연출하면 앱의 기능을 자연스럽게 강조하면서도 감성적인 스토리가 더해져 시청자들이 콘텐츠에 몰입할 수 있다.

내가 운영하는 「올블랑TV」에서도 브랜디드 콘텐츠를 진행할 때 스토리텔링을 강조한다. "이 제품 좋아요."라고 말하지 않고 운동을 하면서 실제로 필요한 순간에 제품을 사용하는 장면을 자연스럽게 넣는 방식을 선택한다. 결국 성공적인 브랜디드 콘텐츠는 '광고'가 아니라 '스토리'를 만든다는 점을 명심해야 한다. 스토리텔링이 없다면 그 영상은 단순한 광고일 뿐이다.

마지막으로 MCN이 계약과 운영을 도와준다고 해도 결국 크리에이터가 신경 써야 할 핵심은 콘텐츠의 완성도와 채널 정체성을 유지하는 것이다. 크리에이터의 채널과 맞지 않는 광고를 수주하면 구독자들이 반발할 가능성이 크다. 건강을 강조하는 채널에서 패스트푸드 광고를 하면 신뢰도가 떨어질 수 있다. 반대로 기존 콘텐츠 스타일과 어울리는 제품을 활용하면 광고 느낌 없이 자연스럽게 홍보할 수 있다.

브랜디드 콘텐츠를 제작할 때는 채널의 방향성과 일관된 콘텐츠로 제작하는 것이 중요하다. 그래야 크리에이터도, 광고주도, 시청자도 만족할 수 있다.

3.
광고주와 전략적으로 소통해야 한다

브랜디드 콘텐츠를 진행할 때 광고주와 전략적으로 소통할 수 있어야 한다. 광고주가 원하는 메시지를 충족하면서도 크리에이터의 스타일을 유지하는 균형을 맞춰야 하기 때문이다. 이를 위해 기획안 작성, 소통 방식, 관계 설정 등의 요소를 전략적으로 관리하는 것이 중요하다.

브랜디드 콘텐츠 기획안을 작성할 때 많은 크리에이터가 간과하는 것이 있다. 기획안을 검토하는 1차 대상은 브랜드의 실무자라는 점이다. 크리에이터는 광고주와 협업할 때 흔히 의사결정권자인 임원진을 신경 쓰지만 실제 협업의 첫 관문은 실무자다. 따라서 브랜디드 콘텐츠 기획안은 실무자 중심으로 작성해야 한다.

실무자는 기획안을 먼저 검토한 후 윗선에 보고한다. 이때 기획안이 내부 보고용으로 적합하게 정리되지 않으면 실무자가 기획안을 수정해야 하거나 추가 설명을 해야 하는 상황이 발생한다. 이렇게 되면 실무자의 업무 부담이 늘어날 뿐만 아니라 크리에이터의 의도가 브랜드 내부에서 왜곡될 가능성이 높다.

따라서 크리에이터가 광고주의 실무자가 쉽게 이해하고 활용할 수 있는 형태로 기획안을 작성해야 한다. 광고주 입장에서 기획안을 검토하는 실무자가 부담 없이 보고서로 활용할 수 있도록 작성해야 한다. 브랜드가 원하는 핵심 소구 포인트를 정확히 반영하면서도 크리에이터의 스타일을 살려야 한다. 그리고 광고주 내부 문법에 맞춰 기획안을 작성하면 실무자가 불필요한 수정을 하지 않아도 된다.

기획안이 실무자에게 좋은 인상을 남기면 향후 장기적인 협업 가능성도 커진다. 브랜드의 실무자와 신뢰 관계를 형성하면 다음 프로젝트에서도 우선적으로 선택될 가능성이 높아진다. 이러한 관계 설정은 MCN과의 협업에서도 동일하게 적용된다. 크리에이터가 요구 사항만 나열할 것이 아니라 MCN과 원활하게 협업하려면 기획안을 작성하고 조율하는 것이 중요하다.

기획 의도를 명확히 하고 시각 자료를 활용하라

기획안을 작성할 때 가장 중요한 것은 기획 의도를 분명히 하는 것이다. 기획 의도에는 다음과 같은 요소를 포함해야 한다. 첫째, 광고주의 소구 포인트를 정확히 알아야 한다. 광고주가 전달하고자 하는 메시지를 콘텐츠의 핵심 주제로 삼아야 한다. 크리에이터의 창의성이 아무리 뛰어나도 브랜드가 원하는 핵심 메시지를 놓치면 의미가 없다.

둘째, 납품과 업로드 일정을 확인하고 공유해야 한다. 촬영 및 편집에 필요한 기간을 명확하게 제시하는 게 중요하다. 납품 일정과 업로드 일정이 광고주의 마케팅 캠페인과 연계되므로 구체적인 날짜를 정하는 것이 중요하다.

셋째, 촬영 계획과 인력 구성도 중요한 내용이다. 등장인물, 촬영 인력, 편집 인력 등을 포함하여 촬영 준비 상황을 명확히 정리해야 한다. 그리고 카메라 및 조명 기종, 촬영 동선, 소품 등 제작에 필요한 요소들을 상세히 기재하면 광고주가 신뢰할 수 있다.

넷째, 예상 변수와 플랜 B도 제시한다. 야외 촬영을 계획할 경우 날씨 등의 변수를 고려한 대체 방안을 마련해야 한다. 촬영 협조가 필요하면 대체 장소와 일정 변경 가능성을 기재하는 것이 좋다.

다섯째, 스토리라인을 요약해서 제시한다. 줄거리는 한두 페이지 정도로 간략하게 정리해야 한다. 너무 자세한 콘티를 기획안에 포함하면 가독성이 떨어지므로 핵심 줄거리만 전달하고 필요할 경우 별도의 콘티를 추가로 제공하는 것이 바람직하다.

마지막으로 기획안에 이미지를 적극적으로 활용하는 것이 좋다. 글로만 설명하면 광고주가 내용을 제대로 이해하지 못할 가능성이 크다. 촬영 장소, 인물 배치, 조명 설정 등의 이미지를 포함하면 기획 의도를 더욱 명확하게 전달할 수 있다. 화살표와 시각 자료를 활용해 촬영 동선과 컷별 연출을 한눈에 볼 수 있도록 정리하면 광고주와 소통하기가 훨씬 원활해진다.

나는 기획안을 작성할 때 파워포인트를 활용해 이모티콘, 도식화된 도형, 조명 및 카메라 위치 등을 한눈에 볼 수 있도록 시각적으로 구성한다. 촬영 장소의 이미지와 함께 촬영 협조 사항을 적어두면 브랜드 담당자가 명확한 그림을 그릴 수 있어 승인 과정이 빨라진다. 그리고 숏 리스트를 함께 제공하면 컷별 시간, 구도, 촬영 장소 등에 대한 이해도를 높일 수 있다. 이렇게 기획안을 작성하면 광고주와 협업이 원활해지고 크리에이터의 기획 의도가 광고주 내부에서도 왜곡 없이 전달될 수 있다.

● ● ●
광고주와의 소통 방식은 명확하게 설정해야 한다

브랜디드 콘텐츠 제작 과정에서 광고주와의 소통 방식도 매우 중요하다. 소통 방식을 정리하지 않으면 크리에이터가 불필요한 업무 부담을 떠안거나 광고주가 계속 요구를 변경하는 문제가 발생할 수 있다.

나는 메신저보다 이메일을 기본 소통 방식으로 설정한다. 메신저로 광고주와 실시간 소통하는 것은 편리하지만 업무 과부하가 발생할 가능성이 크다. 특히 메신저를 사용하면 광고주의 요청 사항이 빈번하게 바뀌어 크리에이터가 작업에 집중할 수 없게 된다.

그리고 이메일을 기본 소통 창구로 활용하면 다음과 같은 장점이 있다. 기록이 남아 기획안이나 요구 사항을 추후에도 명확히 확인할 수 있다. 항목별로 정리할 수도 있어 업무를 체계적으로 관리할 수 있다. 또한 불필요한 감정 개입 없이 담백하게 일 중심으로 소통할 수 있다.

실제로 많은 크리에이터가 광고주의 빈번한 요청 변경으로 피로감을 느끼는 경우가 많다. 예를 들어 광고주가 마케팅 부서와 조율하는 과정에서 일정이 바뀌거나 제품 개발 일정이 미뤄졌을 때 메신저로 계속 전달하면 크리에이터의 일정이 엉망이 될 수 있다. 이러한 문제를 방지하기 위해 광고주와의 소통 창구를 이메일로 설정하고 긴급한 경우에만 메신저를 활용하는 방식이 효과적이다.

광고주와의 관계를 전략적으로 설정하는 것도 중요하다. 광고주와 너무 가깝게 소통하면 감정적인 문제로 갈등이 발생할 가능성이 높다. 반대로 너무 거리를 두면 광고주와의 신뢰 관계가 약해질 수 있다. 이메일을 기본 소통 채널로 활용하고 필요할 때만 직접 회의를 진행하는 방식이 균형 잡힌 접근법이다. 이렇게 전략적으로 소통하면 크리에이터의 업무 효율성이 높아지고 장기적인 브랜드 협업도 가능해진다.

결국 브랜디드 콘텐츠에서 가장 중요한 것은 광고주와의 원활한 협업을 위한 전략적인 기획안 작성과 체계적인 소통 방식 설정이다. 광고주의 니즈를 충족하면서도 크리에이터의 창의성을 유지하는 것이 장기적으로 성공하는 길이다.

■■■ 나가는 말

지금이 크리에이터로 성공할 최적의 순간이다

과거에는 콘텐츠를 제작하고 유통하는 것이 대형 미디어 기업의 영역이었지만 이제는 누구나 스마트폰과 플랫폼을 활용해 글로벌 크리에이터로 성장할 수 있게 되었다. 유튜브, 틱톡, 인스타그램, 넷플릭스 같은 글로벌 플랫폼들은 크리에이터 중심으로 수익 모델을 발전시키고 있다. 광고, 브랜디드 콘텐츠, 커머스, 멤버십, 디지털 상품 판매 등 다양한 방식으로 수익을 창출할 기회가 열려 있다.

특히 한국은 콘텐츠 제작 기술과 트렌드 선도력에서 세계적으로 경쟁력을 갖춘 나라다. K-콘텐츠는 글로벌 시장에서 강력한 영향력을 발휘하고 있다. BTS, 블랙핑크, K-드라마, K-뷰티, K-푸드 등 다양한 분야에서 한국 크리에이터들이 주목받고 있다. 콘텐츠 소비 방식이 변화하면서 한국 크리에이터들이 세계 무대에서 성공할 가능성도 더욱 커지고 있다.

이 책에서 다룬 내용을 숙지한다면 단순히 콘텐츠를 제작하는 수준을 넘어 보다 전략적이고 정량적인 접근을 통해 글로벌 시장에서 경쟁력을 갖춘 크리에이터로 성장할 수 있다. 기획, 브랜딩, 플랫폼 최적화, 브랜드 협업, 콘텐츠 수익화 전략 등을 제대로 익히고 실천한다면 크리에이터로서 성공 가능성을 극대화할 수 있을 것이다.

크리에이터는 경제를 움직이는 새로운 주체다. 콘텐츠는 미디어 소비재에서 이제 하나의 산업이자 경제적 가치를 창출하는 중요한 자원이 되었다. 크리에이터는 더 이상 개인이 아니라 독립적인 미디어 기업가이자 브랜드를 구축하는 경제 주체로 성장하고 있다. 과거에는 미디어 시장이 대기업 중심으로 운영되었다. 이제는 개개인이 하나의 미디어 채널을 운영하며 글로벌 시장에서 직접 경쟁할 수 있다. 이에 따라 크리에이터들은 자신만의 브랜드를 구축하고 수익을 창출하며 비즈니스를 확장하는 독립적인 사업가로 변모하고 있다.

이미 많은 크리에이터가 광고 수익은 물론 브랜디드 콘텐츠, 팬 멤버십, 커머스, 디지털 상품 판매 등 다양한 방식으로 수익을 창출하고 있다. 또한 법인화하고 팀을 구성하며 기업가로 성장하는 사례도 늘어나고 있다. 크리에이터가 하나의 브랜드가 되고 기업이 되는 시대가 열린 것이다. 특히 한국의 크리에이터들은 높은 제작 퀄리티와 강력한 스토리텔링 역량을 바탕으로 글로벌 시장에서도 강한 경쟁력을 갖추고 있다. 유튜브, 틱톡, 넷플릭스 등 글로벌 플랫폼들은 한국 시장에 주목하고 있다. 따라서 크리에이터들이 비즈니스적 사고를 갖추고 전략적으로 움직인다면 글로벌 기업과 협업할 수 있는 기회도 더욱 많아질 것이다.

지금이 바로 크리에이터가 자신의 브랜드를 구축하고 글로벌 시장에서 영향력을 넓히며 한국 콘텐츠 산업의 경쟁력을 강화할 절호의 기회다. 이제는 크리에이터가 새로운 시대를 이끌어갈 때다. 누구나 스마트폰과 글로벌 플랫폼을 활용해 자신의 콘텐츠를 만들고 전 세계 시청자들과 직접 연결될 수 있기 때문이다. 콘텐츠는 경제적 가치를 창출하고 국가 경쟁력을 강화하는 핵심 산업으로 자리 잡았다. 이제 중요한 것은 어떤 전략을 가지고 어떻게 이 기회를 활용할 것인가에 달려 있다. 이 책이 독자 여러분에게 크리에이터로서, 기업가로서, 글로벌 시장의 강력한 경쟁자로서 성공하는 전략을 제시했길 바란다.

성공의 기회는 이미 눈앞에 있다. 이제는 실행할 차례다.

450만 올블랑TV 여주엽의 유튜브 수업

초판 1쇄 인쇄 2025년 7월 18일
초판 1쇄 발행 2025년 7월 25일

지은이 여주엽
펴낸이 안현주

기획 류재운 **편집** 안선영 김재열 **브랜드마케팅** 이민규 **영업** 안현영
디자인 표지 정태성 본문 장덕종

펴낸곳 클라우드나인 **출판등록** 2013년 12월 12일(제2013-101호)
주소 우) 03993 서울시 마포구 월드컵북로 4길 82(동교동) 신흥빌딩 3층
전화 02-332-8939 **팩스** 02-6008-8938
이메일 c9book@naver.com

값 23,000원
ISBN 979-11-94534-32-7 03320

* 잘못 만들어진 책은 구입하신 곳에서 교환해드립니다.
* 이 책의 전부 또는 일부 내용을 재사용하려면 사전에 저작권자와 클라우드나인의 동의를 받아야 합니다.
* 클라우드나인에서는 독자여러분의 원고를 기다리고 있습니다.
  출간을 원하는 분은 원고를 bookmuseum@naver.com으로 보내주세요.
* 클라우드나인은 구름 중 가장 높은 구름인 9번 구름을 뜻합니다. 새들이 깃털로 하늘을 나는 것처럼 인간은 깃펜으로 쓴 글자에 의해 천상에 오를 것입니다.